Jürgen Blänsdorf

Siste Viator et lege

Jürgen Blänsdorf, em. Professor der Klassischen Philologie an der Johannes-Gutenberg-Universität Mainz von 1971 bis 2004. Gebiete der Forschung und Lehre: Lateinische Literatur und Sprache vom 3. Jh. v. Chr. bis zur Renaissance.

SISTE VIATOR ET LEGE

Bleib stehen, Wanderer, und lies

Die lateinischen Inschriften der Stadt Mainz von der Antike bis zur Neuzeit

Texte mit Übersetzungen und kurzen Erläuterungen
herausgegeben von

Jürgen Blänsdorf

Mainz 2009

Vorderes Umschlagbild: Inschrift der Südseite des Marktbrunnens, hinteres Umschlagbild: Siegel und Bronzetür des Erzbischofs Willigis

Abbildungsnachweise:
Stadtkarte Mainz mit freundlicher Genehmigung des Bauamtes, Abt. Bodenmanagement und Geoinformation der Stadt Mainz, Nr. 23/07.
Fotos: S. Kirsch (St. Stephan), Dr. Ricarda Müller (Domtür); Direktion Landesarchäologie Mainz (Isis-Heiligtum); Landesmuseum Mainz (3); J. Blänsdorf (alle anderen; Fotos im Dom mit freundlicher Genehmigung des Bischöflichen Ordinariats); Abb. des Bronzesockels der Heunensäule mit freundlicher Genehmigung des Künstlers Prof. Gernot Rumpf.
Umzeichnung DTM 5: Ursula Weichhart.
Grundrisse von Dom St. Martin und Kirche St. Stephan: mit freundlicher Genehmigung der Generaldirektion Kulturelles Erbe / Direktion Bau- und Kunstdenkmalpflege von Rheinland-Pfalz.

Satz und Gestaltung: J. Blänsdorf, Essenheim
Druck: Buchdruck Jürgens, Hamburg

2. durchgesehene und geringfügig ergänzte Auflage Mainz 2009

ISBN 978-3-00-025913-5

Kontakt: j.blaensdorf@t-online.de

Vorwort

SISTE VIATOR ET LEGE – „Bleib stehen, Wanderer, und lies“[1]: mit diesen oder ähnlichen Worten wurde seit der römischen Antike der Vorübergehende aufgefordert, des Verstorbenen zu gedenken, dessen Grabinschrift er entlang der Straßen vor der Stadt las. Als Titel dieses Buches sollen diese Worte dazu einladen, bedeutende Zeugnisse der Mainzer Stadtgeschichte zu studieren.

In der Stadt Mainz und ihrer näheren Umgebung begegnet der historisch interessierte Besucher vielen lateinischen Inschriften von oft eindrucksvoller Gestaltung. Dieses Buch soll dazu helfen, die Inschriften zu finden, die durch Schriftform, Sprache und Abkürzungen oft nicht leicht verständlichen Texte an Ort und Stelle zu lesen und zu verstehen und, soweit möglich, in die historischen Zusammenhänge einzuordnen.

Die über 300 noch heute sichtbaren lateinischen Inschriften der Stadt Mainz reichen von der frühen römischen Kaiserzeit bis ins 20. Jahrhundert und finden sich auf öffentlichen Denkmälern, Gebäuden und v.a. Grabdenkmälern. Sie wendeten sich einst an lateinkundige Leser, die solche Dokumente überall verstehen und würdigen konnten, mochten sie ihnen in Deutschland, Frankreich, Italien, Spanien oder England begegnen. Denn lateinische Inschriften waren - und sind noch heute - überall in Europa und den Mittelmeerländern, von England und Skandinavien bis zu den Kreuzfahrerstaaten, zu finden. Auch in Mainz sind sie eine wertvolle und überaus reiche Quelle für das Leben der Menschen, die Geschichte der Stadt und ihre Beziehungen zur Geschichte Deutschlands und Europas, und sie bieten ein wenn auch unvollkommenes Spiegelbild der Mainzer Bewohner vom Klerus und dem Adel bis zum Handwerker.

Die künstlerische Gestaltung der Denkmäler, die diese Inschriften tragen, wird in dieser Textsammlung nicht behandelt; sie findet sich in den reichlich vorhandenen Kunstführern. Aber immer wieder interessant ist das Zusammenwirken von Kunstgestalt und Text. Eine der Inschriften (Dom Nr. 73) macht ausdrücklich darauf aufmerksam.

---

[1] s. Dom Nr. 73.

Der anfängliche Plan, nur die schönsten und bedeutendsten Inschriften für Besichtigungsrundgänge auszuwählen, wurde angesichts der immer faszinierenderen Fülle bedeutender und oft auch bewegender Ereignisse und Erfahrungen, die in diesen Dokumenten festgehalten sind, immer mehr erweitert, bis schließlich alle noch sichtbaren und allgemein zugänglichen Inschriften erfasst waren.

Denn in ihnen lesen wir von den Schicksalen römischer Legionäre und der Trauer römischer Bewohner unserer Stadt um ihr totes Töchterchen ebenso wie von der Macht der Mainzer Erzbischöfe, von Konflikten um die Rechte der Bürgerschaft wie vom 'Personal' des Doms, den Stiftsherren, den Architekten bis hin zum Gerichtsbeamten. Ein großer Teil der Texte sind Grabinschriften, die ja von der Antike bis zum 19. Jahrhundert nicht nur wie heute die Namen, Geburts- und Todesdaten aufführen, sondern oft recht ausführlich vom Leben, dem Wirken und Leiden der Verstorbenen berichten. Vom Beginn des 16. Jahrhunderts an traten in nicht wenigen Inschriften die christlichen Tugenden hinter der detaillierten Aufzählung der Ämter und Taten zurück. Wir erfahren aber auch viel über die geistlichen, moralischen und sozialen Wertkategorien der verschiedenen Epochen. Hinter all den gattungsbedingten Lobsprüchen werden immer wieder die konkreten Lebensumstände und historischen Bezüge sichtbar – von der Weihe von Königen und Kaisern durch die Mainzer Erzbischöfe bis hin zur mehrere Male beschworenen *Pax Europae*.

Eine Geschichte der Stadt Mainz lässt sich aus ihnen nicht gewinnen. Aus historischen Gründen sind nicht einmal alle Erzbischöfe durch Grabmäler und Inschriften vertreten. Abgesehen von dem Verlust sehr zahlreicher Inschriften war dies ja auch nicht der Zweck dieser Dokumente, die ja vorrangig dem Andenken einzelner Persönlichkeiten dienen und nicht direkt Geschichte schreiben sollten. Aber der Reflex größerer historischer Zusammenhänge ist oft genug fassbar.

Das Latein dieser in Prosa und in meistens kunstvollen Versen gehaltenen Dokumente ist ganz überwiegend sehr gut, und seit dem Hochmittelalter und zunehmend seit dem 14. Jahrhundert ist eine immer stärkere Annäherung an die Sprache der lateinischen Klassik zu beobachten. Im Bemühen um abwechslungsreichen Ausdruck wurden ständig neue Formeln für Geburt, Leben und Tod gefunden. Selbst die hohen kirchlichen Amtstitel wurden durch antike

Ausdrücke umschrieben, so *archiepiscopus* (Erzbischof) durch *praesul* (Oberpriester). Solche ursprünglich heidnischen Bezeichnungen stellten unter den ebenfalls schon antiken Begriffen wie *ecclesia* (Kirche), *pontifex* (Priester) und *presbyter* (Kirchenältester, woraus unser *Priester* wurde) keine Fremdkörper dar. Erst allmählich konnte sich der christliche Kalender gegen den römischen zur Tagesdatierung durchsetzen. Die Kunstformen der antiken Rhetorik dienen zur Ausmalung der Tugenden des Verstorbenen – vor einigen der Grabinschriften könnte man einen lückenlosen Rhetorikkurs halten! Barock sind auch die riesigen Satzperioden, die sich in der deutschen Übersetzung nur mühsam wiedergeben lassen. Übernommen und vielfach abgewandelt wurde auch die Bitte *Siste viator et lege* (Bleib stehen, Wanderer, und lies), obwohl die Grabmäler nicht mehr wie die antiken an einer Straße, sondern in der Kirche oder auf dem Friedhof aufgestellt waren.

Eine besondere Schwierigkeit, antike, mittelalterliche und neuzeitliche Inschriften zu lesen, sind die zahlreichen Abkürzungen der Wortendungen oder ganzer Wörter. Durch die Auflösung der Abkürzungen, die in dieser Ausgabe aus Gründen der besseren Lesbarkeit ohne Klammern wiedergegeben sind, werden die Texte bis zu einem Viertel länger. Der Leser dürfte aber keine Schwierigkeit haben, z.B. den in dieser Textausgabe ausgeschriebenen Titel „*illustrissimo et reverendissimo*" in der abgekürzten Formel der Inschriften „*ill*^{mo} *& rev*^{mo} " wiederzufinden. Einige von ihnen sind bewusste Wiederholungen oder Abwandlungen antik-heidnischer Formeln: *D(eo) O(ptimo) M(aximo)* ist von *I(ovi) O(ptimo) M(aximo)*, der auf vielen, immer sichtbar gebliebenen römischen Inschriften verwendeten Weiheformel, abgeleitet; von antiken Gräbern stammt *D(is) M(anibus)* (Für die Totengötter), das auf einer Mainzer Altarinschrift (Dom Nr. 59) als *D(ivo) M(artyri)* gelesen werden soll (vgl. Dom Nr. 115).

Oft genug erkennt man die Absicht, den Leser durch die Stilkunst zu beeindrucken. Sachangaben wurden verrätselt, Bibelzitate waren zu entdecken. Selbst der Scherz war aus diesen feierlichen Dokumenten nicht ganz verbannt. Heute kaum noch erträgliche Wortspiele mit den Eigennamen sollten sicher das Wesen der Persönlichkeit aufdecken. Spielerisch sind auch die verzwickten Chronogramme, im Text versteckte Jahreszahlen, für die zwei der Mainzer Inschriften (Dom Nr. 3 und Ober-Olmer Forsthaus) sogar Leseanweisungen geben.

Die Übersetzungen folgen so genau wie möglich dem Wortlaut und dem Satzbau der Inschriften, um den Bezug zum originalen Text zu erleichtern. Nur in den Ämtertitulaturen mussten bisweilen Zugeständnisse an die Verständlichkeit gemacht werden. So wurde zwar z.B. *Sacri Romani Imperii comes* wörtlich mit „Graf des Heiligen Römischen Reichs" wiedergegeben, obwohl sich dafür der Terminus „Reichsgraf" durchgesetzt hat, aber regelmäßig der „Kapitularkanoniker" durch „Stiftsherr" ersetzt. Die Erklärungen wurden so knapp wie möglich gehalten. Sie sollen nicht einen Kunstführer ersetzen.

Dankbar benutzt habe ich die Ausgaben der Mainzer Inschriften von Fritz Arens, ohne die diese Ausgabe nicht möglich gewesen wäre.

Besonderen Dank schulde ich meinen verehrten Kollegen Prof. Dr. Dieter Janik, der dieses Projekt angeregt hat, Prof. Dr. theol. et phil. Otto Böcher, dessen reiche Kenntnisse der Bibel, der Kirchen-, Adels- und Kunstgeschichte mich vor vielen Irrtümern bewahrt haben, Dr. Rüdiger Fuchs (Akademie der Wissenschaften und der Literatur Mainz), der mit seinen umfassenden geschichtlichen und kirchengeschichtlichen Kenntnissen v.a. die Ämterterminologie zu korrigieren half, Dr. Eberhard J. Nikitsch (Akademie der Wissenschaften und der Literatur Mainz) für seine Beratung und die Vermittlung des Druckkostenzuschusses und Stud.Ass. Mathias Gall, der mich mit Notizblock, Fernglas und Taschenlampe bei der Kontrolle der Inschriften begleitet und die Lageskizzen vorbereitet hat.

Mit diesem Buch ist die Hoffnung verbunden, zur Erhaltung des historischen Erbes dieser Stadt beizutragen.

Die Drucklegung wurde gefördert durch den Kulturfonds Mainzer Wirtschaft e. V.

Mainz, im Oktober 2008 Prof. Dr. Jürgen Blänsdorf

Für eine erneute Durchsicht danke ich den Herren Oberstud.-Dir. Dr. Wolfgang Bietz und Akad. Dir. Dr. Gebhard Kurz, der zahlreiche kirchen- und liturgiegeschichtliche Informationen beisteuerte und zusammen mit Oberstud.-Dir. Dr. Karl Anton Priess mehrere neue Inschriften aufspürte.

Mainz, im März 2009 J. Bl.

Redaktionelle Hinweise

Die Inschriften sind nicht chronologisch, sondern kapitelweise nach einem möglichen Stadtrundgang geordnet, der, wie bei Führungen üblich, beim Dom St. Martin beginnt.

Wo vorhanden, wurden die Nummern der Inschriften-Ausgaben von Fritz ARENS in Klammern zugefügt. Historische Erläuterungen sind den Inschriftentexten vorangestellt, textkritische, sprachliche und metrische Hinweise folgen den Texten. Die Übersetzungen sind in Anführungszeichen gestellt. Kopien von Inschriften sind teils durch Verweis auf die Originalinschriften ersetzt, teils zur leichteren Auffindbarkeit im vollen Wortlaut zitiert.

Im Originaltext fehlerhafte Zitate sind in der Übersetzung korrigiert. Die Nummern der Psalmen differieren in den verschiedenen Bibelausgaben (secundum Hebraeos bzw. secundum Graecos) um 1 nach oben oder unten.

Die Abkürzungen sind zur Herstellung eines lesbaren Textes mit der Ausnahme von S. = Sanctus/Sancta (Sancti, Sanctae) und St. = Sankt aufgelöst – nicht anders, als wenn der Text vorzulesen wäre. Wenn z.B. in der Inschrift I O M steht, ist es im Kontext einer Weihinschrift in der Regel mit „Iovi Optimo Maximo" zu lesen und so in diesem Buch wiedergegeben. Ebenso werden die römischen Vornamen und die Bezeichnung der Abkunft voll ausgeschrieben: je nach Textzusammenhang C. f. „Gai filius" bzw. „Gai filio". Besonders die Wiedergabe nicht leicht auflösbarer Abkürzungen der mittelalterlichen und frühneuzeitlichen Inschriften führt oft zu einer beachtlichen Verlängerung der Texte. Wo nötig, werden folgende Klammern gebraucht: (...) Erläuterungen, [...] = Lücke bzw. Ergänzung verlorener Buchstaben; {...} Tilgung von Fehlern des Originals.

Die Diphthonge *ae* und *oe* wurden seit der römischen Kaiserzeit und besonders im Mittelalter oft als *e* gesprochen und geschrieben. Die Schreibung *ae* und *oe* ist in dieser Ausgabe aus Gründen der leichteren Verständlichkeit wiederhergestellt. Aber *ae* und *oe* statt *e* (z.B. *foeliciter* statt *feliciter*) sind beibehalten. Mittelalterlicher Orthographie entspricht auch der schwankende Gebrauch des *h*, z.B. *charus* statt *carus*.

Die Groß- und Kleinschreibung und die Zeichensetzung sind den heutigen Regeln angeglichen. Auf dringendes Anraten wurde die neue deutsche Rechtschreibung eingeführt. Der Leser möge sich an dem häufigen Vorkommen des Wortes ‚Schlusssteine' erfreuen.

Marktportal des Doms St. Martin: die Willigis-Tür, linker Flügel
(Nr. 1a)

I. Dom St. Martin

Marktportal des Doms St. Martin: die Willigis-Tür, rechter Flügel
(Nr. 1a)

Grundriss des Doms

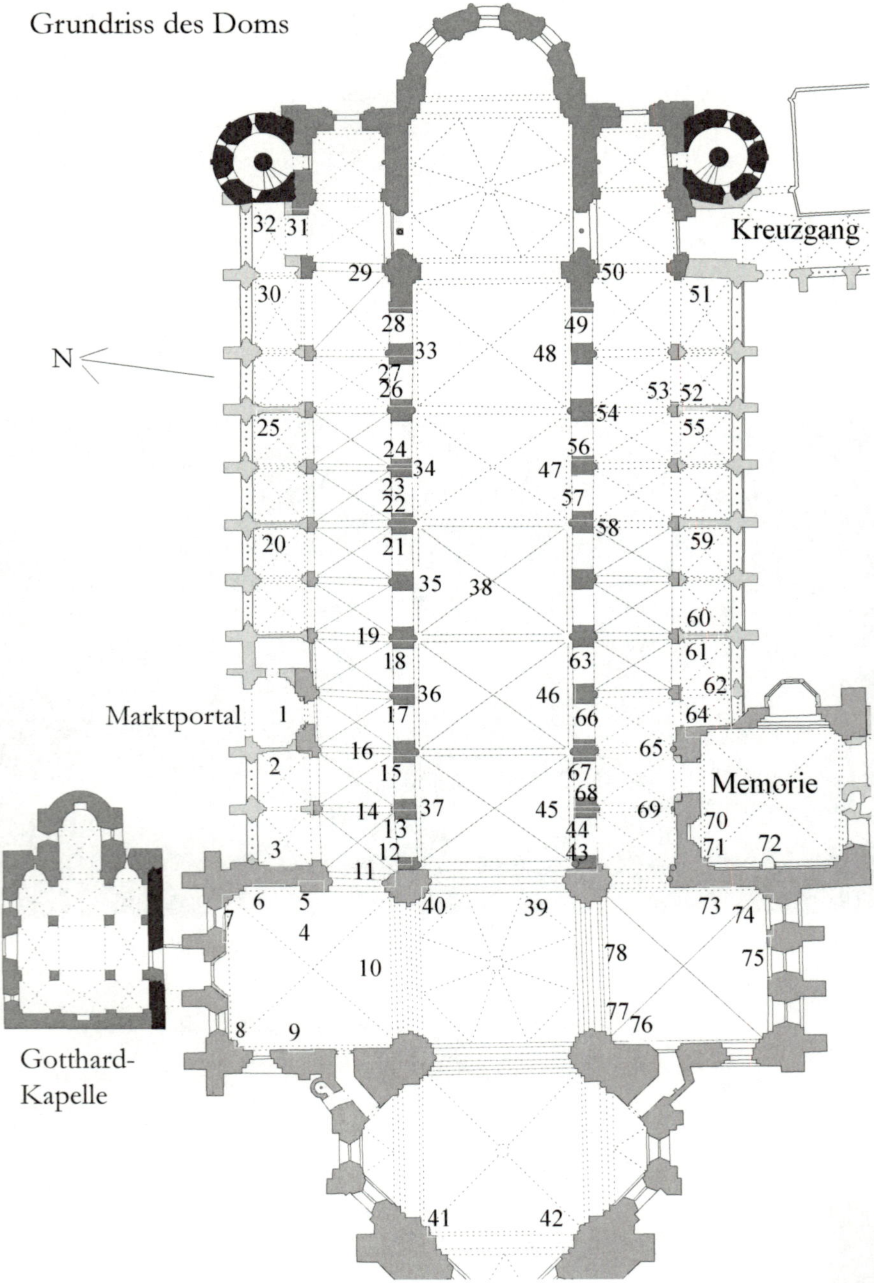

Die laufenden Nummern folgen einer Art Rundgang vom nördlichen Seitenschiff durch das Mittelschiff zum südlichen Seitenschiff und in den Kreuzgang; s. Übersichtsplan – die Inschriften sind also nicht chronologisch geordnet!

Marktportal

BESCHRIFTUNG DER OBEREN, MITTLEREN UND UNTEREN QUERLEISTE DES TÜRRAHMENS:

1 a) Willigis-Tür, 1009 (angefertigt zur Domweihe?), mit der – nach der sehr kurzen Bonifatius-Inschrift des Dom-Museums – ältesten authentischen Inschrift des Mainzer Doms (Arens 5)

Erzbischof Willigis (975-1011), aus sächsischem Adelsgeschlecht stammend und aus dem Hildesheimer Domkapitel nach Mainz berufen, hatte eine bedeutende Stellung als Reichsregent; u.a. berief er die Königswahlversammlung ein und leitete sie. Er ließ St. Stephan und den Dom anstelle einer älteren Kirche erbauen (Weihe am 30.8.1009), der schon kurz danach abbrannte. In der Portalinschrift bezeichnet er sich als den ersten, der nach Karl dem Großen Bronze-Türflügel gießen ließ; gemeint sind die Bronze-Türen Karls in Aachen (erhalten), Ingelheim oder Mainz (St. Alban). In dem Bezug auf Karl den Großen und Aachen drückt sich der Anspruch aus, den Mainzer Dom als Krönungskirche zu bestimmen.

Die Türflügel waren ursprünglich für das Westportal des Domes bestimmt, dann für das 1210 vollendete Marktportal. Vermutlich Ende des 13. Jahrhunderts wurden sie an das Portal der östlich des Domes gelegenen Liebfrauenkirche versetzt. Als diese 1804-1807 zerstört wurde, ließ Bischof Colmar sie zum Marktportal zurückbringen, wo sich in der Tat noch die passenden Türangeln befanden. Willigis gründete auch das Stift St. Viktor.

Postquam magnus imperator Karolus suum esse iuri dedit naturae,
Willigisus archiepiscopus ex metalli specie valvas effecerat primus.
Berengerus, huius operis artifex, lector, ut pro eo deum roges, postulat supplex.

„Nachdem der große Kaiser Karl sein Sein (= sein Leben) dem Recht der Natur gegeben hatte, hat Erzbischof Willigis als erster die Türen aus Bronze hergestellt. Berenger, der Künstler dieses Werkes, bittet Dich, Leser, demütig, dass du Gott für ihn bittest."

ooo

IN DEN BEIDEN OBEREN FELDERN DER WILLIGIS-TÜR:

1 b) Adalbert-Privileg, um 1135 (Arens 10)

Diese Inschrift, die längste der erhaltenen mittelalterlichen Inschriften Deutschlands und zugleich die zweitälteste des Mainzer Doms, ist das älteste Mainzer Bürgerprivileg. Der Text ist auch auf einer im Staatsarchiv München aufbewahrten Pergamenturkunde des gleichen Jahres erhalten; einige Fehler der Mainzer Inschrift sind dort behoben.

Die Inschrift schildert die Ereignisse aus der Sicht des Erzbischofs Adalbert von Mainz (1109/11-1137), der auch der Erbauer der bischöflichen Pfalzkapelle Sankt Gotthard ist (Gotthardkapelle, 1135, am Nordflügel des Westquerhauses). Der Anfang ist wie eine Autobiographie mit theologisch-philosophischen Gedanken gestaltet. Weil der Erzbischof, im Jahre 1111 von Kaiser Heinrich V. zum Erzbischof eingesetzt, sich schon 1112 mit dem Kaiser überwarf und zu dessen Gegnern, den sächsischen Fürsten, überging, ließ der Kaiser den aufsässigen Kirchenfürsten durch ein Fürstengericht zur Haft verurteilen und im Dezember 1112 auf der Burg Trifels (s. Zeile 7) einkerkern. Als im Jahre 1115 der Kaiser in Mainz war, wurde er von den Mainzern gezwungen, Adalbert freizulassen. Als Garantie für sein künftiges kaisertreues Verhalten stellte die Stadt Geiseln, die dann, weil Adalbert diese Zusage nicht einhielt, misshandelt wurden. Nach Auseinandersetzungen zwischen Adalbert und den Mainzern kam es 1118 schließlich doch zu einem Bündnis gegen den Kaiser, das sich die Mainzer durch dieses Privileg, zwischen 1119 und 1122 und nochmals 1135, vergüten ließen.

Das eigentliche Privileg, das nur die Zeilen 21-24 umfasst, enthält keinen Steuererlass, sondern sicherte den Mainzer Bürgern einen alleinigen Gerichtsstand in der Stadt und befreite sie von Vogtsgerichtsbarkeiten außerhalb der Stadt; die Abgaben leisteten sie daher nur noch freiwillig.

Die Urkunde ist indirekt auch ein Zeugnis des Investiturstreits. Als Kaiser Heinrich V. im Jahre 1121 Mainz belagerte, eilte Erzbischof Adalbert mit einem Heer der Stadt zu Hilfe. Auf Vermittlung der Fürsten 1121 in Würzburg hin kam es 1122 zum Wormser Konkordat, mit dem der Investiturstreit ein Ende fand. 1125 wurde auf einer von Adalbert nach Mainz eingeladenen Fürstenversammlung Lothar III. zum Kaiser gewählt.

Die stilistisch einheitliche Schrift ist infolge vieler Buchstabenligaturen, -kürzungen und -varianten schwer zu lesen und leidet an mehreren Schreibfehlern. In der Münchener Pergamenturkunde sind die Namen des Stadtkämmerers Meingot und seines Bruders Dudo nachträglich getilgt, weil sie 1160 den Aufstand gegen Kaiser und Erzbischof angeführt hatten.

Im Rahmen der beiden Türflügel stehen 41 Zeilen zu je 2 m Länge. Die Zeilen gehen über beide Türflügel; der Schrägstrich / bezeichnet die Türmitte. Zeile 14a ist eine versehentliche Wiederholung; der dadurch entstandene Versatz der Halbzeilen ist hier ausgeglichen:

1 In nomine Sanctae et Individuae Trinitatis / Adelbertus, Moguntinae {a} ecclesiae archiepiscopus et

2 apostolicae sedis legatus. Quia huius mundi cursus / et gloria mutabilitati assiduae subiecta sunt, multorum

3 exemplo didicimus. Sed ne prospera extollant vel adversa deiciant, / cuiusdam sapientis consolatione admonemur dicentis,

4 quod viri sit prudentis privilegium nil magni ducere transitorium. / Novit utique tam praeteritorum quam praesentium conscientia, quae vel

5 quanta in me Dei fecerit misericordia, cognoscat etiam, quaeso, futurorum / per me successio, quantus ex alto prosperitatem comitetur

6 casus et deiectio. In medio etenim meae prosperitatis cursu / Heinricus quintus, ut nostis, imperator post multa beneficia non

7 nisi propter Romanae ecclesiae oboedientiam carceris etiam mihi captivo / tenebras intulit et latibula. Ibi profecto longo

8 manens tempore, primi pastoris omnium consolationem dicentis: "Si quid / patimini propter iusticiam, beati", reduxi memoriae. Memini

9 etiam in maerore Ysaiam incarceratum insectionis serrae servatum, / Danihelem etiam innocentem de lacu leonum liberatum.

10 Denique post multas tribulaciones contritos corde visitans / ex alto corda fidelium Moguntinae metropolis ad hoc

11 promovit, ut suum liberare conarentur captivum. Tamdiu itaque videlicet / clerus, comites, liberi cum civibus et familia praefato imperatori

12 Heinrico insistentes elaboraverunt, donec me tandem datis / obsidibus caris filiis et propinquis corpore ex toto attenu-

13 atum vix semivivum sicut {fideles} fideles filii patrem in sua rece-/perunt. Sed quam caute, quam honeste, quam iuste obsides

14 haberentur, sine maerore loqui nemo poterit; nam alii membris / truncati redierunt, alii fame, alii exilio deputati, alii nudi-

14a {truncati redierunt alii fame, alii exilio deputati, alii nuditate et corporis}

16 -tate et corporis egritudine preocupati perierunt; haec et his / similia fideles Moguntinae civitatis cives pro iusticia

Dom: Adalbert-Privileg (Nr. 1 b; rechte Hälfte der Zeilen 33-41)

17 passi sunt. Quae vero in defensione civitatis suique honoris pertule-/rint, satis omni regno patet. Michi igitur cogitanti, quid
18 eorum bonis et tantis recompensarem meritis, / occurrit, ut, sicut ipsi pariter meo commu-
19 nicaverant labori, sic omnium aliquid conferrem ho-/nori et utilitati. Communicato ergo
20 primorum consilio, clericorum dico, comi-/tum, liberorum, familiae et civium, habi-
21 tantes infra ambitum muri praefatae civi-/tatis et manere volentes hoc iure
22 donavi: ut nullius advocati placita vel / exactiones extra murum expete-
23 rent, sed infra sui nativi iuris essent sine / exactoris violentia, quia, cui
24 tributum, tributum, cui vectigal, vecti-/gal gratis nullo exigente persolverent.
25 Ut autem haec donacio rata et inconvulsa ad / posteros transeat, sigillo nostro con-
26 firmantes subscriptis testibus signari ius-/simus. Huic quidem primae traditioni interfue-
27 runt viri venerabiles videlicet Bruno Spirensis episcopus, / Bocco Wormaciensis, Embricho Erbipolensis,
28 Anshelmus maioris ecclesiae praepositus, Ceizolfus decanus, / Richardus cantor, Arnolt praefectus civitatis, Fride-
29 rich comes de Arnesberc, Hereman de Winzeburc, / Sigbreth et Frith(th)erich comites de Sarebruchen,
30 comes Gozwinus de Staelechae, comes Bertoldus de Nurionc, / comes Gyso de Uodenesberc, Uodelricus de Hetechensten,
31 Reginboldus et Gerlaus des Ysenburc, Folcolt de Nithae, Wiger / de Haselesten, Weltere de Husen. Ministeriales;
32 Embricho et filius eius Embricho vicedominus, {Embricho vicedominus}, Ruot/hart de Waldafo, Luotfridus, Orto, Reinhart, Duodo,
33 Hertwicus, Emmecho, Duodo, Ernost villicus, Ruothart Wal/podo. Secundae autem confirmacioni interfuerunt Heinricus
34 maioris {a}ecclesiae et Sancti Victoris praepositus, Adelbertus praepositus, Heinricus custos, Hartmannus decanus, Govsbertus praepositus, Willehelm
35 comes de Luzelenburc, dux Frithericus, item praefectus civitatis Ar/nol-

dus, Arnoldus comes, et frater eius Rupertus de Luorenburc,
36 comes Heriman de Salmi, et frater eius Otto de Rineche, Emmecho comes / et frater eius Gerlaus, comes Gerhardus et frater eius Heinricus de
37 Berebah, Heinricus de Caceneleboge, Dammo et Sigebodo de / Buocho; ministeriales: Embricho vicedominus de Gisenheim,
38 Meingoz camerarius civitatis, Duodo frater ipsius, camerarii, Duodo / scultetus, Obret, Richelm, Arnolt, item Arnolt, Helpheric,
39 Hereman; officiales: Folprecht, Ebo, frater eius Ruothardus, / Wernherus, Egilwart, Duodo; Facta sunt
40 haec anno dominicae incarnationis M.o (= millesimo) C.o (= centesimo) XX.o X Vo, indictione / XII.a et confirmata regnante domino Lothario
41 imperatore eiusdem nominis III.o, anno regni eius VIIII.o, / imperii vero secundo. Feliciter a m e n.

„(1) Im Namen der Heiligen und Ungeteilten Dreieinigkeit, Adalbert, Erzbischof der Mainzer Kirche, Legat des Apostolischen Stuhles. Dass der Lauf dieser Welt und der Ruhm der ständigen Veränderlichkeit unterworfen sind, haben wir aus dem Beispiel vieler gelernt. Aber dass uns nicht das Glück emporhebt oder das Unglück niederwirft, daran werden wir durch den Trost eines Weisen gemahnt, der spricht, dass es der Vorzug des klugen Mannes sei, nichts Vorübergehendes für groß zu halten.[1] Doch weiß die Erinnerung der Vergangenen wie der Gegenwärtigen, was und (5) wie Großes die Barmherzigkeit Gottes an mir getan hat. Es möge auch bitte die Nachfolge der Künftigen durch mich erkennen, welch ein Fall und Sturz aus der Höhe das Glück begleitet. (6) Denn mitten im Laufe meines Glückes versetzte mich Kaiser Heinrich V., wie ihr wisst, nach vielen Wohltaten nur wegen des Gehorsams gegenüber der Römischen Kirche als Gefangenen in die Finsternis und das Versteck eines Kerkers. Als ich dort wahrhaft lange Zeit blieb, erinnerte ich mich an den Trost des allerersten Hirten, der sagt (1 Petr. 13): „Wenn ihr etwas erleidet wegen der Gerechtigkeit, seid ihr selig." Ich erinnerte mich auch in meiner Trauer, dass der eingekerkerte Jesaja vor der Zerschneidung durch die Säge bewahrt wurde[2], dass auch der unschuldige Daniel aus der Löwengrube befreit wurde. (10) Endlich brachte nach vielen Leiden Er, der aus dem Himmel die im Herzen tief Betrübten besucht, die Herzen der Getreuen der Mainzer Metropolitankirche dazu, ihren Gefangenen zu befreien zu versuchen. Solange also baten inständigst der Klerus, die Grafen, die Freien mit den Bürgern und den Hörigen bei dem vorgenannten Kaiser Heinrich, bis sie durch Stellung ihrer lieben Söhne und Verwandten als Geiseln mich, am ganzen Körper geschwächt und kaum noch halb lebend, so wie treue Söhne ihren Vater bei sich empfingen. (13) Aber wie achtsam, wie ehrenhaft, wie gerecht die Geiseln behandelt wurden, wird niemand ohne Trauer berichten können. Denn die einen kamen an Gliedern verstümmelt zurück, (16) andere starben durch Hunger, andere durch Verbannung bestraft, andere durch Nacktheit und Krankheit geschädigt. Dies und ähnliches haben die getreuen Bürger der Stadt Mainz für die Gerechtigkeit erduldet. Was sie aber in Verteidigung der Stadt und ihrer Ehre erduldet haben, ist dem ganzen Reich hinreichend bekannt. (17) Als ich also bedachte, womit ich ihre guten und großen Verdienste vergelten könnte, fiel mir ein, so wie sie selbst an meinem Leiden teilgenommen hatten, so auch zu ihrer Ehre und ihrem Nutzen etwas beizutragen.

(20) Als ich mich mit dem Rat der Stadtoberen, nämlich der Kleriker, der Grafen, der Freien, der Hörigen und der Bürger beraten hatte, habe ich die, die innerhalb des Mauerumfangs der vorgenannten Stadt wohnen und bleiben wollen, mit folgendem Recht beschenkt: sie sollten nicht den Geboten oder der Steuerpflicht irgendeines Vogtes außerhalb der Mauern unterstehen, sondern innerhalb (der Mauern) ihr eigenes angeborenes Recht besitzen und ohne die Gewalt eines Steuereintreibers sein, weil sie die Abgaben dem, dem sie gehören, und die Steuer dem, dem sie gehört, freiwillig (und) ohne Zwang bezahlen sollen.

(25) Damit aber diese Schenkung gültig und unerschütterlich auf die Nachfahren übergeht, haben wir sie mit unserem Siegel bekräftigt und durch die angefügten Zeugen unterzeichnen lassen. Dieser ersten Ausfertigung wohnten die ehrwürdigen Männer bei: Bruno, Bischof von Speyer (1110-1123), Bocco, Bischof von Worms (1120 ?-1149), Embricho, Bischof von Würzburg (1127-1146; es folgen 29 Namen).

(33) Der zweiten Ausfertigung aber wohnten bei: (es folgen 35 Namen von Klerikern, Grafen, Ministerialen usw.).

(40) Dies ist geschehen im Jahre 1135 der Fleischwerdung des Herrn im 12. Jahr der Indiktion[3] und bestätigt unter der Herrschaft des Herrn Kaisers Lothar, des Dritten seines Namens, im 9. Jahr seines Königtums, im Zweiten seines Kaisertums. Mit Glück Amen.“

[1] *Hor. ep. 1,6,1; Anspielung auf Sprüche Salomonis 23,4f.*

[2] *Nach dem Babylonischen Talmud und frühchristlicher Legende wurde Jesaja unter König Manasse (693-639 v.Chr.) durch Zersägen getötet, nach diesem Text jedoch davor bewahrt.*

[3] *Indiktionen sind Steuer- bzw. Regierungsperioden von je 15 Jahren, die ab dem Jahr 3 v.Chr. gerechnet wurden; dabei wurde meistens die laufende Nummer der Indiktion ausgelassen und nur das Jahr innerhalb dieser Periode gezählt. Das Jahr 1135 ist identisch mit dem 12. Jahr der 70. Indiktion.*

Nördliches Seitenschiff und Querschiff

2 Kreuzaltar, 1657 (Arens 1613)

Johannes ab Heppenheim dictus a Saal huius metropolitanae ecclesiae decanus etc. erexit 1657.

„Johannes von Heppenheim, gen. von Saal, Dekan dieser Metropolitankirche usw., errichtete (diesen Altar) 1657."

ooo

3 Epitaph der Familie Brendel, 1563 (Arens 451)

Ganz oben: Hodie michi, cras tibi.

Mitte: Propter scelus populi mei percussi eum. Isaiae 53 cap.

linke Tafel: Ipse autem vulneratus propter iniquitates nostras, attritus est propter scelera nostra et eius livore sanati sumus. Isaiae 53.

rechte Tafel: Omnes nos quasi oves erravimus. Unusquisque in viam suam declinavit. Et posuit deus in eo iniquitates omnium nostrorum. Isaiae 53.

Zu Füßen des Kreuzes: Bonus pastor ponit animam suam pro ovibus suis. Ioan. 10.

Unten:

Nobilibus prognata atavis Margreta recumbit,
quae fuit aeterno vivere digna die.
Cui patriam partu, Bellersheim clara, dedisti
et Reideselium nobile stemma genus.
Brendelia de stirpe satus Fridericus ab Homburg
coniugii et prolis fecit amore suam.
Illa tamen foelix natis et praesule foelix
orba viro, factis inclita morte iacet.

sI tIbI neC VItae neC fatI teMpora Constant,
CoLLIge per LongIs arte notata notIs.
Luces adde decem iani septemque calendis.
Utque animus vivat, saepe precare deo.

„Heute mir – morgen dir (*gemeint ist der Tod*).

Wegen des Verbrechens meines Volkes habe ich ihn geschlagen (Jes. 53, 5 f.).

Er selbst aber wurde verwundet wegen unseres Unrechts, zermalmt wegen unserer Verbrechen, und durch seine Wunden sind wir geheilt (Jes. 53).

Wir alle irrten umher wie Schafe. Ein jeder schlug seinen eigenen Weg ein. Und Gott legte ihm unser aller Unrecht auf (Jes. 53).

Der gute Hirte gibt sein Leben für seine Schafe (Joh. 10, 11).

Von adligen Vorfahren abstammend, liegt hier Margarete, die es verdient hat, den ewigen Tag zu leben. Ihr gabst du, berühmtes Bellersheim, durch Geburt die Heimat und der edle Stamm der Riedesel die Herkunft. Friedrich von Homburg aus der Familie Brendel machte sie aus Liebe zu Ehe und Nachkommenschaft zu der Seinen.

Sie aber, glücklich durch Kinder und glücklich über den Bischof[1], ihres Mannes beraubt, durch Taten berühmt, liegt hier im Tode.

Wenn du weder die Zeiten des Lebens noch die des Todes kennst, erschließe sie aus dem, was kunstvoll mit langen Buchstaben hervorgehoben ist. Füge den Kalenden des Jan(uar) 17 Tage hinzu und bete oft zu Gott, dass ihre Seele lebt.“

In den Versen 9 und 10 wird das Verfahren des Chronogramms erläutert: alle Großbuchstaben sind als römische Zahlzeichen zu lesen und zu addieren; geordnet ergibt sich hier MCCCCLLLVIIIIIII, *in vereinfachter Schreibung:* MDLXIII = *1563. Die Regel ist, dass nach Beginn des Chronogramms kein möglicher Zahl-Buchstabe ausgelassen werden darf. Daher müssen alle Wörter vermieden werden, die weitere Zahl-Buchstaben* C, D, I, L, M, V, X *enthalten. Das Wort* DoMVs *z.B. würde ein Chronogramm um den Wert 1005 erhöhen, also wählte man statt dessen für den Begriff 'Haus' häufig* aeDes, *das* D = *500, oder* teCta, *das nur* C = *100 ergibt.*

[1] *Erzbischof Daniel von Brendel, seit 1555 (s. Dom Nr. 16).*

ooo

4 Taufbecken, Zinnguss, 1328 (aus Liebfrauen, Arens 36)

Das Taufbecken des Domes stand ursprünglich in der Liebfrauenkirche; dort fanden die Taufen des Domsprengels statt, während die von Liebfrauen in St. Mauritius gehalten wurden – eine wohl absichtliche Verschränkung der Gemeindezugehörigkeiten.

Disce, millenis tercentenisque vigenis
octonis annis, manus hoc vas docta Johannis
format ad inperium de summo canonicorum.
Hunc anathema ferit, hoc vas qui laedere quaerit.

„Lerne: im Jahr 1328 formt(e) die gelehrte Hand des Johannes dieses Gefäß auf Befehl des Obersten der Domherren. Den trifft der Bannfluch, der dieses Gefäß verletzen will."

Die Verse dieses Weihgedichtes sind Hexameter der typisch mittelalterlichen Form (sog. leoninische Verse): die Versmitte (das Wort vor der Penthemimeres) reimt sich mit dem Versschluss: v. 1 millenis --- vigenis. *Der Reim in v. 4* ferit --- quaerit *gibt Aufschluss über die mittelalterliche Aussprache des Lateins. – Die Verse sind in dieser und anderen Inschriften fortlaufend geschrieben, aber die Versanfänge durch Großbuchstaben markiert.*

ooo

5 Epitaph des Domherrrn Wennimar von Bodelschwing, gest. 1605 (Arens 547)

Anno domini MDCV, die 5. augusti reverendus et nobilis dominus Wennimar a Bodelschwing, huius metropolitanae nec non Sancti Victoris divi Albani extra Moguntiam prout quoque Sancti Burchardi Herbipolensis ecclesiarum canonicus in Christo Salvatore pie moritur.

„Im Jahre des Herrn 1605, am 5. August stirbt fromm in Christus, dem Heiland, der ehrwürdige und edle Herr Wennimar von Bodelschwing (Wennemar von Bodelschwingh), Domherr dieser Metropolitankirche sowie der Kirchen von St. Viktor und St. Alban außerhalb von Mainz wie auch von St. Burkard von Würzburg."

ooo

6 Epitaphaltar des Domherrn Heinrich von Nassau und des kaiserlichen Rats Philipp von Nassau, gest. 1601 (Arens 529)

Reverendo et nobili domino Henrico a Nassaw, huius et Trevirensis ecclesiarum canonico, necnon archidiacono titulari S. Lubentii in Diekirche ac Limpurgensi praeposito, familiae suae ultimo, post annos aetatis 73. die 27. februarii anno 1601 defuncto, moesti eius amici hoc monumentum posuere.

Nobilis et strenuus Philippus a Nassaw, dominus in Spurckenburg, consiliarius Caesareus, frater domini Henrici, vir prudentia magnus, completis annis 52 in Christo die 22. novembris, anno 1582 pie requievit.

„Dem ehrwürdigen und edlen Herrn Heinrich von Nassau, dem Domherrn dieser und der Trierer Kirche, sowie Titular-Erzdiakon von St. Lubentius in Die(t)kirchen und Propst von Limburg, dem letzten seiner Familie, der nach 73 Lebensjahren am 27. Februar 1601 verstarb, setzten seine traurigen Freunde dieses Denkmal.

Der edle und tüchtige Philipp von Nassau, Herr in Spurckenburg, Kaiserlicher Rat, Bruder des Herrn Heinrich, ein Mann, durch Weisheit groß, starb nach Vollendung von 52 Jahren in Christus am 22. November im Jahre 1582.“

ooo

7 Epitaph des Bischofs Paul Leopold Haffner, gest. 1899

Bischof Paul Leopold Haffner (1886-1899) war seit 1855 Professor in Mainz und 1876 einer der Gründerväter der Görres-Gesellschaft. 1877 wurde er infolge des Kulturkampfes anlässlich der Schließung des Priesterseminars in den Ruhestand versetzt. Nach dem Ende des Kulturkampfes wurde er 1886 zum Bischof von Mainz gewählt und erreichte die Wiedereröffnung des Priesterseminars. Er veröffentlichte zahlreiche philosophische Schriften und betätigte sich wie sein Vorgänger Bischof von Ketteler (s. Nr. 20) auch sozial.

Reverendissimo domino Paulo Leopoldo Haffner, Sanctae sedis Moguntinae episcopo, anno 1829 ianuarii 21 nato, 1886 iulii 25 consecrato, 1899 novembris 2 defuncto, fratris memoriae Eugenius Haffner eiusque familiae faciendum curaverunt.

„Dem hochwürdigen Herrn Paul Leopold Haffner, Bischof des Heiligen Mainzer Stuhles, der, im Jahre 1829 am 21. Januar geboren, 1886 am 25. Juli geweiht wurde, 1899 am 2. November starb, ließen, zum Gedenken seines Bruders, Eugen Haffner und seine Familien (dieses Denkmal) machen.“

ooo

8 Grabstein des Bernhard von Breidenbach, gest. 1497 (Arens 243)

Bernhard von Breidenbach verfasste die Beschreibung der zusammen mit Ritter Philipp von Bicken 1483 unternommenen Pilgerfahrt ins Heilige Land und nach Ägypten (gedruckt in Mainz 1486) und stiftete die "Madonna der Palästinafahrer" (s. Nr. 94).

Bernardus de Breidenbach, olim decanus ecclesiae maioris, (*Symbol für*) obiit 5. Maii 1497.

„Bernhard von Breidenbach, einst Dekan der Hauptkirche (= Dom), starb am 5. Mai 1497."

Die originale Inschrift ist durch diese vom Jahre 1835 ersetzt. Das Symbol für obiit *ist ein durchgestrichenes O oder der griechische Buchstabe* Θ *als Abkürzung für* θάνατος *(Tod).*

ooo

9 Grabstein des Erzpriesters Johannes Bernhard von der Gablen(t)z, gest. 1592 (Arens 508)

Anno domini MDXCII die 2. febr. pie in Christo obdormivit reverendus et nobilis dominus, dominus Ioannes Bernardus a Gablentz metropolitanae Moguntinae archipresbyter et decanus Albani, necnon in gradibus Beatae Mariae Virginis[1] ecclesiarum, canonicus capitularis, aetatis suae anno LV, cuius anima deo vivat.

IΩannes BernarDVs obIt, nVnC eXtera foeLIX
seCVLa, De GabLenz InsIgnI stIrpe CapesCens.

„Im Jahre des Herrn 1592, am 2. Februar, entschlief fromm in Christus der ehrwürdige und edle Herr, Herr Johannes Bernhard von Gablentz, Erzpriester der Mainzer Metropolitankirche und Dekan von (Sankt) Alban sowie der Kirche der seligen Jungfrau Maria zu den Stufen[1], Domherr, in seinem 55. Lebensjahr. Seine Seele lebe für Gott.

Johannes Bernhard aus dem edlen Geschlecht von Gablenz starb und ergreift jetzt glücklich die äußere (= jenseitige) Welt."

Das Chronogramm ergibt 1592. – Die rechte Seite für die Eltern des Erzpriesters ist in deutscher Sprache verfasst.

[1] *Die Kirche S. Maria ad gradus war die dem Dom benachbarte Liebfrauenkirche.*

ooo

10 Nordeingang der Westkrypta: Gedenkinschrift für Erzbischof Aribo, gest. 1031 (Inschrift jüngeren Datums)

Erzbischof Aribo (1021-1031) krönte Konrad II. im Jahre 1024 zum König; er erweiterte die Stadt und umgab sie mit einem Mauerring. Nach ihm verloren die Mainzer Erzbischöfe das - ohnehin nur bedingte - Krönungsrecht. Unter seinem Episkopat war Ekkehard IV. von St. Gallen Leiter der Domschule und überarbeitete das lateinische Walthari-Epos Ekkehards I.

Aribo septembre MXXI in archiepiscopum Moguntinum promotus, vir genere et dignitate venerabilis, Conradum II in summo templo Moguntino in regem consecravit. Roma regrediens in Italia superiore a. d. VIII idus aprilis MXXXI exspiravit, laureis involutus in ecclesia sua cathedrali sepultus est.

„Aribo, im September 1021 zum Mainzer Erzbischof erhoben, ein nach Herkunft und Würde verehrungswürdiger Mann, weihte Konrad II. im hohen Mainzer Tempel zum König. Als er aus Rom zurückkehrte, starb er in Oberitalien am 8. Tage vor den Iden des April (= 6. April) 1031; in Lorbeer gehüllt, wurde er in seiner Kathedralkirche beigesetzt."

ooo

11 Epitaph für Erzbischof, Erzkanzler und Kurfürst **Albrecht von Brandenburg**, gest. 1545 (Arens 399)

Albrecht von Brandenburg, Mainzer Erzbischof 1514-1545, seit 1518 auch Kardinal, hatte nach seiner Ernennung die Ämter als Erzbischof von Magdeburg und Administrator des Bistums Halberstadt nicht aufgegeben. Obwohl diese Ämterhäufung nicht zulässig war und er sich davon gegen hohe Kosten beim Papst freikaufen musste, rühmt er in den von ihm selbst verfassten Grabschriften die Zahl seiner Ämter und Besitzungen.

In den beginnenden Konfessionsstreitigkeiten entschied er sich nach längerem Schwanken für die katholische Seite und erließ 1523 scharfe Maßnahmen gegen die Protestanten. Als der Bauernkrieg 1525 (s. Marktbrunnen-Inschrift) zu einem Bürgeraufstand in Mainz geführt hatte, griff der Erzbischof als Landesherr ein und stellte die alte Stadtverfassung wieder her, sorgte dann aber auch erfolgreich für den Wiederaufbau und die wirtschaftliche Erholung der Stadt, für die Rechtssicherheit der Bürger und für die Infrastruktur (Markt, Straßen, Rheinufer; s. Landesmuseum, Inschrift 41). 1542, nur zwei Jahre nach der Gründung des Jesuiten-Ordens, berief er einen Jesuitenpater als Theologieprofessor an die Universität.

Eine fast genau gleichlautende Grabtafel (Arens 401) befindet sich in Berlin.

Albertus miseracione divina Sanctae Romanae ecclesiae tituli Sancti Petri ad Vincula presbyter cardinalis, legatus natus, sedium Moguntinae et Magde(burgensis) archiepiscopus, sacri Romani Imperii per Germaniam archicancellarius princeps elector, administrator Halberstatensis, marchio Brandenburgensis, Stetinensis, Pomeraniae, Cassuborum, Sclavorumque dux, burggravius Nuerenbergensis ac Rugiae princeps, vir omni virtutum genere absolutissimus, dei cultor, utriusque imperii gubernacula conferens humana in divina incredibili studio commutavit. Sedit annos XXXI, menses VI, dies VIII. Obiit anno domini MDXLV die XXIIII mense septembri, suae vero aetatis anno LV.

Dom: Epitaph für Erzbischof Albrecht von Brandenburg
(Nr. 11)

„Albrecht, durch das Erbarmen Gottes Kardinalpresbyter der heiligen Römischen Kirche zu St. Peter zu den Ketten (S. Pietro in Vincoli), geborener Legat, Erzbischof der Stühle zu Mainz und Magdeburg, Erzkanzler des Heiligen Römischen Reiches in Deutschland und Kurfürst, Administrator von Halberstadt, Markgraf von Brandenburg, Herzog von Stettin, Pommern, der Kassuben und Slawen, Burggraf von Nürnberg und Fürst von Rügen. Ein Mann, vollendet in jeder Art der Tugenden, Verehrer Gottes, die Steuerruder beider Reiche vereinend, verwandelte in unglaublichem Eifer Menschliches in Göttliches. Er regierte 31 Jahre, 6 Monate, 8 Tage. Er starb im Jahre des Herrn 1545, am 23. September, im 55. Lebensjahr."

ooo

12 Die Grabplatte, (Arens 400) am gleichen Pfeiler links neben dem Epitaph enthält die deutsche Fassung der Tafel 11 (bis „Rugiae").

ooo

13 Grabplatte des Erzbischofs und Kurfürsten Johann Adam von Bicken, gest. 1604 (Arens 537), vgl. 89.

Erzbischof Johann Adam von Bicken (1601-1604) erließ eine neue Wirtschaftsordnung und setzte den Wiederaufbau von Mainz fort; unter ihm entstanden die Renaissancepaläste und das Kollegiengebäude der Jesuiten. Er bemühte sich noch energischer als sein Vorvorgänger Daniel Brendel von Homburg (s. Nr. 16) um die Erneuerung des kirchlichen und religiösen Lebens und richtete gemäß den Beschlüssen des Konzils von Trient ein Priesterseminar und einen Kirchenrat ein. 1602 beging er das Heilige Jahr. Sein Episkopat wurde aber durch zunehmende Hexenprozesse belastet.

Hic situs est reverendissimus et illustrissimus dominus Ioannes a Bicken, electus et confirmatus archiepiscopus Moguntinus, princeps elector etc., qui ecclesiam rexit annis II, mensibus VIII, diebus II, quo brevi tempore immortalem sibi instauratae catholicae religionis plurimarumque virtutum gloriam peperit, (*Symbol für*) obiit immatura morte IV idus ianuarias anno MDCIV. Requiescat in sancta pace.

„Hier liegt begraben der hochwürdigste und erlauchteste Herr Johann Adam von Bicken, erwählter und bestätigter Mainzer Erzbischof und Kurfürst usw., der die Kirche zwei Jahre, acht Monate, zwei Tage lenkte; in dieser kurzen Zeit erwarb er sich unsterblichen Ruhm für den wiederhergestellten katholischen Glauben und sehr viele Tugenden. Er starb eines vorzeitigen

Todes am vierten Tage vor den Iden des Januar (= 10. Januar) 1604. Er ruhe in heiligem Frieden."

ooo

14 Epitaph des Erzbischofs, Erzkanzlers und Kurfürsten **Sebastian von Heusenstam**, gest. 1555 (Arens 428)

Die Grabschrift des Erzbischofs Sebastian von Heusenstamm (1545-1555), der gegen den Willen von Kaiser und Papst durch das Domkapitel gewählt wurde und von seinem Vorgänger Albrecht von Brandenburg (s. Nr. 11) eine stark verschuldete Erzdiözese übernommen hatte, spielt auf die schwerste Zeit der Konfessionskriege an. Schon der Schmalkaldische Krieg 1546 hatte Rückwirkungen auf Mainz gehabt. 1552 musste der Erzbischof fliehen, als der protestantische Markgraf Albrecht Alkibiades von Brandenburg-Kulmbach, der mit dem französischen König verbündet war, die Stadt Mainz besetzte und für einige Monate das protestantische Bekenntnis einführte. Verwüstungen in der Stadt und in der Martinsburg und die Zerstörung der Stifte St. Viktor und St. Alban waren zu beklagen.

Sebastian von Heusenstamm führte eine Kirchenreform nach dem Konzil von Trient durch. Er empfahl die Friedensordnung von 1555, die kurz nach seinem Tode mit dem Augsburger Konkordat geschaffen wurde.

Auf dem vom Putto gehaltenen Schild die Künstersignatur: D(ietrich) S(chro) 1559.

Domino Sebastiano ab Heusenstam Maguntinensi archiepiscopo Sacri Romani Imperii per Germaniam archicancellario principi electori etc., viro ingenio rerumque usu clarissimo utriusque juris doctori ac in administranda republica domi forisque indefesso, qui inter fluctuantes Germaniae procellas dum fatigatus oneri succubuisset spiritumque deo reddidisset, successor pio officio monumentum posuit. Sedit annis IX mensibus IV diebus XXVIII, moritur in Eltvill(e) XVII Marcii MDLV.

Kleine Tafel: Vigilate, quia nescitis diem neque horam (Math. 25,13).

Unterkante des Sockels: Memorare novissima.

„Für den Herrn Sebastian von Heusenstamm, Mainzer Erzbischof, Erzkanzler des Heiligen Römischen Reiches in Deutschland und Kurfürst usw., den durch Geist und praktische Erfahrung hochberühmten Mann, Doktor beider Rechte, und unermüdlich in der Verwaltung des Staates im Land und im Ausland. Als er mitten unter den brausenden Stürmen Deutschlands erschöpft seiner Last erlegen war und seine Seele Gott zurückgegeben hatte,

Dom: Epitaph des Erzbischofs Sebastian von Heusenstam
(Nr. 14)

setzte ihm der Nachfolger in frommer Pflicht dieses Denkmal. Er regierte 9 Jahre, 4 Monate, 28 Tage und stirbt in Eltville am 17. März 1555.

Kleine Tafel: Wacht, weil ihr weder den Tag noch die Stunde wisst.

Unterkante des Sockels: Gedenke des Endes."

ooo

15 Grabplatte des Dompropstes Johann Wilhelm Wolf Metternich zur Gracht, gest. 1694 (Arens 1681; s. Bischöfl. Dom- und Diözesanmuseum, Kellergeschoss)

Quiescit sub hoc marmore Ioannes Wilhelmus liber baro Wolff Metternich de Gracht, metropolitanae Moguntinae et cathedralis ecclesiae Paderbornensis et Monasteriensis respective praepositus et capitularis nec non trium electorum Moguntinorum consiliarius intimus, ac camerae praeses, mortuus XV decembris anno MDCLXXXXIIII. Adscitus in hanc metropolitanam ecclesiam anno MDCXXXI

	capitularem		viginti tribus
	scholasticum		quinque
egit		annis	
	decanum		quinque
	praepositum		decem

Vixit annos septuaginta et unum. Parum, si suorum ac proborum vota, multum, si res bene actas, satis, si vitae integritatem respicias. Vivet post funera clarior, exemplum relinquens, quod caste vixerit, amorem, quod sancte rexerit, memoriam, quod sacras aedes ditarit, gloriam, quod cultum divinum elevarit, documentum, quod nummos suos templis legarit, normam, quod prudentiae moderationem, nobilitati virtutem colligarit. Disce, viator, alienam lege et luge mortem non immemor tuae. Nam in via es, et meta est mors.

„Es ruht unter diesen Marmor Johann Wilhelm Freiherr Wolff Metternich zur Gracht, Propst bzw. Kapitular der Mainzer Metropolitankirche und der Paderborner und Münsteraner Kathedralkirche und dreier Mainzer Kurfürsten geheimer Rat und Kammerpräsident, gestorben am 15. Dezember im Jahr 1694.

Berufen an diese Metropolitankirche im Jahr 1631, war er Kapitular / Scholaster / Vikar / Propst während 23 / 5 / 5/ 10 Jahren.

Er lebte 71 Jahre, zu wenig, wenn du die Wünsche der Seinen und der Rechtschaffenen, viel, wenn du die guten Taten, genug, wenn du die Lauterkeit seines Lebens betrachtest. Nach dem Tode wird er ruhmvoller leben, denn er hinterließ ein Vorbild, weil er keusch lebte, Liebe, weil er heilig regierte, Erinnerung, weil er die Gotteshäuser bereicherte, Ruhm, weil er die Gottesverehrung förderte, eine Lehre, weil er sein Vermögen den Kirchen vermachte, ein Vorbild, weil er Maß mit Weisheit und Tugend mit Adel verband. Lerne, Wanderer, lies und betrauere den Tod eines anderen und denke auch an deinen eigenen. Denn du bist auf dem Weg, und das Ziel ist der Tod."

In der Mitte der Inschrift sind die Ämter in Form einer Tabelle verzeichnet, im dritten Teil in Form eines rhetorischen Katalogs.

ooo

16 Epitaph für Erzbischof, Erzkanzler und Kurfürst **Daniel Brendel von Homburg,** gest. 1582 (Arens 482)

Kurfürst-Erzbischof Brendel von Homburg (1555-1582) unterschrieb als erster den Augsburger Frieden und führte nach den schweren Schäden der Religionskriege eine neue Blüte der Stadt herbei: Konsolidierung der Finanzen, Zuzug zahlreicher Neubürger, Wiederaufbau v.a. der Martinsburg, Adelspaläste. Im Zuge der Rekatholisierung, die auch dem zur Mainzer Erzdiözese gehörigen Eichsfeld galt, berief er 1561 die Jesuiten nach Mainz, die im gleichen Jahr ein bald sehr beliebtes Gymnasium und 1568 ein Jesuitenkolleg eröffneten. Die Mainzer Niederlassung des Jesuitenordens wurde 1773 von Kurfürst Friedrich Karl Josef von Erthal aufgelöst.

Deo Optimo Maximo

Daniel dei gratia archiepiscopus Maguntinus, Sacri Romani Imperii per Germaniam archicancellarius, princeps elector etc. – e nobili familia Brendel ab Homberg anno MDLV aetatis suae XXXIII electus ecclesiam annis XXVII optime pacificeque rexit, haud paucis emolumentis auxit atque ampliavit, iustitiam coluit, religionem promovit, carus omnibus extitit, duos imperatores Maximilianum II et Rudolphum II coronavit, inculpate vixit, sacramentis catholice perceptis pie placideque quievit. Desiderium sui luctumque cunctis reliquit. Obiit Aschaffenburgi anno MDLXXXII, XXII marti, cuius anima requiescat in pace. Successor praedecessori bene merenti posuit.

„Gott, dem Besten und Größten.

Daniel, durch Gottes Gnade Mainzer Erzbischof, Erzkanzler des Heiligen Römischen Reiches in Deutschland und Kurfürst, usw. – aus der edlen Familie Brendel von Homburg, im Jahr 1555, mit 33 Jahren, gewählt, lenkte er die Kirche 27 Jahre bestens und friedvoll, vermehrte und erweiterte sie mit nicht geringem Erfolg, pflegte die Gerechtigkeit, förderte den Glauben, war allen lieb, krönte zwei Kaiser, Maximilian II. und Rudolph II., lebte ohne Schuld, und nachdem er die Sakramente nach katholischer Art erhalten hatte, starb er fromm und sanft. Sehnsucht nach ihm und Trauer hinterließ er allen. Er starb in Aschaffenburg im Jahre 1582 am 22. März. Seine Seele ruhe in Frieden. Der Nachfolger setzte (dieses Denkmal) seinem verdienstvollen Vorgänger."

ooo

17 Grabstein des Erzbischofs, Erzkanzlers und Kurfürsten **Lothar Friedrich von Metternich**, gest. 1675 (Arens 1642)

Kurfürst Lothar Friedrich von Metternich-Burscheid, 1652-1675 Fürstbischof von Speyer, 1673-1675 Mainzer Kurfürst, verwirklichte trotz seiner kurzen Amtszeit zahlreiche Reformen in der Landes- und Stadtverwaltung zur Förderung der Wirtschaft.

Sta, viator, lege, quem hic tumulus capit: eminentissimum et reuerendissimum Archipraesulem ac dominum, dominum Lotharium Fridericum avita baronum de Metternich in Borscheidt prosapia. Die 29. septembris anni 1618 luci dedit Spira. In antistitem ac Sacri Romani Imperii principem extulit Sancta sedes Moguntina, praevia coadiutorem electione, in archipraesulem ac Sacri Romani Imperii principem et electorem inauguravit, de post in episcopum apud Vangiones unanimiter postulatum ac confirmatum die 16 mensis aprilis anni 1672. Universae carnis viam ingressum luge.

„Bleib stehen, Wanderer, lies, wen dieses Grab umfängt: den erhabensten und hochwürdigsten Erzbischof und Herrn, Herrn Lothar Friedrich aus der uralten Familie der Freiherrn von Metternich in Borscheidt. Am 29. September 1618 gab ihn Speyer ans Licht, zum Bischof und zum Fürsten des Heiligen Römischen Reiches erhob ihn der Heilige Stuhl von Mainz, nach vorangegangener Wahl zum Koadiutor, zum Erzbischof und Fürsten des Heiligen Römischen Reiches und zum Kurfürsten, der danach einstimmig zum Bischof bei den Vangionen (= in Worms) vorgeschlagen und bestätigt wurde am 16. April des Jahres 1672. Trauere um ihn, der den Weg allen Fleisches ging."

ooo

18 Grabplatte des Erzbischofs und Kurfürsten Wolfgang von Dalberg, gest. 1601 (Arens 531), vgl. Nr. 19

Kurfürst Wolfgang von Dalberg (1582-1601) schlichtete mit großem politischem Geschick den Streit mit den benachbarten Landesherren und führte nach anfänglicher Nachsicht die Rekatholisierung der Diözese mit strengen Visitationen durch. Er ließ 1583 die in den

Jahren 1507 und 1516 verbotene jüdische Gemeinde wieder zu. In sein Episkopat fällt auch die Durchsetzung der Gregorianischen Kalenderreform (1583), die in anderen deutschen Ländern nur zögernd umgesetzt wurde.

Deo Optimo Maximo

Hac iacet elector princeps Wolffgangus, avito
nobilium a Dalberg stemmate natus, humo,
sublimis Mogonum praesul, laus inclyta stirpis,
caesaris imperii provida cura, manus:
magnanimus, iustus, prudens et pacis amator;
clemens, antiquae religionis amans.
Lustra tria, et quatuor postquam regnaverat annos,
Aschaffenburgi morte solutus, obit.

Anno aetatis LXIII.

prInCeps eLeCtor qVInto WoLfgangVs aprILIs
MortaLI exVtVs Corpore In astra Volat.

„Gott, dem Besten, dem Größten.

In dieser Erde ruht Kurfürst Wolfgang, geboren aus dem alten Geschlecht der Edlen von Dalberg, der erhabene Bischof der Mainzer, herrlicher Ruhm des Geschlechts, weise Fürsorge und Hand des Kaisers und des Reiches, hochherzig, gerecht, klug und friedliebend, milde, Anhänger des alten Glaubens. Nachdem er 3 Lustren (= 15 Jahre) und 4 Jahre regiert hatte, starb er, durch den Tod erlöst, in Aschaffenburg im 63. Lebensjahr.

Kurfürst Wolfgang fliegt am 5. April, befreit vom sterblichen Körper, zu den Sternen."

Das Chronogramm ergibt, wenn man W als VV = 10 liest, das Jahr 1601.

ooo

19 Epitaph des Erzbischofs und Kurfürsten Wolfgang von Dalberg, gest. 1601 (Arens 530), vgl. Nr. 18

Die Anzahl der Wappen, die die Bildnisse der Erzbischöfe umgeben, erklärt sich aus dem Nachweis von 16 adligen Ahnen, die für den Eintritt in das Domherrnstift erforderlich waren.

Deo Optimo Maximo

Reverendissimo et illustrissimo domino, Wolffgango, de nobili et vetusta camerariorum de Wormatia, dictorum a Dalberg familia, archiepiscopo et principi electori Moguntino, prudentia, eloquentia et iustitia singulari, de tota

Wolfgang von Dalberg (Nr. 19)

ecclesia et republica bene merito, anno domini 1582 magno omnium desiderio et consensu electo, in regimine annis 19 moderato et pacifico, anno denique 1601, die 5. aprilis pie placideque defuncto, et hic publico omnium luctu recondito. Ioannes Suicardus successor praedecessori meritissimo faciendum curavit anno 1606.

„Gott, dem Besten, dem Größten.

Dem hochwürdigsten und erlauchtesten Herrn Wolfgang aus der edlen und alten Familie der Kämmerer von Worms, genannt von Dalberg, dem Mainzer Erzbischof und Kurfürst, der durch einzigartige Klugheit, Beredsamkeit und Gerechtigkeit um die gesamte Kirche und den Staat hochverdient war, der im Jahr des Herrn 1582 auf großen Wunsch und mit Zustimmung aller gewählt wurde, in seiner Regierung 19 Jahre maßvoll und friedsam war und schließlich im Jahr 1601 am 5. April fromm und sanft starb und hier unter öffentlicher Trauer aller beigesetzt wurde. Der Nachfolger Johannes Schweikard ließ dem hochverdienten Vorgänger (dieses Denkmal) setzen im Jahr 1606."

ooo

20 Grabplatte des Bischofs Wilhelm Emmanuel von Ketteler, gest. 1877

Bischof Wilhelm Emmanuel Frhr. von Ketteler (1850-1877), der Neubegründer des Mainzer Priesterseminars und Gründer des Pius-Vereins (bald Katholischer Verein Deutschlands genannt), wehrte sich erfolgreich gegen die staatliche Bevormundung (seitens des Großherzogtums von Hessen-Darmstadt). Er setzte sich v.a. für die sozialen Aufgaben der Kirche ein und verfasste darüber vielbeachtete Schriften. 1871 kehrte er vorzeitig vom Konzil in Rom zurück. Dank seiner politischen Aktivität gehörte er 1848 dem Frankfurter Paulskirchenparlament und zeitweilig dem ersten Deutschen Reichstag 1871 an und war geborenes Mitglied der 1. Kammer des Großherzogtums. Auf der Rückreise von einem der für die Bischöfe vorgeschriebenen ad-limina-Besuche starb er 1877 in Burghausen.

Reverendissimus Guilelmus Emanuel liber baro de Ketteler, ecclesiae Moguntinae per XXVII annos episcopus, potens in verbis et operibus suis, anno MDCCCLXXVII die 13. julii a liminibus Apostolorum redux Burghusiis in domo Capucinorum pie defunctus, heic resurrectionem exspectat.

„Der hochwürdigste Wilhelm Emanuel, Freiher von Ketteler, Bischof der Mainzer Kirche in 27 Jahren, machtvoll in seinen Worten und Werken, im Jahr 1877 am 13. Juli, auf der Rückreise von der Schwelle der Apostel, in

Burghausen im Haus der Kapuziner fromm verstorben, erwartet hier die Auferstehung."

ooo

21 Epitaph des Domherrn Wolfgang von Heusenstamm, gest. 1594 (Arens 512)

Tres sunt, qui testimonium dant in coelo: pater, verbum, et spiritus sanctus, et hi tres unum sunt, I. Ioan. 5.

Reverendus ac nobilis dominus Wolfgangus ab Heusenstam huius metropolitanae ac Sancti Albani ecclesiarum canonicus capitularis, in sacerdotio constitutus, singularique pietate in pauperes, eximia prudentia ac iustitiae zelo praeditus, pacis ac concordiae amans, postquam annos complures corporis infirmitatem magna animi fortitudine et patientia sustinuisset, carnem terrae reliquit, animam vero deo optimo maximo creatori ac servatori suo redditurus ex hac miseriarum valle turbulentissima ad perpetuam et foelicem beatorum quietem migravit in domino, nono calendis martii anno 1594. Animae ut tuae vis fieri bene, precare, qui legis.

„Drei sind es, die im Himmel Zeugnis ablegen: der Vater, das Wort und der Heilige Geist, und diese drei sind eins. (1. Joh. 5)

Der ehrwürdige und edle Herr Wolfgang von Heusenstamm, Domherr dieser Metropolitankirche und zu St. Alban, ins Priesteramt eingesetzt, von einzigartiger Frömmigkeit gegen die Armen, mit einzigartiger Weisheit und dem Eifer für die Gerechtigkeit begabt, ein Freund von Frieden und Eintracht. Nachdem er mehrere Jahre die Schwäche seines Leibes mit großer Seelenstärke und Geduld ertragen hatte, überließ er sein Fleisch der Erde; aber bereit, seine Seele Gott, dem Besten und Größten, seinem Schöpfer und Bewahrer, zurückzugeben, wanderte er aus diesem höchst verworrenen Tal des Unglücks zur ewigen und glücklichen Ruhe der Seligen im Herrn, am 9. Tage vor den Kalenden des März (= 21. Februar) im Jahr 1594. Leser, wie du willst, dass deiner Seele gut geschehe, bete (für seine Seele)."

ooo

22 Epitaph für Bischof Johann Jakob Humann, gest. 1834

Johann Jakob Humann gestaltete als Generalvikar und Bistumsverweser die Bildung des großherzoglich-hessischen Landesbistums. Als Bischof waren ihm nur wenige Monate Amtszeit (11.6.-19.8. 1834) vergönnt.

Piae memoriae amantissimi praesulis reverendissimi ac illustrissimi Joannis Jacobi Humann, sanctae theologiae doctoris ac regii ordinis Bavarici equitis, qui pius, prudens, mansuetus erga cunctos, affabilis ac insignibus animi dotibus intra spatium 11 annorum a die 20. decembris 1818 usque ad 12. ianuarii 1830 tamquam vicarius capituli in difficillimis temporibus totam dioecesin magna cum dexteritate rexit. Viduata ecclesia per obitum reverendi domini episcopi V(iti) Joseph Burg tamquam dignior a reverendissimo capitulo Moguntino, annuente regia celsitudine Ludovico 11. magno duce Hassiae et ad Rhenum, unanimis suffragiis in praesulem die 16. julii 1833 electus, in aede maiori 11. junii 1834 a reverendissimo domino episcopo Fuldensi Leonardo Pfaff consecratus ac solenniter inthronizatus tandem inopinata morte correptus vitio organico cordis occubuit die 19. augusti 1834 aetate annorum 63, mensuum 3, dierum 12. - In te domine speravi, non confundar in aeternum. Psalm 30. - In fraterni amoris tesseram fratres germani lugentes Joannes Georgius Humann regis Christianissimi Ludovici Philippi minister primarius redituum regni Galliarum, Antonius Ignatius Humann camerarius mercatorum Moguntinorum membrum posuere. Requiescat in sancta pace.

„Zum frommen Gedenken an den liebevollen Bischof, den hochwürdigsten und erlauchten Johann Jakob Humann, Doktor der heiligen Theologie und Ritter des königlichen Bayerischen Ordens, der fromm, weise, milde gegenüber allen, leutselig und mit ausgezeichneten Geistesgaben versehen innerhalb eines Zeitraumes von 11 Jahren, vom 20. Dezember 1818 bis zum 12. Januar 1830, als Kapitelvikar in den schwierigsten Zeiten die gesamte Diözese mit großem Geschick lenkte, und als die Kirche durch den Tod des ehrwürdigen Herrn Bischofs V(eit) Joseph Burg verwaist war, gleichsam als noch würdigerer vom hochehrwürdigen Mainzer Kapitel, unter Zustimmung der königlichen Hoheit Ludwigs XI, Großherzogs von Hessen und bei Rhein, mit einstimmiger Wahl zum Bischof am 16. Juli 1833 gewählt, im größeren Haus (= dem Dom) am 11. Juni 1834 vom hochwürdigsten Herrn Bischof von Fulda Leonhard Pfaff geweiht und feierlich inthronisiert wurde und schließlich, von unerwartetem Tod ergriffen, an einem organischen Herzleiden starb am 19. August 1834, im Alter von 63 Jahren, 3 Monaten, 12 Tagen. Auf dich, Herr, habe ich gehofft, ich werde in Ewigkeit nicht scheitern (Psalm 31, v. 2). Als Zeugnis brüderlicher Liebe setzten (dieses Grabmal) in Trauer die leiblichen Brüder Johann Georg Humann, des allerchristlichsten Königs Louis

Philippe Premierminister der Finanzen des französischen Königreichs, und Anton Ignaz Humann, Kämmerer, Mitglied der Mainzer Kaufleute. - Er ruhe in heiligem Frieden."

23 Epitaph für den Domkantor Philipp Valentin von und zu Franckenstein zu Ockstadt, gest. 1774 (Arens 1782)

Siste qVI transIs, Lege, Lvge, pLange pIe DefVnCtVM.

Hic in proximo Sacri Romani Imperii comitum de Metternich, Wineburg et Beilstein sacello quiescit reverendissimus ac perillustris dominus, dominus Carolus Franciscus Philippus Valentinus liber baro de et in Franckenstein et Ockstatt, qui 11ma. Augusti 1722 natus, 2da februarii 1747 jure, die 25. maii 1748 ecclesiae huius metropolitanae capitulum ingressus, 22da septembris 1772 summae aedis cantor unanimi calculo electus archipresbyter, equestris Sancti Albani prope Moguntiam et Sancti Ferrutii in Bleidenstatt[1] canonicus capitularis, insignis collegii ecclesiae Sancti Victoris praepositus, eminentissimi ac celsissimi Principis Electoris Moguntini consiliarius actualis intimus et camerae aulicae praeses, vitam per annos 52 solida in deum probitate, vera in sacrificiis incruentis religione, in templis et choro assiduitate, ardenti in aequales obsequio, in proximum humanitate, paterna pro agnatis cura, in pauperes liberalitate, in arduis constantia, christiana in adversis morbisque patientia, transactam die 3tia octobris 1774 creatori reddidit. Requiescat in pace.

Cuius memoriae posuit gratus haeres nepos Joannes Fridericus Carolus liber baro de et in Franckenstein.

„Bleib stehen, der du vorübergehst, lies, trauere, beweine den fromm Verstorbenen.

Hier ruht in der benachbarten Kapelle der Reichsgrafen von Metternich-Winneburg-Beilstein der hochwürdige und erlauchte Herr, Herr Karl Franz Philipp Valentin Freiherr von und in Franckenstein und Ockstatt, am 11. August 1722 geboren, der juristisch am 2. Februar 1747, (tatsächlich) am 25. Mai 1748 in das Kapitel dieser Metropolitankirche eintrat, am 22. September 1772 zum Kantor des hohen Hauses einstimmig gewählt, Erzpriester, Domherr der Ritterkirche St. Alban bei Mainz und von St. Ferrutius in Bleidenstadt[1], Propst des erlauchten Kollegiums der Kirche von St. Viktor, wirklicher Geheimrat und Präsident der Hofkammer des erhabensten und erlauchtesten Mainzer Kurfürsten, der sein Leben, das er in 52 Jahren in fester Rechtschaffenheit zu Gott, wahrem Glauben in den unblutigen Opfern, in den Kirchen und im Chor mit Beharrlichkeit, in brennendem Gehorsam gegenüber den Standesgenossen, Menschlichkeit gegenüber dem Nächsten, väterlicher Sorge für die Verwandten, Freigebigkeit gegenüber den Armen, Standhaftigkeit in schwerer Zeit, christlicher Geduld im Unglück und Krankheiten verbracht hatte, am 3. Oktober 1774 dem Schöpfer zurückgab. Er ruhe in Frieden.

Seinem Angedenken setzte der dankbare Erbe, der Neffe Johann Friedrich Karl, Freiherr von und in Franckenstein (dieses Grabmal)."

[1] Die Reliquien des Hl. Ferrutius, des ältesten bekannten Märtyrers der Region – obwohl römischer Legionär, verweigerte er den Kaiserkult – wurden von Bischof Lullus, dem Nachfolger des Bonifatius, von Mainz-Kastel nach Bleidenstadt überführt.

Das Chronogramm der ersten Zeile ergibt 1774.

ooo

24 Tumbenplatte des Heiligen Bonifatius, (gest. 754) 1357 (aus Sankt Johannis; Arens 41)

Bonifatius (Mainzer Erzbischof 746-754), mit Geburtsname Wynfrith von Wessex, wurde 719 von Papst Gregor II. mit der Missionierung der Thüringer beauftragt und 722 in Rom zum Bischof, 732 zum Erzbischof von Germanien ernannt. Von seinem Nachfolger Lullus an bis 1802 wurde der Mainzer Stuhl mit Erzbischöfen besetzt. Ein Teil der Reliquien des Bonifatius ruhte seit dem 8. Jahrhundert in St. Johannis. Die von 1357 stammende Skulptur wurde mit ihnen erst im 19. Jahrhundert in den Dom gebracht (daher der relativ versteckte Platz).

Anno milleno salvatorisque treceno
ac quinquageno septeno praesul amoeno
Gerlacus flore renovans tumbam sub honore,
qua sunt intexta Bonifaci praesulis exta,
nunc ubi condigna clarescunt coelica signa.

"Im 1357. Jahre des Erlösers erneuerte Bischof Gerlach in lieblicher Blüte das Grab ehrenvoll, in dem die Eingeweide des Bischofs Bonifatius geborgen sind, wo jetzt die würdigen Zeichen des Himmels strahlen."

Leoninisch (d.h. von der Mittelfuge zum Versende) gereimte Hexameter, durch den Verszwang gewundene Wortwahl. Die Versanfänge sind in der Inschrift durch Großbuchstaben markiert. In v. 6 ist flore *mit langer zweiter Silbe zu lesen.*

ooo

25 Bassenheimer Altar, 1610 (Arens 562)

In honorem Sanctissimae Trinitatis, Beatae Virginis Mariae et Sancti Magni martyris patroni nec non in memoriam reverendi {et} nobilisque domini Ioannis Theodorici Walpott a Bassenheim, huius metropolitanae sanctissimorumque martyrum Albani et Victoris canonici capitularis hoc monumentum erigi curarunt bonorum eius dispositores omnibus hic sacris operantibus animam eius assidue commendantes. diem egit MDCX, XII martii. Requiescat in pace.

„Zu Ehren der allerheiligsten Dreieinigkeit, der heiligen Jungfrau Maria und des hl. Magnus, Märtyrers und Patrons, und zum Gedächtnis des ehrwürdigen und edlen Herrn Johannes Theodor Walpott von Bassenheim, des Stiftsherrn dieser Metropolitankirche und der allerheiligsten Märtyrer Albanus und Viktor, ließen seine Testamentsverwalter dieses Denkmal errichten und empfehlen seine Seele mit Fleiß allen hier wirkenden Heiligen. Er starb am 12. März 1610; er ruhe in Frieden."

ooo

26 Grabplatte des Erzbischofs Konrad III., Rheingrafen von Dhaun, gest. 1434 (Arens 124)

Konrad III. von Dhaun (1419-1434) schloss 1422 mit der Bürgerschaft einen Vertrag über die Ausübung der weltlichen und geistlichen Gerichtsbarkeit. Den Streit zwischen Bürgerschaft und Klerus und zwischen Zünften und Patriziern vermochte er nur teilweise zu schlichten.

Anno domini millesimo CCCC XXXIIII die decima mensis junii obiit reverendissimus in Christo pater et dominus, dominus Conradus Ringravius, archiepiscopus Maguntinus, cuius anima requiescat in pace. Amen.

„Im Jahre 1434, am 10. Juni, starb in Christus der hochwürdigste Vater in Christus und Herr, Herr Konrad Rheingraf, Mainzer Erzbischof. Seine Seele ruhe in Frieden. Amen."

ooo

27 Epitaph der Grafen Christoph Rudolph von Stadion und seines Bruders Johannes Philipp von Stadion, gest. 1742 (Arens 1687)

Christoph Rudolph von Stadion hatte mehrfach Aussichten auf den Mainzer Stuhl; erfolgreicher war er im diplomatischen Dienst der Mainzer Erzbischöfe. Während der französischen Besetzung von Mainz fungierte er als Statthalter des 1688 geflüchteten Erzbischofs Anselm Franz von Ingelheim. Nach seinem Tode kaufte Kurfürst Lothar Franz von

Schönborn das von ihm erworbene Gelände und baute darauf seine Sommerresidenz, die "Favorite" mit ihrem berühmten Park.

Sta, viator, sub uno lapide duos, in duobus tria[1] adverte. In choro ferreo[2] post ferreos pro aris et focis[3] labores quiescunt duo fratres germani: Christophorus Rudolphus Sacri Romani Imperii comes a Stadion, trium ecclesiarum huius metropolitanae, equestris ad S. Albanum, et imperialis ad S. Bartholomoeum Francofurti praepositus; natus anno Christi MDCXXXVIII, mense decembri, die XXX, denatus anno Christi MDCC, mense ianuario, die XVIII, et Joannes Philippus Sacri Romani Imperii comes a Stadion, trium uxorum maritus n.n. (nomen nescio) baronessae Faust de Stromberg, n.n. (nomen nescio) comitissae de Schonborn, et n.n. (nomen nescio) baronessae de Wambold. Pater liberorum viginti quatuor: filiorum XII, et XII filiarum, consiliarius intimus trium imperatorum Romanorum Leopoldi I., Iosephi I. et Caroli VI. et trium electorum Moguntinorum Lotharii Francisci, Francisci Ludovici et Philippi Caroli supremus aulae electoralis, Moguntinae praefectus, natus anno Christi MDCLII, mense octobri, die VI, denatus anno eiusdem MDCCXXXXII, in vivis posuit et fratri et sibi piae memoriae monumentum. Tu viator a Sanctissima Trinitate voto uno duobus tria precare: lucem perpetuam, pacem sanctam, requiem aeternam. Amen.

„Bleib stehen, Wanderer, beachte unter diesem einen Stein zwei (Verstorbene), in den zweien drei Dinge. Im Eisernen Chor ruhen nach eisernen Mühen für Altäre und Herde zwei leibliche Brüder, Christoph Rudolph, des Heiligen Römischen Reiches Graf von Stadion, Propst dreier Kirchen: dieser Metropolitankirche, der Ritterkirche zu Sankt Alban und der Reichskirche zu Sankt Bartholomaeus in Frankfurt; geboren im Jahr Christi 1638, am 30. Dezember, gestorben im Jahr Christi 1700, am 18. Januar; und Johannes Philippus des Heiligen Römischen Reiches Graf von Stadion, Gemahl dreier Ehefrauen: der Freifrau Faust von Stromberg (unbekannten Namens), der Gräfin von Schönborn (unbekannten Namens) und der Freifrau von Wambold (unbekannten Namens); Vater von vierundzwanzig Kindern: 12 Söhnen und 12 Töchtern; Geheimer Rat dreier Römischer Kaiser, Leopolds I., Josephs I. und Karls VI., kurfürstlicher Oberhofmeister dreier Mainzer Kurfürsten, Lothar Franz (von Schönborn, 1695-1729), Franz Ludwig (von Pfalz-Neuburg, 1729-1732) und Philipp Karl (von Eltz-Kempenich, 1732-1743), Mainzer Präfekt; geboren im Jahre Christi 1652, am 6. Oktober, gestorben im Jahr desselben

(= Christi), 1742, setzte er dies zu Lebzeiten für seinen Bruder und sich als Denkmal frommen Andenkens. Du, Wanderer, erbitte von der Allerheiligsten Dreifaltigkeit mit nur einem Gebet für zwei (verstorbene) dreierlei: das ewige Licht, den heiligen Frieden und die ewige Ruhe. Amen."

[1] *In der gesamten Inschrift kehrt die Dreizahl als symbolische Verwirklichung der Dreieinigkeit auf Erden immer wieder.*

[2] In choro ferreo*: Eiserner Chor: der Ostchor des Mainzer Domes war durch ein eisernes Gitter vom Mittelschiff getrennt.*

[3] pro aris et focis *"für die Altäre und Herde": antike Formel für die heiligsten und schützenswertesten Orte.*

ooo

28 Epitaph der Stiftsherrn Arnold von Bocholtz, 1609, bestehend aus drei Tafeln a)-c) (Arens 558)

Deo optimo maximo in gratam memoriam.

a) Arnoldi senioris, huius metropolitanae custodis, Leodiensis cathedralis praepositi, agnati dignissimi, Leodii defuncti 25a januarii, anno 1568,

b) Arnoldi junioris, huius metropolitanae et Leodiensis cathedralis canonici, praepositi praefectique Bingensis, patrui meritissimi, hic defuncto 1a novembris anno 1582

c) Arnoldus a Bucholtz, praepositus Hildesiensis, in ecclesia Leodiensi Hasbanie archidiaconus et canonicus, reverendissimi et serenissimi Ernesti archiepiscopi et electoris Coloniensis, earundem ecclesiarum praesulis consiliarius monumentum hoc poni iussit anno 1609.

„Für Gott, den Besten, den Größten, zu dankbarer Erinnerung an

a) Arnold den Älteren, Kustos dieser Metropolitankirche, Propst der Kathedrale zu Lüttich, hochwürdigen Verwandten väterlicher Seite, gestorben in Lüttich am 25. Januar 1568,

b) Arnold den Jüngeren, Domherrn dieser Metropolitankirche und der Kathedrale zu Lüttich, Propst und Amtmann von Bingen, den hochverdienten Oheim, hier gestorben am 1. November 1582.

c) Arnold von Bocholtz, Propst von Hildesheim, in der Kirche von Lüttich Erzdiakon von Hebaye und Domherr, Rat des hochwürdigsten und durchlauchtigsten Ernst, des Erzbischofs und Kurfürsten von Köln, und Bischofs derselben Kirchen, ließ dies(es Denkmal) setzen im Jahre 1609."

ooo

29 Epitaph des Reichsgrafen Karl Adam von Lamberg, gest. 1689 (Arens 1679), das erste der martialischen Grabmäler des Mainzer Doms (vgl. Nr. 126)

Reichsgraf Karl Adam von Lamberg, Oberster des kaiserlichen Regiments von Starhemberg, nahm im Pfälzischen Erbfolgekrieg an der Belagerung des von den französischen Truppen besetzten Mainz teil. Er starb am 6. September 1689 in der Nähe des (zerstörten) Klosters Dalheim (Mainz, Zahlbach) durch die Explosion einer Kanone, nur drei Tage vor der Kapitulation der französischen Besatzung.

Siste viator, cerne et mirare mortuum cum morte luctantem, quin dirae mortis iugum, leges et vincula excutientem heroem Martialem, quem nunquam inimica potentia pugnantem nisi vincentem sensisse montes in Pannonia[1] liberata, Vienna recuperata, urbes Novarinum, Strigonicum, Buda, Alba Graeca et in tot tantisque campestribus expeditionibus gloriose collata signa testantur, qui hostis nullius, ne mortis quidem horrore victus inter cognata mortis et martis pericula imperterritus assultu generoso ad Moguntiam hostilia irruens in moenia fractis tormento bellico tibiis infractus animo cadebat, licet non tamen cedebat, quin avulsis etiam a corpore pedibus cursum suum consummavit gloriosissime. Duodecim annorum spatio in Austria et Hungaria contra Turcas, in Belgio et imperio contra Gallos gregarius, centurio, vigiliarum praefectus, vice colonellus commendans bravium incomparabile laudis, famae et gloriae immortalis consecutus, prosapia, prudentia, magnanimitate olim magnus, inviolata in deum, Caesarem et patriam fide maximus Carolus Adamus Sacri Romani Imperii comes et dominus de Lamberg, liber baro in Orteneck et Ottenstein, dominus in Kranichberg et Praunsperg, Sanctae Caesareae maiestatis camerarius inclutique pedestris regiminis vetero-Stahrenbergiani locumtenens colonellus et commendans cecidit tamen eheu sinistro martis ictu anno aetatis suae 34 die septembris 6, anno qVo Vrbs MogVntIa faVCIbVs hostILIbVs faVente Deo erepta est. Plange igitur et applaude simul indubius, quod etiamnum post fata stet, qui nunquam non immotus in vita stetit pro iustissima Caesaris causa. Et proinde, num optes, num gratuleris requiem aeternam, stans delibera. Vade et vale.

„Bleib stehen, Wanderer, sieh und bewundere den toten Kriegshelden, der mit dem Tode ringt, vielmehr des grausigen Todes Joch, Gesetze und Fesseln abschüttelt. Dass er niemals mit der feindlichen Macht kämpfte, ohne dass er siegte, gesehen zu haben bezeugen die Berge im befreiten Ungarn, im wiedereroberten Wien, die Städte Novarinum (Raab), Strigonicum (Gran), Buda(-pest), Alba Graeca (Belgrad) und die in so vielen großen Feldzügen glorreich zusammengebrachten Feldzeichen. Er ist von keiner Angst vor irgendeinem Feind, nicht einmal vor dem Tode, besiegt worden, und unter den verwandten Gefahren von Tod und Krieg unerschrocken im heldenhaften Angriff bei Mainz auf die feindlichen Mauern anrennend fiel er, nachdem seine Beine von einem kriegerischen Geschütz gebrochen waren, in seinem Mut ungebrochen, wich aber nicht, vielmehr vollendete er sogar, als seine Füße vom Körper abgerissen waren, aufs rühmlichste seinen Lauf.

In einem Zeitraum von zwölf Jahren erlangte er in Österreich und Ungarn gegen die Türken, in Belgien und im Reich gegen die Franzosen als einfacher Soldat, als Hauptmann, als Wachtmeister, als Vize-Leutnant, als Kommandant eine unvergleichliche Belohnung an Lob, Ruhm und unsterblicher Ehre, groß einstmals durch Abstammung, Klugheit, Hochherzigkeit, gewaltig durch unverletzliche Treue gegen Gott, Kaiser und Vaterland: Karl Adam, des Heiligen Römischen Reiches Graf und Herr von Lamberg, Freiherr in Orteneck und Ottenstein, Herr in Kranichberg und Braunsberg, Kämmerer der Heiligen Kaiserlichen Majestät, des berühmten Alt-Starhembergischen Infanterieregiments Kolonell-Leutnant und Kommandant, fiel er dennoch, ach, durch einen unglücklichen Kriegs-Treffer in seinem 34. Lebensjahr am 6. September, in dem Jahr, in dem die Stadt Mainz den Rachen der Feinde mit Gottes Gunst entrissen wurde (*hier steht das Chronogramm: 1689*). Klage also und klatsche gleichzeitig Beifall, weil du nicht zweifeln kannst, dass der auch jetzt noch nach seinem Tode steht, der jederzeit unerschüttert im Leben stand für die gerechteste Sache des Kaisers. Und stehend überlege, ob du ihm die ewige Ruhe wünschen oder ob du ihm dazu gratulieren sollst. Geh und lebe wohl."

Das Chronogramm ergibt 1689.

[1] *Pannonia (Ungarn): andere Abschriften haben fälschlich Hannonia (Hennegau).*

ooo

30 Marienaltar des Dompropstes Adolph Hundt von Saulheim, gestiftet 1665 (Arens 1624)

Deo optimo maximo, Virgini deiparae, archangelo Michaeli angelisque tutelaribus et Sancto Adolpho hoc altare in vivis erexit anno domini MDCLXV admirabilis, reverendus et praenobilis dominus Adolphus Hundt a Saulheim huius metropolitanae ecclesiae praepositus, cathedralis Spirensis nec non equestris ecclesiarum Sancti Albani extra Moguntinos et Sancti Burchardi extra Herbipolenses muros prout et Spirae ad Sanctum Germanum respective praepositus senior iubilarius et canonicus capitularis.

„Für Gott, den Besten und Größten, für die jungfräuliche Gottesmutter, für Erzengel Michael und die Schutzengel und für St. Adolph errichtete diesen Altar zu seinen Lebzeiten im Jahre des Herrn 1665 der bewundernswerte, ehrwürdige und wohledle Herr Adolph Hundt von Saulheim, Propst dieser Metropolitankirche, Propst bzw. Senior, Jubilar und Stiftsherr der Kathedrale von Speyer, sowie der Ritterkirche St. Alban außerhalb der Mauern von Mainz und von St. Burchard außerhalb der Mauern von Würzburg, sowie von St. Germanus in Speyer.“

ooo

31 Grabplatte des Domscholasters Jodocus von Riedt, gest. 1629 (Arens 599)

D(eo) S(ummo) D(edicatum)

Hoc loculo conditus iacet admodum reverendus et praenobilis dominus, dominus Iodocus a Riedt ecclesiarum metropolitanae Moguntinae scholasticus, cathedralis Wirceburgensis capitularis, collegiatarum S. Victoris Moguntini praepositus, S. Nicolai Combergensis cantor, S. Albani Moguntini ac S. Ferrutii in Bleidenstat canonicus, qui ex perantiqua equestris nobilitatis Rhenanae familia anno 1555 natus ecclesiae metropolitanae Moguntinae anno 1572 die 14. octobris canonicus anno 1584 capitularis, denique anno 1611 die 28. iunii scolasticus factus, vir vere in rebus agundis serius magnaeque apud omnes authoritatis e caduca mortalitate abiens anno 1629 die 1. ianuarii ianuam beatae immortalitatis invenit. Cuius piae memoriae admodum reverendum et praenobile capitulum testamentarii et haeredes hoc amoris et grati animi monumentum non tam lubentes quam lugentes posuerunt. Requiescat in pace.

„Gott, dem Höchsten, geweiht.

In diesem Grabe liegt bestattet der hochwürdige und hochedle Herr, Herr Jodocus von Riedt, Scholaster der Mainzer Metropolitankirche, Kapitular der Würzburger Kathedrale, Propst der Stiftskirche von St. Viktor in Mainz, Kantor von St. Nikolaus in Comberg, Stiftsherr von St. Alban in Mainz und

St. Ferrutius in Bleidenstadt[1], welcher aus der uralten Familie der Rheinischen Ritterschaft im Jahre 1555 geboren, am 14. Oktober 1572 Domherr der Mainzer Metropolitankirche, im Jahre 1584 Kapitular, schließlich am 28. Juni 1611 Scholaster wurde, ein Mann, in der Erfüllung seiner Aufgaben wahrlich ernsthaft und von großem Ansehen bei allen. Er verließ am 1. Januar 1629 die hinfällige Sterblichkeit und fand das Tor zur seligen Unsterblichkeit. Zu seinem frommen Andenken setzten das hochwürdige und hochedle Kapitel als Testamentsvollstrecker und Erben dieses Denkmal der Liebe und Dankbarkeit, nicht so gern als vielmehr trauernd. Er ruhe in Frieden."

[1] *vgl. zu Nr. 23.*

ooo

32 Altar des Domscholasters Jodocus von Riedt, 1622 (Arens 589)

Ad Dei optimi maximi laudem et gloriam, monumentum hoc, sub nomine et memoria gloriosae deiparae virginis Mariae, Sancti Victoris et sociorum, denique totius curiae coelestis erexit Iodocus a Riedt metropolitanae huius scholasticus, cathedralis Herbipolensis canonicus et Sancti Victoris praepositus etc. anno 1622.

„Zu Lob und Ehre Gottes, des Besten, des Größten, unter dem Namen und zur Erinnerung der Jungfrau Maria, der ruhmreichen Gottesmutter, St. Victors und der Gefährten, schließlich der ganzen himmlischen Versammlung setzte Jodocus von Riedt, Scholaster dieser Metropolitankirche, Domherr der Kathedrale zu Würzburg und Propst von St. Victor usw., dieses Denkmal im Jahr 1622."

Mittelschiff und Westchor

33 Tumbendeckel des Erzbischofs Peter von Aspelt, gest. 1320 (Arens 33)

Peter von Aspelt (1306-1320), promovierter Jurist und Arzt, war hochgebildet – er besaß, für diese Zeit ungewöhnlich, eine eigene Bibliothek – und politisch außerordentlich aktiv. Er stand im Dienst Rudolfs von Habsburg und des Bischofs von Basel und war Kanzler des Königs von Böhmen. Er sanierte die Finanzen des Mainzer Erzstifts und verhalf Graf Heinrich von Luxemburg 1308 zur Königswahl, krönte dessen Sohn Johann 1311 in Prag zum König von Böhmen und unterstützte die Wahl König Ludwigs des Bayern (1314-1347) gegen Friedrich den Schönen von Habsburg, gegen den sich auch der im

Jahre 1317 mit Trier, den mittel- und niederrheinischen Städten und Böhmen gegründete rheinische Landfriede richtete.

Anno milleno tricentenoque viceno.
Petrum petra tegit, tegat hunc, qui tartara fregit.
De Treveris natus, praesul fuit hic trabeatus.
Redditibus, donis et clenodiis sibi pronis
Ecclesiam ditat, res auget, crimina vitat.
Hic pius et largus, in consiliis fuit argus.
Sceptra dat Heinrico regni, post haec Ludewico.
Fert pius extremoque Iohanni regna Bohemo.
Huic quinos menses, annos deca tetra repenses,
Quos vigil hic rexit, quem Cristus ad aethera vexit.
Amen.

Obiit in die Bonifacii episcopi.[1]

„Im 1320. Jahr. Der Stein deckt (diesen) Peter, es schütze ihn (Christus), der die Hölle zerbrach. In Trier geboren erhielt er hier den Bischofsornat. Mit Einkünften, Geschenken und Kleinodien, die ihm gehörten, bereichert er die Kirche, vermehrt das Vermögen, vermeidet Verbrechen. Er war fromm und freigebig, im Rat war er ein Argus (= scharfsinnig). Das Szepter des Reichs übergibt er Heinrich (VII.), danach Ludwig (dem Bayern). Fromm übergibt er als letztem Johann dem Böhmen das Königreich. Ihm mögest du fünf Monate, 14 Jahre anrechnen, die er wachsam hier regierte. Ihn führte Christus zum Himmel. Amen. - Er starb am Tage des Bischofs Bonifatius."

Leoninisch (d.h. von der Mittelfuge zum Versende) gereimte Hexameter, durch den Verszwang gewundene Wortwahl. Die Versanfänge sind in der Inschrift durch Punkte und-Großbuchstaben markiert. Das Wortspiel Petrus *(Petrus und Peter)* – petra *(Fels, nach Math. 16, 18), die griechischen Worte* Tartara, clenodiis, Argus, deca tetra *und* aethera *belegen seine Kenntnis antiker Bildung; vgl. Gräzismen in den gleichzeitigen Liedern der Vagantendichter.*

[1] *Todestag des Bonifatius 5. Juni.*

ooo

34 Epitaph des Erzbischofs Johann II. von Nassau, gest. 1419 (Arens 98)

Johann von Nassau (1396-1419) war politisch ungemein aktiv und auch in die Auseinandersetzungen beim Konzil von Konstanz verwickelt. Auf sein Betreiben hin wurde 1400

König Wenzel abgesetzt und Ruprecht von der Pfalz gewählt. Er verstand es, den Kurstaat in Krisenzeiten zu sichern.

Anno Domini MCCCC XIX die XXIII septembris obiit reverendus in Christo pater et dominus, dominus Johannes de Nassau, archiepiscopus Moguntinus.

Desiit antistes Tecle (= Theclae) vibrare Johannes,
iste Moguntinae sedis et ecclesiae,
qui et in pace requiescat amen et semper.

„Im Jahre des Herrn 1419, am 23. September starb in Christus der ehrwürdige Vater und Herr, Herr Johannes von Nassau, Mainzer Erzbischof.

Johannes, jener Priester des Mainzer Heiligen Stuhles und der Kirche verstarb (*wörtl.* «hörte auf, sich zu regen») am Tage der Thecla (= 23. September). Er möge auch in Frieden ruhen, Amen und in Ewigkeit."

ooo

35 Epitaph des Erzbischofs Diether von Isenburg, des Gründers der Mainzer Universität, gest. 1482 (Arens 195)

Diether von Isenburg, Mainzer Erzbischof 1459-1461 und 1475-1482, der in offener Gegnerschaft zu Kaiser und Papst stand, wurde zweimal zum Erzbischof gewählt: nach der ersten Wahl 1459 wurde er 1461 von Papst Pius II. abgesetzt; er musste die Gebiete an der Bergstraße an den Pfalzgrafen Friedrich verpfänden (sie wurden erst im Jahr 1624 durch Erzbischof Johann Schweikard von Kronberg zurückgewonnen, vgl. Nr. 41 und 105) und wurde 1461 von Erzbischof Adolph II. von Nassau vertrieben, der die Stadt blutig eroberte (Mainzer Stiftsfehde 1459-1463).

Nach dessen Tod 1475 (Beisetzung im Kloster Eberbach) konnte er zurückkehren und wurde gegen den Einspruch von Kaiser und Papst zum zweiten Mal vom Domkapitel zum Erzbischof gewählt; die Folge war ein Aufruhr der Mainzer Bürgerschaft (1476). Diether unterwarf sie fortan nicht mehr dem Domkapitel, sondern der Herrschaft des Erzbischofs. Zur Sicherung gegen die aufrührerischen Mainzer erbaute er 1478-1481 am Rhein außerhalb des damaligen Stadtgebiets die Martinsburg. Er gründete 1477 aber auch die Mainzer Universität (anfangs mit zwei Theologen, vier Juristen, einem Mediziner und sieben "Artisten", d.h. Professoren der Geisteswissenschaften).

Bis praesul factus comes Isenburgk Dietherus
Moguntinam arcem struxerat atque scolam.
Hoc voluit tumulo corpus condi miserandum,
civibus aethereis dans animamque deo.

„Zweimal zum Bischof gewählt, hatte Graf Dieter (von) Isenburg die Mainzer Burg und die (Hohe) Schule erbaut. Er wollte, dass sein erbarmenswürdiger Leib in diesem Grab bestattet wird, und gab den himmlischen Bürgern und Gott seine Seele."

ooo

36 Epitaph des Administrators Adalbert von Sachsen, gest. 1484 (Arens 209)

Adalbert von Sachsen wurde mit 18 Jahren zum Bistumsverweser gewählt, konnte jedoch nicht zum Erzbischof gewählt werden, weil er das kanonische Alter noch nicht erreicht hatte.

Hic manet reliquum reverendissimi domini Adelberti administratoris Moguntini, optimi atque innocentissimi adolescentis, qui ut omnium applausu est ingressus, sic patrum populique maerore carnem felicissime solvit.

Anno salutis 1484 kalendis Maii.

„Hier ruht der (sterbliche) Überrest des hochwürdigsten Herrn Adelbert, des Mainzer Administrators, des besten und unschuldigsten Jünglings, der, wie er mit dem Beifall aller begann, so mit der Väter und des Volkes Trauer glücklich den irdischen Leib (*wörtlich*: das Fleisch) ablöste. Im Jahre des Heils 1484, an den Kalenden (= 1.) des Mai."

ooo

37 Epitaph des Erzbischofs und Kurfürsten Uriel von Gemmingen, gest. 1514 (Arens 309)

Uriel von Gemmingen (1508-1514) stritt 1509 mit Kursachsen um dem Besitz von Erfurt. Er war 1490 in Padua zum Dr. jur. promoviert worden und gehört zu den ersten Vertretern einer humanistischen Bildung. Er beschäftigte den Maler Mathias Grünewald. Die Mainzer Juden versuchte er vor Verfolgung zu schützen und setzte sich für Johannes Reuchlin, der ihre Sache vertreten hatte, mit Erfolg ein. Bemüht um die kirchliche Disziplin, erließ er 1511 ein Edikt gegen Geistliche, die im Konkubinat leben.

Oben im Bogen: Dilige pro tantis. - Sat mihi solus amor. - Bonifacius, ora pro [nobis].

Urieli de Gemmingen archiepiscopo Moguntino principi electori, viro singulari vitae gravitate animique constantia praeclaro, qui posteaquam sedit annos IIII, menses IIII, dies XIII, aetatis suae anno XLV, a Christo nato MDXIIII V idus februarii vitam cum pontificatu deponit.

Albertus marchio Brandenburgensis, archiepiscopus Moguntinus, successor mortuo posuit.

„Liebe (mich) für so viel (Gutes). Genug ist mir allein die Liebe. Bonifatius, bitte für [uns].

Für Uriel von Gemmingen, den Mainzer Erzbischof und Kurfürst, einen Mann, der wegen einzigartiger Würde seines Lebens und Standhaftigkeit seines Geistes berühmt war, der, nachdem er vier Jahre, vier Monate, 13 Tage amtiert hatte, im 45. Lebensjahr, am 9. Februar 1514 sein Leben zusammen mit dem Pontifikat beendete. - Albert, Markgraf von Brandenburg, Mainzer Erzbischof, stellte als Nachfolger (das Denkmal) für den Verstorbenen auf.“

38 a/b Mittelschiff (Obergaden)

Titel zu den Bildern der Heilsgeschichte

a) SÜD	b) NORD
Templum dei estis vos.	Offeramus ei munera.
Adorna thalamum Sion.	Anima nostra erepta est.
Erunt docibiles dei.	Plantati in domo domini.
Venite ad aquas.	Servasti vinum bonum.
Reconciliavit nos deo.	Beati eritis.
Pateant regna beatis.	Bonum est nos hic esse.
Ego sum resurrectio.	Accipite comedite.
Vigilate mecum.	Ecce rex vester.
Tollite iugum meum.	XO confixus sum cruci.
Consepulti sumus.	Consurrexistis.

a) SÜD	b) NORD
„Ihr seid der Tempel Gottes.	Lasst uns ihm Geschenke bringen
Schmücke das Brautgemach, Sion	Unsere Seele wurde entrissen.
Sie werden Gott erkennen.	Gepflanzt im Hause des Herrn.
Kommt zu den Wassern.	Du hast guten Wein bewahrt.
Er versöhnte uns mit Gott.	Ihr werdet selig sein.
Möge das Himmelreich den Seligen offenstehen.	
	Es ist gut, dass wir hier sind.
Ich bin die Auferstehung.	Empfangt, esst.
Wacht mit mir.	Siehe, Euer König.

Nehmt mein Joch auf euch.
Mit Christus bin ich an das Kreuz geschlagen.
Wir sind mitbegraben. Ihr seid auferstanden."

ooo

39 und 40 Statuen des Aaron und des Melchisedech, 1725 (Arens 1719; gleichlautende Inschrift an beiden Statuensockeln.)

Deo optimo maximo Ferdinandus Benedictus liber baro de Galen et Assen, ecclesiae metropolitanae Moguntinae canonicus capitularis senior et jubilarius, cathedralis Monasteriensis et Mindensis respective scholasticus et canonicus ac insignis collegii ad S. Mauritium Monasteriensis praepositus, eminentissimorum archiepiscoporum et electorum Moguntinorum et Coloniensium consiliarius intimus poni fecit anno MDCCXXV, aetatis suae LX, natus 1665, denatus 1727, 24. octobris.

„Für Gott, den Besten, den Größten ließ Ferdinand Benedict, Freiherr von Galen und Assen, Domherr, Senior und Jubilar der Mainzer Metropolitankirche, Scholaster bzw. Stiftsherr der Kathedralen von Münster und Minden und Propst des erhabenen Kollegiums zu St. Mauritius in Münster, Geheimrat der erlauchtesten Mainzer und Kölner Erzbischöfe und Kurfürsten, dies im Jahr 1725, im Alter von 60 Jahren machen, geboren 1665, gestorben 1727, am 24. Oktober."

ooo

41 Epitaph des Erzbischofs Johann Philipp von Schönborn, gest. 1673 (Arens 1747)

Johann Philipp von Schönborn (1647-1673), dessen Ämterkumulation ungewöhnlich war (seit 1642 Fürstbischof von Würzburg, auf französischen Wunsch hin seit 1649 Kurfürst von Mainz und seit 1663 Fürstbischof von Worms; alle Ämter nahm er bis zu seinem Tode 1673 wahr), war eine außerordentlich kraftvolle Persönlichkeit und betrieb v.a. Friedenssicherung durch Bündnispolitik. Er hatte bedeutenden Anteil an der Wahrung des Westfälischen Friedens; hier wurden auch die zurückeroberten Gebiete an der Bergstraße erneut dem Mainzer Erzbistum zugesprochen. Seine Regierungszeit begann noch unter der französischen Besatzung; erst nach deren Abzug 1650 konnte er mit dem Wiederaufbau beginnen. Er gründete 1658 den antikaiserlichen und frankreichfreundlichen Rheinbund, wandte sich aber angesichts der Hegemonialpolitik Ludwigs XIV. wieder von Frankreich ab. 1664 eroberte er Erfurt, das im Westfälischen Frieden Mainz zugesprochen worden war.

Er förderte energisch den Wiederaufbau von Mainz, erweiterte das Stadtgebiet durch die Anlage der drei "Bleichen" und sorgte für die Einwanderung von Kaufleuten, Architekten, Handwerkern und Arbeitern aus Norditalien. Er vermehrte 1660 die Anzahl der Bürger im Stadtrat, schuf eine Bürgermiliz, baute 1655 die Mainzer Festung, die sternförmige Umwallung der Stadt und die bis 1885 bestehende Schiffbrücke über den Rhein. Seine Religionspolitik war tolerant; er beendete die Hexenprozesse, richtete aber 1662 das Mainzer Juden-Ghetto ein, das erst 1798 aufgehoben wurde. Er sorgte für Schule und Bildung; zu seinen Verdiensten zählen auch die Gründung des Priesterseminars 1660-62 und die des Waisenhauses 1665. An ihn erinnert auch der 1668-70 erbaute Schönborner Hof (jetzt Institut Français). Er setzte die Wiedereinführung des Gregorianischen Gesanges im Mainzer Dom durch, übersetzte 150 Psalmen und fasste Evangelientexte in Reime; auf ihn geht auch das Mainzer "Rituale" von 1671 zurück.

Perenni memoriae Ioannis Philippi ex Sacri Romani Imperii baronibus de Schonborn archiepiscopi, praesulis, principis electoris, in quo suum sibi Bonifacium Moguntia, Burchardum utrumque Wirceburgum et Wormatia inter gravissimas belli tricenarii calamitates de coelo redditum gratulabantur. Tot infulas deus contulit in unum verticem, regalibus per Germaniam sacerdotiis gerendis, regendis et tuendis parem. Bono publico natus anno MDCV, domi pietatis, fortitudinis bellicae tyrocinium sub signis Caesaris in castris posuit miles christianus, sanctiori dein labaro sacramentum dixit nobilissimarum ecclesiarum canonicis adscriptus, ut pluribus et singulis praeesset. Prima Wirceburgensis anno MDCXLII die XIX novembris stolam et ensem obtulit electo episcopo, Franciae orientalis duci. Sic purpuratum sanctae sedi suae imposuit Moguntia archiepiscopum electorem anno MDCXLVII die XIX novembris. Tertia cum pedo pastorali claves suas argenteas credidit Wormatia anno MDCLXIII electo praesuli et principi, ut, quod admirabili sapientia, invicta fortitudine caeteris praestare coeperat, clausis Iani portis, sibi quoque ad pristinam felicitatem aditum aperiret. Superavit spem ecclesiarum indefessa principis pietas, vota imperii integerima fide aequavit. Huic imperatores duos Ferdinandum III, Leopoldum I et Ferdinandum IV Romanorum regem suffragio dedit elector, archiepiscopus consecravit, coronavit. Inter extrema religionis discrimina pacis Westphalicae vigilans promotor, ecclesiarum suarum iuribus intentus, Moguntiae Strata Montana, Eichsfeldiam, urbem et statum Erfordiensem, comitatum Königsteinium: Wirceburgo urbem et dynastiam Kitzingensem cum nobiliori tractu Tuberae recuperavit, acquisivit. Religioni in templis restauratis et exornatis antiquum splendorem, academiarum solitudini exules musas, securitatem civibus in vallis, propugnaculis et moenibus utrobique restituit. Sub tanta curarum et laborum mole par pluribus unus, communi omnium elogio totiusque Europae consensu sacerdos, elector, dux et princeps vere magnus, cujus exempla sequebantur optimi, consilia sapientissimi mirabantur, annum saeculi decimi septimi LXXIII, XII februarii paulo ante inchoatum vitae et aetatis habuit supremum. Wirceburgi in arce Mariana sub praesidio Deiparae Virginis inter ulnas crucifixi dimissus, in pace Germaniae, quam mox turbandam praedicens indoluit. Videat nunc inter superos salutare dei cygneus Simeon, cujus cineribus moerens olim parentavit ecclesia. Hoc, ubi quiescunt, monumentum posuit Fridericus Carolus episcopus Bambergensis et Wirceburgensis Franciae orientalis dux ex pro patruo devotus et admirabundus pronepos.

„Zum ewigen Gedächtnis an Johannes Philipp aus der Familie der Freiherrn des Heiligen Römischen Reiches von Schönborn, den Erzbischof, Bischof, Kurfürsten, in dem Mainz sich beglückwünschte, dass ihm sein Bonifatius, Würzburg und Worms, dass ihnen beide Burkarde[1] während der schwersten Unglücke des Dreißigjährigen Krieges vom Himmel wiedergeschenkt wurden. So viele Mitren setzte Gott auf ein Haupt, das der Führung, Lenkung und Bewahrung der königlichen Priesterämter gewachsen war. Zum Nutzen des Staates geboren im Jahr 1605, verrichtete er den ersten Dienst der Frömmigkeit zu Hause, den der kriegerischen Tapferkeit unter den Fahnen des Kaisers im Lager als christlicher Soldat. Dann schwor er einer heiligeren Fahne den Eid, als er den Domherren der vornehmsten Kirchen zugeschrieben wurde, um mehreren und jeder einzelnen vorzustehen. Als erste bot die Kirche von Würzburg im Jahr 1642 am 19. November Stola und Schwert [1] dem erwählten Bischof, dem Herzog von Ostfranken. Mainz setzte den so (bereits) Purpurgeschmückten als Erzbischof und Kurfürst auf seinen Heiligen Stuhl im Jahre 1647, am 19. November.

Als drittes vertraute Worms im Jahre 1663 zusammen mit dem Hirtenstab ihre silbernen Schlüssel dem gewählten Fürstbischof an, damit er, was er mit erstaunlicher Weisheit und unbesiegter Tapferkeit den übrigen zu gewähren begonnen hatte, nach Schließung der Tore des Janus (= Kriegstore) auch ihnen den Zugang zum früheren Glück eröffnete. Die unermüdliche Frömmigkeit des Fürsten übertraf die Hoffnung der Kirchen, die Gelübde gegenüber dem Reich erfüllte er mit ungeschmälerter Treue. Ihm (dem Reich) gab er durch seine Abstimmung als Kurfürst zwei Kaiser, Ferdinand III. und Leopold I., und Ferdinand IV. als König der Römer, als Erzbischof weihte und krönte er sie. Während der schlimmsten Religionskriege ein wachsamer Förderer des Westfälischen Friedens, bedacht auf die Rechte seiner Kirchen, gewann er für Mainz die Bergstraße, das Eichsfeld, Stadt und Staat Erfurt und die Grafschaft Königstein zurück; für Würzburg die Stadt und Herrschaft von Kitzingen mit dem edleren Teil des Tauber(grundes). Der Frömmigkeit stellte er in den restaurierten und geschmückten Tempeln den alten Glanz, der Einsamkeit der Akademien die verbannten Musen, die Sicherheit den Bürgern auf den Wällen, Schanzen und Mauern überall wieder her. Unter einer solchen Last von Sorgen und Mühen als einziger so stark wie viele, nach dem gemeinsamen Lob aller und mit der Zustimmung ganz Europas ein wahrhaft großer Priester, Kurfürst, Herzog und Fürst, dessen Beispielen die Besten folgten, dessen Ratschläge, die Weisesten bewunderten, hatte er das kurz zuvor begonnene 73. Jahr des 17. Jahrhunderts, am 12. Februar, als letztes seines Lebens. In Würzburg, auf der Marienburg, unter dem Schutz der jungfräulichen Gottesmutter in den Armen des Gekreuzigten, wurde er abberufen, im Frieden Deutschlands, der, wie er schmerzlich voraussagte, bald gestört werden sollte. Möge er nun unter den Himmlischen das Heil Gottes erblicken, ein schwanengleicher Simeon[3], für dessen Asche einst die trauernde Kirche das Totengedächtnis feierte. Dieses Denkmal, wo (auch) sie (= die Asche) ruht, setzte Friedrich Karl, Bamberger und Würzburger Bischof, Herzog von Ostfranken, des Großonkels Großneffe in Verehrung und Bewunderung."

[1] *"die beiden Burkarde": der hl. Burkard von Würzburg (um 750), Gründer des Würzburger Benediktinerklosters St. Andreas, der heutigen Pfarrkirche St. Burkard zu Würzburg, und der Bischof Burkard I. von Worms (reg. 1000-1025), Erbauer des ersten Wormser Domes.*

[2] *Stola und Schwert symbolisieren die geistliche und die weltliche Macht des Erzbischofs und Landesherrn.*

[3] *Zum Schwanengesang des Simeon vgl. Luk. 2, 25-35.*

ooo

42 Epitaph des Erzbischofs Lothar Franz von Schönborn, gest. 1729 (Arens 1748)

Kurfürst Lothar Franz von Schönborn (1694-1729 Fürstbischof von Bamberg, 1695-1729 Kurfürst von Mainz) prägte in seiner 34 Jahre dauernden Regentschaft das barocke Mainz mit Festungsbauten, seiner Sommerresidenz Favorite, die 1793 bei der Belagerung von Mainz zerstört wurde, betrieb nach dem von ihm gestalteten Frieden von Rijswijk ab 1697 den Wiederaufbau und die wirtschaftliche Konsolidierung von Mainz, sorgte aber auch durch die Gründung des Rochus-Hospitals (zwischen 1721 und 1729) für das Gesundheitswesen, gründete ein Waisenhaus, schuf einen Armenfonds und ließ den Neuen Brunnen (Große Bleiche, s. Rundgang II) bauen.

Gloriae immortali Lotharii Francisci ex Sacri Romani Imperii comitibus de Schönborn, qui magno patruo Joanni Philippo par meritis, annis superior, iisdem excessae virtutis et sapientiae gradibus ad sacrarum dignitatum fastigia deo duce ascendit. Annos natus XXXVIII saeculi MDCXCIII die XVI novembris imperialis ecclesiae Bambergensis episcopus princeps electus, nondum elapso biennio MDCXCV die XI maii Sanctae Sedis Moguntinae archiepiscopus, Sacri Romani Imperii per Germaniam archicancellarius princeps elector Anselmo Francisco vita functo, cujus a semestri coadjutor fuerat, divinis auspiciis successit, ecclesiarum et avitae religionis columen, subditorum amor, communi orbis Christiani suffragio antistitum sidus, principum oraculum. Inter continua ferme bella fortis et pacificus, inter Germaniae hostilibus armis fatigatae discrimina intrepidus et securus, inter summorum principum repetita funera constans et tranquillus, inter laborum pro dei gloria et publica salute susceptorum prosperos eventus felix et gloriosus, imperia in pace Ryswicensi, in Ultrajectina vero et Helveto-Badensi Europae tranquillitatem inter primos restituit, divis imperatoribus Leopoldo et Iosepho ceu magni consilii, exteris etiam principibus ut angeliis pacis dilectus et venerabilis.

Carolo III Hispaniarum monarchae catholico anno MDCCVII sponsam dedit Elisabetham ductricem Brunswicensen, sed catholicam ante Sanctissimorum Imperatorum et conjugum Henrici et Cunigundae augustos cineres Romanae ecclesiae Bambergae redditam, calendis maii anno MDCCVII et zelosissimi archipraesulis sacris manibus divino epulo refectam, confirmatam. Eidem Carolo in ancipiti turbatae et armatae reipublicae statu, voto imperium, insignia imperii celsissimis manibus detulit anno MDCCXI die XII decembris eminentissimus consecrator. Mox ipse in medio curarum principalium cursu coronae floridae niveum inflexit caput, salutatus inter festivos applausus, ducalis ecclesiae Wirceburgensis jubilaeus capitularis. In celsissima suorum ex fratre nepotum triade ter fortunatus, quorum duos Sacri Romani Imperii principes consecravit episcopos, tertium cardinalitia purpura in cathedra Spirensi fulgentem laetus vidit. Continuatae in annorum XXXVI durorum regimine felicitatis index et tessera fuit crux salvatoris, cui munificentissima pietate aras et oratoria condidit, ut, qui crucis onera in tuendo pascendoque fidelium grege tulit, ex hac vitae immortalis fructum et coronam justitiae decerperet, quam in coelis repositam apostolico atletae anno MDCCXXIX die XXX januarii aetatis LXXV cursum placidissima morte consummanti reddidit iustus iudex. Defuncti cineribus et beatae ad posteros memoriae hoc trophaeum funebre statuit Fridericus Carolus, episcopus Bambergensis et Wirceburgensis, Franciae orientalis dux ex fratre nepos.

„Zum unsterblichen Ruhm des Lothar Franz aus (der Familie der) Reichsgrafen von Schönborn, der, seinem großen Oheim an Verdiensten gleich, an Jahren überlegen, auf denselben Stufen außerordentlicher Tugend und Weisheit zum Gipfel der heiligen Würden unter Gottes Führung aufstieg. Mit 38 Jahren wurde er 1693, am 16. November, zum Fürstbischof der kaiserlichen Kirche von Bamberg gewählt, nach kaum zwei Jahren 1695, am 11. Mai, folgte er als Erzbischof des Mainzer Heiligen Stuhles, Erzkanzler des Heiligen Römischen Reiches in Deutschland und Kurfürst dem verstorbenen Anselm Franz, dessen Koadjutor er seit einem halben Jahr gewesen war, nach Gottes Willen nach, eine Säule der Kirchen und der althergebrachten Religion, Liebe der Untertanen, nach dem gemeinsamen Urteil der christlichen Welt Stern der Priester, Orakel der Fürsten. In den beinahe unaufhörlichen Kriegen tapfer und friedensstiftend, in den Gefahren des von feindlichen Waffen erschöpften Deutschland unerschrocken und furchtlos, bei den wiederholten Todesfällen der höchsten Fürsten standhaft und ruhig, im glücklichen Ausgang der für Gottes Ruhm und öffentliches Heil unternommenen Mühen glücklich und ruhmreich, stellte er im Frieden von Ryswijk (1697) die Reiche, aber im Frieden von Utrecht (1713) und vom schweizerischen Baden (Aargau; 1714)) die Ruhe Europas unter den Fürsten wieder her; den erhabenen Kaisern Leopold und Joseph war er gleichsam durch die Botschaften seines großen Rates, auch den auswärtigen Fürsten durch die des Friedens geliebt und verehrungswürdig.

Karl III., dem katholischen Monarchen der (beiden) Spanien, gab er im Jahr 1707 als Gemahlin Elisabeth, die braunschweigische Herzogin, die aber vor der erhabenen Asche des Heiligsten Kaiser- und Ehepaares Heinrich und Kunigunde als Katholikin der Römischen Kirche in Bamberg am 1. Mai 1707 zurückgegeben und durch die heiligen Hände des glaubenseifrigsten Erzbischofs mit dem heiligen (Abend)Mahl gestärkt und gefirmt worden war. Demselben Karl übertrug er in schwankender Lage des aufgewühlten und bewaffneten Staates mit seiner Stimme die Kaiserwürde, die Insignien der Herrschaft mit seinen erhabenen Händen im Jahre 1711, am 12. Dezember, als der erlauchteste Konsekrator. Bald neigte er selbst im Lauf der fürstlichen Sorgen für eine Blumenkrone das schneeweiße Haupt, begrüßt mit festlichem Applaus als Jubiläumskapitular der herzoglichen Kirche von Würzburg. In der erhabenen Dreizahl seiner Neffen bruderseits war er dreifach von Glück begünstigt, von denen er zwei als Fürstbischöfe des Heiligen Römischen Reiches weihte, den dritten im Kardinalspurpur in der Kathedrale zu Speyer erglänzen zu sehen er die Freude hatte. In der Regierungszeit von 36 harten Jahren war Kennzeichen und Losungswort fortgesetzten Glückes das Kreuz des Heilands, dem er mit großzügigster Frömmigkeit Altäre und Oratorien gründete, damit der, der des Kreuzes Lasten beim Schutz und dem Weiden der Herde der Gläubigen trug, aus diesem Leben die Frucht des ewigen Lebens und die Krone der Gerechtigkeit pflücken konnte, welche, im Himmel hinterlegt, dem apostolischen Kämpfer im Jahr 1729, am 30. Januar, als er den Lauf des 75. Lebensjahres in friedlichem Tode vollendete, der gerechte Richter verlieh. Für die Asche des Verstorbenen und zum seligen Gedächtnis bei den Nachfahren setzte dieses Totenmal Friedrich Karl, Bischof von Bamberg und Würzburg, Herzog von Ostfranken, Neffe bruderseits."

ooo

43 Grabplatte des Erzbischofs Berthold von Henneberg, gest. 1504 (Arens 279; Textbeginn rechts oben; vgl. Arens 278), vgl. Nr. 46

Dominus Bertoldus archiepiscopus Moguntinus comes de Henneberg obiit XXI decembris anno MDIIII.

„Herr Berthold, Mainzer Erzbischof, Graf von Henneberg, starb am 21. Dezember im Jahre 1504."

ooo

44 Grabplatte des Erzbischofs, Erzkanzlers und Kurfürsten **Georg Friedrich von Greiffenclau**, gest. 1629 (Arens 601), vgl. Nr. 61, 83.

Georg Friedrich von Greiffenclau, 1617-1629 Bischof von Worms, 1627-1629 Erzbischof von Mainz, begann 1627, mitten im Dreißigjährigen Krieg, als sich das Kriegsgeschehen in Norddeutschland abspielte, mit dem Bau des Mainzer Kurfürstlichen Schlosses.

Faciendum iussit vivus, hunc sibi tumulum selegit reverendissimus ac illustrissimus dominus, dominus Georgius Fridericus archiepiscopus Moguntinus, Sacri Romani Imperii per Germaniam archicancellarius, princeps elector ac episcopus Wormatiensis, e pervetusta nobili equestris Rhenanae prosapia Greiffenclaw a Volrats, qui anno 1573 natus, postquam huius ecclesiae prius, anno 1601 scholasticus, anno 1604 praepositus, anno 1616 episcopus Wormatiensis, dein anno 1626, 21. octobris concordibus totius capituli suffragiis in archiepiscopum Moguntinum electus, anno 1627, die 15. augusti Aschaffenburgi consecratus fuisset, tandem, eheu, anno regiminis 2. mense 8., die 18., ingenti sui relicto desiderio 6. iulii anno 1629, aetatis 56, Moguntiae vivere desiit. Princeps vere prudentia eloquentia animique celsitudine insignis, integritatis fama vitaeque candore notissimus. Cui proinde frater postremaeque voluntatis executores moestissimi hoc monumentum posuerunt animae aeternum bene precati.

„Bei Lebzeiten ließ er dieses Grab machen und wählte es sich aus: der hochwürdigste und erlauchteste Herr, Herr Georg Friedrich, Mainzer Erzbischof, Erzkanzler des Heiligen Römischen Reiches in Deutschland, Kurfürst und Wormser Bischof, aus der sehr alten, adligen Familie der Rheinischen Ritterschaft Greiffenclau von Vollrads, der im Jahr 1573 geboren, und nachdem er zuvor im Jahre 1601 Scholaster, 1604 Propst dieser Kirche, im Jahr 1616 Wormser Bischof, dann im Jahr 1626, am 21. Oktober, mit einmütiger Wahl des ganzen Kapitels zum Mainzer Erzbischof gewählt, im Jahr 1627 am 15. August in Aschaffenburg geweiht worden war, endlich, ach, im zweiten Jahr seiner Regierung, im achten Monat, am 18. Tag die große Sehnsucht nach sich hinterlassend, am 6. Juli 1629, im 56. Lebensjahr in Mainz zu leben aufhörte. Ein Fürst, der wahrlich durch Weisheit, Beredsamkeit und Erhabenheit des Geistes ausgezeichnet, durch den Ruf der Untadeligkeit und der Lauterkeit des Lebens hochberühmt war. Darum haben ihm der Bruder und die Vollstrecker des letzten Willens in tiefer Trauer dieses Denkmal gesetzt und für seine Seele um das ewige Heil gut gebetet."

ooo

45 Epitaph des Erzbischofs Jakob von Liebenstein, gest. 1508 (Arens 291)

Die reichspolitische Betätigung des Erzbischofs (1504-1508) wurde wie die seines Vorgängers Berthold von Henneberg durch Kaiser Maximilian, der die Machtkonkurrenz fürchtete, gehemmt. Jakob von Liebenstein stellte den Mainzer Bürgern einen Freiheitsbrief aus und erließ 1505 die älteste Mainzer Hofordnung.

Iacobo de Liebenstein optimo et clementissimo praesuli, qui anno, ex quo pontificatum inierat, secundo[1] mense VIII die XVI bonis omnibus ecclesiae vicem dolentibus decessit. Posteri bene merenti posuerunt.

„Für Jakob von Liebenstein, den besten und mildesten Erzbischof, der im zweiten[1] Jahr und achten Monat und am 16. Tage, nachdem er den Pontifikat angetreten hatte, verstarb; alle Guten betrauerten das Schicksal der Kirche. Die Nachfolger haben ihm (das Denkmal) nach Verdienst gesetzt."

[1] *Fehler im Original: vom 29. Dezember 1504 bis zum Todestag waren es drei Jahre, acht Monate und 16 Tage.*

ooo

46 Epitaph des Erzbischofs Berthold von Henneberg, gest. 1504 (Arens 278)

Erzbischof Berthold von Henneberg (1484-1504) unterstützte 1486 die Wahl König Maximilians und stabilisierte so den territorialen Bestand des Mainzer Erzstifts. Seitdem waren die Mainzer Erzbischöfe zugleich Stadtherren. Als Leiter der Reichskanzlei war Berthold in der Reichspolitik sehr aktiv und weckte das Misstrauen Kaiser Maximilians. Der Höhepunkt des Machtkampfes war die Errichtung des "Reichsregiments", das den Kaiser in seiner Macht beschneiden sollte und deshalb von Maximilian 1502 aufgehoben wurde. Trotzdem blieb Bertholds Beitrag zur Entwicklung der Reichsverfassung bedeutend. Er erließ auch eine seiner Stellung als Landesherr entsprechende Stadtordnung, die u.a. dem Rat der Stadt die wichtigsten der bisherigen Selbstverwaltungsrechte nahm und als seinen Vertreter einen Vizedom bestellte, der nun die Kompetenzen des bisherigen Stadtrats innehatte. Bertold sorgte aber auch durch viele Erlasse für die Reform des Klerus, für Stadt- und Wirtschaftsordnung, darunter 1486 das Mainzer Stapelrecht. An der Universität führte er den Humanismus ein.

Bertoldus ex familia Hennenberg archiepiscopus Maguntinus, vir inter sui ordinis et aetatis principes prudentia, consilio, authoritate primarius, religionis pacisque servantissimus, posteaquam foeliciter et pontificatu et vita functus est: Hoc illi saxum grata res publica fieri curavit. Moritur anno salutis MDIIII, pontificii XXI, aetatis LXIIII, XIII kalendas januarii.

Ave Maria gracia plena. Bit fur o Martine. Ora pro nobis Sancte Martine. S. Patro(ne). Heiliger San Petre.

„Berthold, aus der Familie Henne(n)berg, Mainzer Erzbischof, unter den führenden Männern seines Standes und Alters der Allererste durch Weisheit, Rat und Ansehen, ein treuer Hüter von Glaube und Frieden. Nachdem er glücklich sein Bischofsamt und sein Leben beendet hatte, ließ ihm der dankbare Staat diesen Stein machen. Er starb im Jahre des Heils 1504, im 21. Jahr seines Pontifikats, und im 59. Jahr seines Lebens, am 13. Tage vor den Kalenden des Januar (= 21. Dezember).

Sei gegrüßt, Maria voller Gnaden. Bitte für uns, Heiliger Martin, Heiliger Schutzpatron (*in deutscher und lateinischer Sprache!*), heiliger St. Petrus."

ooo

47 Tumbenplatte des Erzbischofs Adolf I. von Nassau, gest. 1390 (Arens 56)

Der Episkopat Adolfs I. von Nassau (1373/1381-1390) fiel in die schwierige Zeit des päpstlichen Schismas; seine eigene Amtszeit wurde durch die Ludwigs von Meißen 1373-1381 unterbrochen. Er war Mitbegründer des Rheinischen Kurvereins. 1388 war er in eine Fehde mit Pfalzgraf Ruprecht verwickelt und musste ohnmächtig zusehen, wie die Dörfer um Mainz verwüstet wurden.

Ter C [1] milleno nonageno numerato
Computus octavo dedit ydus dum februano,
Morte ruit gratus Heilginstad praesul Adolffus.
De Nassau natus fuit hic clare trabeatus.
Annis regnavit sedecim pacemque paravit,
Iniustum stravit, clerum, populum bene pavit.
Huc est adductus per multiplicamina luctus.
Clarius instructus templi sibi tollere fructus.
Facta sepultura marci duodena calenda.
Monstrat sculptura praesens tumuli reverenda.

„Als im 1390. (Jahr) die Zählung den 8. Tag vor den Iden des Februar ergab (= 6. Februar), starb in Heiligenstadt der beliebte Bischof Adolf. Geborener von Nassau, wurde er hier herrlich in das Amtsgewand gekleidet. Er regierte 16 Jahre und stiftete Frieden, warf den Ungerechten nieder, weidete gut den

Klerus und das Volk. Hierher wurde er in vielfacher Trauer gebracht, er, der es verstand, die Erträge des Tempels sich zu entziehen. Das Begräbnis wurde vollzogen am 12. Tage vor den Kalenden des März (= 18. Februar). Die hier zu sehende Skulptur zeigt die verehrungswürdige Stelle seines Grabes an."

[1] *Um den Vers lesen zu können, muss man C (= centum) nur als C aussprechen!*

Die 10 Hexameter sind von der Mittelfuge zum Versende (versus leonini) und an den Versenden gereimt (versus caudati). Der Verszwang erklärt die gewundene Wortwahl. Die Versanfänge sind in der Inschrift durch Großbuchstaben markiert.

ooo

48 Tumbenplatte des Erzbischofs Siegfried III. von Eppstein, gest. 1249 (Arens 22; die aufgemalte Inschrift wurde 1834 nicht ganz korrekt erneuert).

Erzbischof Siegfried III. von Eppstein (1230-1249), Gegner Friedrichs II. von Staufen, weihte 1239 den erneuerten Dom und stellte 1244 den Mainzer Bürgern ein weitgehendes Privileg über Gericht, Finanzen, Stadtverfassung, Militär und Zollfreiheit aus. Durch ihn wurde Mainz zu einer freien Stadt. Ab 1245 übernahm er wegen einer Sedisvakanz auch die Verwaltung des Klosters Fulda. Er krönte, wie auf dem Grabstein dargestellt, zwei antistaufische Könige: Heinrich Raspe (1246-1247) und Wilhelm von Holland (1247-1256), der 1254 den Rheinischen Bund gründete. Der Hohenstaufe Konrad IV. (gest. 1254) kämpfte vergeblich gegen Mainz. – Das Grabmal Siegfrieds III. ist das älteste des Mainzer Domes.

Sifridus tertius huius sanctae sedis archiepiscopus rector Fuldensis sanctae ecclesiae, legatus APOTS AP' (= apostolicus).

„Siegfried III., Erzbischof dieses heiligen Stuhles, Rektor der heiligen Kirche von Fulda, apostolischer Legat."

ooo

49 Tumbenplatte des Erzbischofs Mathias von Buchegg, gest. 1328 (Arens 37)

Mathias von Buchegg (1321-1328), aus einer Nordschweizer Familie stammend, beschloss 1322 mit Worms, Speyer, Straßburg und Oppenheim eine Landfriedensordnung. Er rief durch den Versuch, wegen der hohen Verschuldung des Mainzer Erzbistums die Mainzer Bevölkerung höher zu besteuern, deren Protest hervor. Wegen einer Fehde mit dem Landgrafen von Hessen war er jedoch gezwungen, den Mainzern mehr Privilegien zu verleihen, was wiederum den Protest des Domkapitels hervorrief. Auch ihm musste er Zugeständnisse machen. Nach seinem Tode brach der Mainzer Bistumsstreit aus, der erst 1337 durch den Verzicht Balduins von Luxemburg auf den Mainzer Stuhl beendet wurde.

Mille trecentenis annis octoque vicenis
Mathias praesul istic comes, licet exul,
De Buchecg natus, tamen exilio bene gratus.
Magnanimus, iustus, virtutum sole perustus.
Verax, ut nostis, invictus et hostibus hostis,
Donis magnificus et amicis fulsit amicus.
Se satis hic stravit, dum religione notavit.
Hinc sublimari meruit, quia pontificari.
Annos octo quidem non plene rexerat idem.
Heu datus hic tarmis probitatis luxit in armis.
Exequias flendas peragas decasexta calendas
Octobris. iuncta sibi sint caeli bona cuncta.
Amen.

v. 5 ist die am unteren Ende des Grabsteins stehende Zeile.

„Im Jahre 1328 ist dort der Erzbischof, Graf, wenn auch in der Fremde (beigesetzt), geboren aus (der Familie) Buchegg, doch der Fremde sehr willkommen. Hochherzig, gerecht, von der Sonne der Tugenden verbrannt, wahrheitsliebend, wie ihr wisst, unbesiegbar und den Feinden ein Feind, mit Geschenken großzügig, und leuchtete den Freunden als Freund. Er hat sich (in Demut) sehr zu Boden geworfen, als er sich durch seinen Glauben bekannt machte. Daher verdiente er es, erhöht zu werden, weil er es verdiente, zum Bischof erhoben zu werden. Nicht ganz acht Jahre hatte er regiert. Weh, er, der hier den Würmern übergeben wurde, leuchtete in den Waffen der Rechtschaffenheit. Das beweinenswerte Totenfest sollst du für ihn am 16. Tag vor den Kalenden des Oktober feiern. Bei ihm sollen alle Güter des Himmels sein."

Die Inschrift beginnt links oben und verläuft entgegen dem Uhrzeigersinn.

Leoninisch (d.h. von der Mittelfuge zum Versende) gereimte Hexameter, durch den Verszwang gewundene Wortwahl. Die Versanfänge sind in der fortlaufenden Inschrift durch Großbuchstaben markiert. - Die Messung der Silbenlängen ist typisch für viele mittelalterliche Verse.

ooo

Südliches Seitenschiff

50 Epitaph des Landgrafen Georg Christian von Hessen, gest. 1677 (Arens 1645), vgl. Nr. 95

Georg Christian, Landgraf von Hessen, war Obrist der Spanischen Reiterei. Obwohl er 1677 in Frankfurt starb, willfahrte man seinem Wunsch, im Mainzer Dom begraben zu werden.

Illustrissimus princeps ac dominus, dominus Georgius Christianus Landgravius Hassiae, princeps Hirschfeldiae, comes Catimelobocensis, in Dietz, Ziegenhain, Nidda, Schauerburg et Isenburg, regis Hispaniarum in Belgio equitum ductor generalis. Obiit in augusto 1677. Cuius ossa hic requiescunt, anima autem in aeterna pace.

„Der erlauchteste Fürst und Herr, Herr Georg Christian, Landgraf von Hessen, Fürst von Hirschfeld, Graf von Katzenellenbogen, in Dietz, Ziegenhain, Nidda, Schauerburg und Isenburg, Generalreiteroberst des Königs der beiden Spanien in Belgien, starb im August 1677. Seine Gebeine ruhen hier, die Seele aber in ewigem Frieden.“

ooo

51 Scharfensteiner Altar, gestiftet 1604 (Arens 541), vgl. 122.

Philippus Cratz a Scharpfenstein, dei gratia anno 1604 episcopus Wormatiensis electus, postquam prius metropolitanae Moguntinae nec non cathedralis praedictae ac Sancti Bartholomaei in Francofurto ecclesiarum praepositus aliisque praelaturis ibidem cum laude praefuisset, vix episcopalem dignitatem conscendens anno eodem 13 iulii in Christo et pace hic pie requievit.

„Philipp Cratz von Scharfenstein, durch Gottes Gnade im Jahr 1604 zum Bischof von Worms gewählt, hatte, nachdem er zuvor Propst der Mainzer Metropolitankirche und der vorgenannten Kathedrale und von St. Bartholomäus in Frankfurt gewesen war und anderen Prälaturen ebendort mit Lob vorgestanden hatte, kaum die Bischofswürde erreicht und verstarb hier im selben Jahr am 13. Juli fromm in Christus und in Frieden.“

ooo

52 Grabplatte des Domherrn Karl Kaspar Wilhelm von Gymnich, gest. 1739 (Arens 1733)

Deo Optimo Maximo. Viro illustri Carolo Caspari Guilielmo, baroni de Gymnich, toparchae in Vischel, Wald, Satzfey, Neuradt et Laurensberg, in metropolitanis Moguntina, Trevirensi, equestri Sancti Albani canonico capitulari, archidiacono Trevirorum, serenissimi electoris Palatini satrapae Wassenbergensi, qui natus anno MDCLXVII aetatem suam omnem perpetuo paterni nominis ornandi studio illustravit, ecclesiae Trevirensis vicaria gubernatione probata fide, consiliorum prudentia, aliis animi ad res bene gerendas compositi ornamentis, de summis infimisque bene mereri constanter adnixus, deo et aeternitati senectutem totam dicatam voluit, spiritu christianis virtutibus et Sanctissimae Ecclesiae mysteriis corroborato se brevi morbo consumptus mortalium legi subdidit III. idus majas anno MDCCXXXIX. A vivis abreptum ut pia recordatione superstites prosequantur, Carolus Otto Ludovicus Deodatus baro de Gymnich haeres, monumentum hoc erigi curavit lubens moerens.

Am unteren Rande:

Opus Melitense[1]

„Für Gott, den Besten, den Größten. Für den erlauchten Herrn Karl Kaspar Wilhelm, Freiherrn von Gymnich, Statthalter in Vischel, Wald, Satzfey, Neuradt und Laurensberg, Stiftsherrn in den Metropolitankirchen von Mainz und Trier, der Ritterkirche St. Alban, dem Erzdiakon von Trier, dem Statthalter des erlauchtesten Kurfürsten der Pfalz in Wassenberg, der, geboren im Jahr 1667, in seinem ganzen Leben durch ständigen Eifer, dem väterlichen Namen Ehre zu machen, ausgezeichnet war. Er war unaufhörlich bemüht, durch die stellvertretende Leitung der Trierer Kirche mit erprobter Treue, mit Klugheit des Rats, mit anderen Auszeichnungen eines zu guten Taten ausgerüsteten Geistes sich um die Höchsten wie die Niedrigsten wohlverdient zu machen, und wollte Gott und der Ewigkeit sein ganzes Alter gewidmet haben. Als sein Geist durch die christlichen Tugenden und die Mysterien der Allerheiligsten Kirche gestärkt war, unterwarf er sich, von kurzer Krankheit verzehrt, dem Gesetz der Sterblichen am 3. Tag vor den Iden des Mai (13. Mai) im Jahr 1739. Damit die Hinterbliebenen den, der den Lebenden entrissen war, in frommem Gedenken geleiten können, ließ Karl Otto Ludwig Deodat, Freiherr von Gymnich als Erbe dieses Denkmal gern und in Trauer errichten.

Am unteren Rande:

Kunstwerk aus Malta“[1]

[1] *Das besonders kostbare Grabmal wurde in Malta nach der dort geübten Technik des farbigen Marmormosaiks hergestellt und ähnelt den dortigen Grabmälern deutscher Johanniterordensritter. - Von dieser Tafel wird eine Grabplatte weitgehend verdeckt, von der nur auf der rechten Seite einige Teile lesbar sind.*

ooo

53 Thomas-Gruppe des Domscholasters Theodor Tzobel, gestiftet 1521 (Arens 331)

Deo optimo maximo et divo Thomae apostolo Theodoricus Tzobel scholasticus fieri curavit anno MDXXI.

„Für Gott, den Besten, den Größten, und den heiligen Apostel Thomas ließ (dieses) der Scholaster Theoderich Tzobel machen im Jahr 1521."

ooo

54 Epitaph des Erzbischofs Anselm Franz von Ingelheim, gest. 1695 (Arens 1683)

Anselm Franz von Ingelheim, in dessen Regierungszeit 1679-1695 das Mainzer Barock begann, musste wegen der französischen Besetzung von Mainz 1688 nach Erfurt fliehen. Nach seiner Rückkehr fand er einen finanziell ruinierten Kurstaat vor. Seine Krankheit hinderte weitere Aktivitäten; daher schweigt die Grabinschrift von Taten. – Wie viele der Barockinschriften besteht auch dieser lange Text aus einem einzigen Satz.

Eminentissimo ac celsissimo principi ac domino, domino Anselmo Francisco ex antiquissima familia ab Ingelheim, Sanctae sedis Moguntinae archiepiscopo, Sacri Romani Imperii per Germaniam archicancellario et principi electori anno 1634, 16. septembris nato, 1679, 7. novembris electo et anno 16. regiminis, postquam 1690, 24. jan. Josephum regem Hungariae in regem Romanorum elegit ac eidem eiusque Augustissimae matri Eleonorae Magdalenae Theresiae Romanorum imperatrici coronam imposuit, tandem viribus fractus coadiutores successive duos anno 1691 serenissimum principem Ludovicum Antonium e ducibus Neoburgicis magnum ordinis Teutonici magistrum et post eius obitum 1694 reverendum et celsissimum principem episcopum Bambergensem dominum, dominum Lotarium Franciscum ex perillustri familia baronum de Schönborn proposuit, Aschaffenburgi 30 martii 1695 pientissime denato principi prudentia, comitate et constantia conspicuo monumentum hoc grato animo erigi fecit haeres Franciscus Adolphus Diterus baro ab Ingelheim Sacri Romani Imperii eques, dominus in Schönberg et Holtzhausen, Sanctissimae Caesareae maiestatis consiliarius intimus eiusdemque necnon Sacri Romani Imperii camerae, quae modo est Wetzlariae, praeses ac Sanctae Regiae Romanae maiestatis cammerarius.

„Dem hervorragendsten und erhabensten Fürsten und Herrn, Herrn Anselm Franz aus der uralten Familie von Ingelheim, dem Erzbischof des Heiligen Mainzer Stuhles, dem Erzkanzler des heiligen Römischen Reiches in Deutschland und Kurfürst, der 1634 am 16. September geboren, am 7. November 1679 gewählt und im 16. Jahr seiner Herrschaft, nachdem er 1690, am 24. Januar, Joseph, den König von Ungarn, zum König der Römer erwählt und ihm und seiner hocherhabenen Mutter Eleonore Magdalena Theresia, der Kaiserin der Römer, die Krone aufgesetzt hatte, endlich an Kräften gebrochen nacheinander zwei Koadjutoren, im Jahr 1691 den gnädigsten Fürsten Ludwig Anton aus den Herzögen von Neuburg, Hochmeister des Deutschordens, und nach dessen Tod 1694 den ehrwürdigen und erhabensten Fürsten, den Herrn Bischof von Bamberg, Herrn Lothar Franz aus der hochangesehenen Familie der Freiherrn von Schönborn, vorgeschlagen hatte, zu Aschaffenburg am 30. März 1695 sehr fromm starb, dem an Klugheit, Freundlichkeit und Standhaftigkeit ausgezeichneten Fürsten ließ dankbaren Herzens der Erbe Franz Adolf Dieter Freiherr von Ingelheim, Ritter des heiligen Römischen Reiches, Herr in Schönberg und Holtzhausen, Geheimer Rat der Allerheiligsten Kaiserlichen Majestät sowie deren und des Heiligen Römischen Reiches Kammergerichts, das sich zur Zeit zu Wetzlar befindet, Präsident und der Heiligen Königlichen Römischen Majestät Kämmerer, dieses (Denkmal) errichten."

ooo

55 St. Johannis-Altar des Domherrn Friedrich von Fürstenberg, gest. 1607 (Arens 555)

Reverendo ac nobili domino Friderico a Furstenberg huius metropolitanae ecclesiae subseniori canonico etc., piae memoriae causa fieri curaverunt eiusdem haeredes et testamentarii. Anno 1607 obitus die 9 januarii.

„Für den ehrwürdigen und edlen Herrn Friedrich von Fürstenberg, zweitältesten Domherrn dieser Metropolitankirche etc., ließen seine Erben und Testamentsverwalter (dieses Denkmal) zu frommem Gedächtnis machen. Im Jahr 1607 verstorben am 9. Januar."

ooo

56 Grabplatte des Bischofs Veit Josef Burg, gest. 1833.

Durch den Vertrag zwischen Preußen, Österreich und Hessen vom 30. 6. 1816 wurde das Erzbistum Mainz dem Großherzogtum Hessen-Darmstadt zugeschlagen. Infolge der staatskirchlichen Tendenz des Hessischen Großherzogs Ludwigs I. wurde durch die päpstliche Bulle "Provida sollersque" von 1821 das Bistum Mainz in den Grenzen des Großherzogtums festgelegt und nach weiteren langwierigen Verhandlungen mit dem Papst die Einigung 1829 erzielt. Der erste Bischof nach der neuen Wahlordnung war Veit Joseph Burg (1830-1833), der trotz landesherrlicher Bevormundung sofort dementsprechende Kirchenleitungsreformen einführte. Die folgenden Bischöfe wurden aus einer vom Großherzog zu genehmigenden Liste gewählt. Burg starb, wie die Inschrift mitteilt, an einer Lungenentzündung.

Deo Optimo Maximo. Perenni memoriae illustrissimi ac reverendissimi domini Viti Josephi Burg, sanctae sedis Moguntinae episcopi, sanctae theologiae doctoris, ordinis Hassici Ludoviciani commendatoris ac Badensis Zaehringensis equestris. Vi bullae apostolicae "Provida sollersque" a regia celsitudine Ludovico I, Magno Duce Hassiae et ad Rhenum primus episcopus designatus et a summo pontifice Pio, d(ivina) p(rovidentia) papa VIII, 28. septembris 1829 confirmatus, vir ingenii acuti ac in rerum gerendarum negotiis versatissimus, qui magna cum dexteritate plurima ad dotationem episcopatus optime statuit legesque saluberrimas condidit. Aspexit lucem Offenburgi in Brisgovia die 27. augusti 1768, possessionem episcopatus 12. januarii 1830 capessivit, ac tandem febri putrida correptus praeter omnium expectationem 22. maii 1833 obiit. Cuius ossa cubent in hac crypta, ubi simulac requiescit eminentissimus ac reverendissimus princeps elector Moguntinus Suicardus a Cronenburg, defunctus 17. septembris 1626. Caro mea requiescit in spe.

„Für Gott, den Besten, den Größten. Zum dauernden Gedächtnis an den erlauchten und hochwürdigsten Herrn Veit Joseph Burg, Bischof des Heiligen Mainzer Stuhles, Doktor der heiligen Theologie, Komtur des Hessischen Ludwigsordens und des Badisch-Zähringischen Ritterordens. Kraft der Apostolischen Bulle "Provida Sollersque" wurde er als erster Bischof von der Königlichen Hoheit Ludwig I., Großherzog von Hessen und bei Rhein designiert und von Papst Pius VIII., Papst aus göttlicher Vorhersehung, am 28. September 1829 bestätigt. – Ein Mann von scharfem Geist und in der Führung der Geschäfte außerordentlich gewandt, der mit großem Geschick sehr vieles für die Ausstattung des Bischofsamtes aufs beste einrichtete und sehr heilsame Gesetze erließ. – Er erblickte das Licht in Offenburg/Breisgau am 27. August 1768, erhielt den Besitz der Bischofswürde am 12. Januar 1830 und starb schließlich, von einem eitrigen Fieber befallen, unerwartet für alle am 22. Mai 1833. Mögen seine Gebeine in dieser Gruft liegen, wo gleichzeitig der erhabene und hochwürdigste Mainzer Kurfürst Schweikard von Cronenburg (= Johann Schweikard von Kronberg) ruht, der am 17. September 1626 verstarb. Mein Fleisch ruht in der Hoffnung."

ooo

57 Epitaph für Bischof Josef Ludwig Colmar, den Retter des Mainzer Doms, gest. 1818 (Denkmal von 1834)

Der von Napoléon Bonaparte ernannte und diesen ergeben verehrende Bischof Ludwig Colmar (1802-1818) erreichte 1803 nach langwierigen Auseinandersetzungen mit dem – hier nicht genannten! – Präfekten von Mainz, Jeanbon St. André, dass der bei der Beschießung von Mainz 1793 schwer beschädigte, dann vom französischen Heer benutzte Mainzer Dom vor dem Abriss gerettet und der Mainzer Kirche zurückgegeben wurde. Aus der 1793 zerstörten Liebfrauenkirche ließ er die Willigistüren und das Taufbecken zum Dom verbringen. Napoléon stattete nach seiner Rückkehr aus Ägypten anlässlich eines Besuchs in Mainz dank der Fürsprache der Kaiserin Joséphine den Dom mit bedeutenden Mitteln aus. Der Bischof nahm kirchliche Reformen und eine Neugliederung der Pfarreien vor und gründete das Priesterseminar neu.

Perenni memoriae illustrissimi ac reverendissimi domini, domini Josephi Ludovici Colmar, imperii Gallici baronis, ordinis Hassiaci primicerii ac legionis honorarii equitis. Post tot discrimina rerum sede archiepiscopali Ratisbonam translata a Galliarum potentissimo consule Bonaparte die 6. julii 1802 episcopus Moguntinus designatus, vir vere apostolicus, repletus zeli ardore pro domo Dei, praecipua beneficentia erga pauperes et aegrotos, ac singulari comitate et lenitate erga omnes clarus. Ecclesiam Metropolitanam belli calamitatibus exustam ac devastatam antiquo cultui restitui curavit, dotationem eiusdem fabricae recuperavit ac bona nondum distracta seminarii archiepiscopalis intercessu magnanimae imperatricis Josephinae a Napoleone Magno obtinuit. Totam dioecesim perlustravit ac paroecias novis limitibus circumscripsit. Aspexit lucem Argentorati 22. junii 1760, adeptus est pontificatum 3. octobris 1802, exantlatis viribus brevi morbo consumptus, placidissime in domino obiit die 15. decembris 1818 omnium bonorum summo moerore.

„Zum dauernden Gedächtnis an den erlauchten und hochwürdigsten Herrn, Herrn Joseph Ludwig Colmar, Baron des französischen Reiches, Kanzler des Hessischen Ordens und Ritter der Ehrenlegion. Als nach so vielen Gefahren der Sitz des Erzbischofs nach Regensburg verlegt worden war, wurde er (Colmar) von Bonaparte, dem mächtigen Konsul Frankreichs, am 6. Juli 1802 zum Mainzer Bischof designiert. Ein wahrhaft apostolischer Mann, erfüllt von brennendem Eifer für das Haus Gottes, besonderer Wohltätigkeit gegen die Armen und Kranken und für seine einzigartige Freundlichkeit und Sanftmut gegen alle berühmt. Die Metropolitankirche, die von den Katastrophen des Krieges verbrannt und verwüstet war, ließ er für den alten Gottesdienst wiederherstellen, gewann die Ausstattung der Domfabrik (= Baufonds) zurück und erhielt den noch nicht geplünderten Besitz des erzbischöflichen Seminars durch die Vermittlung der hochherzigen Kaiserin Joséphine von Napoléon dem Großen zurück. Er bereiste die gesamte Diözese und legte die neuen Grenzen der Pfarreien fest. Er erblickte das Licht in Straßburg am 22. Juni 1760, erhielt das Bischofsamt am 3. Oktober 1802, und als seine Kräfte erschöpft waren, starb er nach kurzer Krankheit ganz sanft im Herrn am 15. Dezember 1818 zu höchster Trauer aller Guten."

ooo

58 Epitaph des Erzbischofs, Erzkanzlers und Kurfürsten **Damian Hartard von der Leyen**, gest. 1678 (Arens 1648, vgl. 1649), vgl. Nr. 59, 67, 91.

Damian Hartard von der Leyen (1624-1678), zunächst Domkapitular in Mainz, Dompropst in Trier, schließlich Erzbischof und Kurfürst in Mainz 1675-1678, reformierte die Priesterausbildung und entfaltete in der kurzen Zeit seines Episkopats eine intensive Verwaltungs- und Bautätigkeit. Er gründete ein Militärhospital an der Hinteren Bleiche, erweiterte angesichts der Bedrohung durch die französische Hegemonialpolitik die Befestigungen und setzte den Bau des Schlosses fort. Er ist auch der Erbauer der "Orangerie" in Blieskastel. - Im Mainzer Dom sind nur ihm vier Gedenktafeln gewidmet. Sein Bruder Caspar von der Leyen, Erzbischof von Trier, errichtete im Trierer Dom das größte aller Grabdenkmäler. Vgl. auch Nr. 73.

Deo optimo maximo. Reverendissimo ac celsissimo principi domino, domino Damiano Hartardo ex familia baronum von der Leyen, Sanctae sedis Moguntinae archiepiscopo, Sacri Romani Imperii per Germaniam archicancellario, principi electori III julii MDCLXXV electo, et XII eiusdem mensis postulato episcopo Wormatiensi, VI autem decembris anno MDCLXXVIII

Moguntiae in domino defuncto, e regione in sacello Sancti Laurentii, a se, dum adhuc viveret, exstructo, requiescenti haeredes relicti monumentum hoc piissimae ergo memoriae fieri curarunt.

„Gott, dem Besten, dem Größten.

Dem hochwürdigsten und erhabenen Fürsten und Herrn, Herrn Damian Hartard aus der Familie der Freiherren von der Leyen, dem Erzbischof des Heiligen Mainzer Stuhles, dem Erzkanzler des Heiligen Römischen Reiches in Deutschland und Kurfürst, der am 3. Juli 1675 gewählt und am 12. desselben Monats zum Wormser Bischof postuliert wurde, doch am 6. Dezember im Jahr 1678 in Mainz im Herrn gestorben ist, der gegenüber in der Kapelle des Sankt Laurentius, die von ihm, als er noch lebte, erbaut worden war, ruht, ließen die hinterbliebenen Erben dieses Denkmal aus frommstem Andenken errichten.“

ooo

59 Stiftungsinschrift des Laurentiusaltars, gestiftet 1676 von Erzbischof Damian Hartard von der Leyen (Arens 1643)

Deo optimo maximo. Hoc altare D(ivo) Laurentio M(artyri) sacrum Damianus Hartardus archiepiscopus et elector Moguntinus, episcopus Wormatiensis posuit anno Christi MDCLXXVI.

„Für Gott, den Besten, den Größten. Diesen Altar, der dem heiligen Märtyrer Laurentius geweiht ist, stellte Damian Hartard, Mainzer Erzbischof und Kurfürst, Wormser Bischof auf im Jahre Christi 1676.“

ooo

60 Epitaph des Propstes Hugo Wolfgang von Kesselstatt, gest. 1738 (Arens 1730)

Siste, viator, lege et luge, plora et ora, ingemisce et contremisce. Hic iacet, qui in consilio impiorum non abiit, in via peccatorum non stetit, et in cathedra pestilentiae non sedit.[1] Qui offendere et offendi nescius ad hunc offendit lapidem, viae et vitae terminum, felicis aeternitatis auspicium, reverendissimus, illustrissimus ac perquam gratiosus dominus, dominus Hugo Wolfgangus liber baro a Kesselstatt, ecclesiae metropolitanae Moguntinae praepositus, ecclesiarum equestrium ad S. Albanum extra muros et ad S. Ferrusium in Bleidenstatt canonicus capitularis etc. etc. Ut viveret in coelo, devixit mundo anno 1738 secunda ianuarii in principio anni et aeternitatis omine secundo. Vixit annis 79, paucis, si spectetur aeternitas, multis, si vitae integritas. Augusti animi dotes plus licet mirari quam rimari. Quas dum sepulchrum celat, lapides in choro et foro[1] posteritati de pariete clamabunt. Ingens virtutum cumulus ut angusto includi posset tumulo, coarctatus est spiritus desiderium habens dissolvi et esse cum Christo. Quo dum corpus obiit, anima abiit, eXVVIae eXpeCtant IVDICeM.

„Halt an, Wanderer, lies und trauere, weine und bete, seufze und erzittere. Hier ruht der, der im Rat der Unfrommen nicht fehlging, auf dem Weg der Sünder nicht stand und auf dem Stuhl der Verderbnis nicht saß[2]; der unfähig zu beleidigen und beleidigt zu werden an diesem Stein anstieß, dem Grenzstein des Weges und des Lebens, dem Vorzeichen glücklicher Ewigkeit, der hochwürdige, ganz erlauchte und ganz gnadenreiche Herr, Herr Hugo Wolfgang Freiherr von Kesselstatt, Propst der Mainzer Metropolitankirche, Stiftsherr der Ritterkirchen bei Sankt Alban außerhalb der Mauern und bei Sankt Ferru[t]ius in Bleidenstadt usw. usw. Um im Himmel zu leben, endete er sein Leben in der Welt im Jahre 1738, am 2. Januar am Anfang des Jahres und im guten Vorzeichen für die Ewigkeit. Er lebte 79 Jahre, wenig, wenn man auf die Ewigkeit schaut, viel, wenn auf die Lauterkeit des Lebens. Die Gaben der erhabenen Seele mag man mehr bewundern als erforschen. Während sie das Grab verbirgt, werden die Steine innerhalb und außerhalb des Domes der Nachwelt von der Wand her laut verkünden.[3] Damit der gewaltige Berg von Tugenden im engen Grab eingeschlossen werden könnte, engte sich der Geist ein, weil er die Sehnsucht hatte, sich aufzulösen und mit Christus zu sein. Während der Leib starb und die Seele dorthin ging, erwartet die Hülle (= der Leib) den Richter.“

Das Chronogramm ergibt 1738

[1] in choro et foro*: Bezeichnung für Feste innerhalb und außerhalb der Kirche.*

[2] *"der im Rat der Unfrommen .... nicht saß": Zitat aus Ps. 1, 1*

[3] *"die Steine ... von der Wand her laut verkünden": Zitat aus Hab. 2, 11.*

ooo

61 Stiftungsinschrift des Michaelsaltars und Grabstein des Erzbischofs, Erzkanzlers und Kurfürsten Georg Friedrich von Greiffenclau, gestiftet 1662 (Arens 1618), s. Nr. 44, 83.

In honorem Dei ter optimi maximi deiparae Mariae virginis et Sancti Michaelis archangeli eminentissimo reverendissimo principi ac domino, domino Georgio Friderico, sacrae sedis Moguntinae archiepiscopo, Sacri Romani Imperii peu (*statt*: per!) Germaniam archicancellario, principi electori nec non episcopo Wormatiensi ex generosa et antiquissima equestri prosapia, Greiffenclau a Vollrats, anno 1573 prognato, anno 1587 inter Metropolitanae huius ecclesiae canonicos adscripto, anno 1601 in eiusdem scholasticum, anno 1604 in praepositum, anno 1616 in episcopum Wormatiensem, anno 1626 in archiepiscopum et electorem Moguntinum, electoremque denique anno 1629, 6. julii ingenti sui desiderio per totum Romanum imperium relicto, hic in arce Sancti Martini vitam inculpatam piissime finienti, monumentum hoc iniurio temporum hucusque imperfectum, reflorescente pace, perpetuae memoriae debitaequ{a}e observantiae ergo lugenti et devoto animo aeternam requiem apprecantes, perfici curarunt ipsius ex fratre nepotes germani fratres, Fridericus et Georgius Philippus Greiffenclau a Vollratz, hic Königstein satrapia supremus praefectus, ille Rhingaviae vicedominus Moguntinus, uterque consiliarius, anno MDCLXII.

„Zur Ehre Gottes, des dreimal Besten und Größten, und der Gottesmutter, der Jungfrau Maria und des Heiligen Erzengels Michael. Für den hocherhabenen und hochwürdigsten Fürsten und Herrn, Herrn Georg Friedrich, Erzbischof des Heiligen Mainzer Stuhles, Erzkanzler des Heiligen Römischen Reiches in Deutschland, Kurfürst sowie Bischof von Worms, aus der vornehmen und uralten Ritterfamilie Greiffenclau von Vollrads, geboren im Jahr 1573, im Jahr 1587 unter die Domherren dieser Metropolitankirche aufgenommen, im Jahr 1601 zum Scholaster derselben, im Jahr 1604 zum Propst, im Jahr 1616 zum Wormser Bischof, im Jahr 1626 zum Erzbischof und Kurfürst von Mainz (gewählt), der als Kurfürst schließlich im Jahr 1629, am 6. Juli, die Sehnsucht nach sich im ganzen Römischen Reich hinterließ und hier in der St. Martinsburg sein untadeliges Leben sehr fromm beendete, haben dieses Denkmal, das durch die Unbill der Zeiten bisher unvollendet war, im wiederaufblühenden Frieden zu ewigem Gedächtnis und zur schuldigen Beachtung mit trauerndem und frommem Sinn die ewige Ruhe erflehend seine Neffen bruderseits, die leiblichen Brüder Friedrich und Georg Philipp Greiffenclau von Vollrads, dieser in der Herrschaft Königstein oberster Burggraf, jener Mainzer Vizedom des Rheingaus, beide Räte, im Jahr 1662 machen lassen.“

Der lange lateinische Text besteht aus einem einzigen Satz. Die Übersetzung versucht dies hier und in anderen Inschriften wiederzugeben.

○○○

62 Epitaph des Domherrn Johann Philipp von Greiffenclau, gest. 1773 (Arens 1778)

Reverendo ac perillustri domino, domino Joanni Philippo, libero baroni a Greiffenclau in Vollraths etc. etc., ecclesiarum Metropolitanarum Moguntinensis et Trevirensis, cathedralis Wormatiensis, et Equestris ad S. Ferrutium in Bleidenstadt canonico capitulari, ad S. Lubentium in Ditkirchen archidiacono, die octava decembris MDCCLXXIII e vivis sublato reverendissima capitula metropolitana ad conservandam piae fundationis memoriam et recognitionem hoc monumentum posuerunt. Requiescat in sancta pace.

„Für den ehrwürdigen und erlauchten Herrn, Herrn Johannes Philipp, Freiherrn von Greiffenclau in Vollrads usw. usw., Stiftsherr der Metropolitankirchen in Mainz und in Trier, der Wormser Kathedrale und der Ritterkirche zu St. Ferrutius in Bleidenstadt, Erzdiakon zu St. Lubentius in Dietkirchen, der am 8. Dezember 1773 den Lebenden entrissen wurde, setzten die hochehrwürdigen Metropolitankapitel zur Bewahrung der Erinnerung an die fromme Stiftung dieses Denkmal. Er ruhe in heiligem Frieden."

○○○

63 Grabstein des Erzbischofs Anselm Kasimir Wambold von Umstadt, gest. 1647 (Arens 621)

Erzbischof Anselm Kasimir von Wambold (1629-1647) musste im Dreißigjährigen Krieg 1631, nachdem die militärische Stärke der kaiserlichen Seite durch die von ihm betriebene Absetzung Wallensteins geschwächt worden war, mit vielen anderen Mainzern vor König Gustav Adolf von Schweden fliehen. Er konnte erst 1636 nach Kapitulation und Abzug der schwedischen Besatzung aus dem Kölner Exil zurückkehren und fand eine schwer zerstörte und geplünderte Stadt vor (Gustav Adolf, auf den die Gründung der Festung Gustavsburg zurückgeht, hatte alle erreichbaren Bibliotheken beschlagnahmt und nach Schweden abtransportiert). Von 1644 bis nach dem Ende des Krieges, 1650, lag eine französische Besatzung in der Stadt.

Viator, lege vel audi. Hoc loculo reconditur, qua parte mortalis fuit, eminentissimus ac reverendissimus dominus, dominus Anselmus Casimirus, Sanctae sedis Moguntinae archiepiscopus, Sacri Romani Imperii per Germaniam archicancellarius et princeps elector, e nobilissima Wambold ab Umstat prosapia, sapientia rerumque gerendarum prudentia, incredibili musarum cultu, eloquentia incomparabili, religionis zelo et in turbatissimo Germaniae statu magnitudine animi inconcussa, fide in Caesarem constantiaque plane admiranda. Natus XXX. novembris anni MDLXXXII, ad archiepiscopum subvectus VI augusti anni MDCXXIX, qua generositate vixit, eadem devixit, et singulari in deum pietate ex hac mortalitate exiens, in immortalitatem ingressus est Francofurti, IX octobris anni MDCXLVII, postquam vixisset annis LXIV menses X diebus IX, exactis in archiepiscopatu annis XVIII mensibus II diebus III. Cuius immortali memoriae ultimae voluntatis executores, amoris observantiaeque hoc monumentum moesti posuerunt. Requiescat in pace.

„Wanderer, lies oder höre. In diesem Grab ist geborgen, soweit er sterblich war, der erhabenste und hochwürdigste Herr, Herr Anselm Kasimir, des Heiligen Mainzer Stuhles Erzbischof, Erzkanzler des Heiligen Römischen Reiches in Deutschland und Kurfürst, aus der hochedlen Familie Wambold von Umstadt, von Weisheit und Klugheit im Handeln, von unglaublicher Verehrung der Musen, von unvergleichlicher Beredsamkeit und von Glaubenseifer und im aufgewühltesten Zustand Deutschlands von unerschütterlicher Geistesgröße und Treue gegen den Kaiser und vollends bewundernswerter Standhaftigkeit. Geboren am 30. November des Jahres 1582, zum Erzbischof erhoben am 6. August des Jahres 1629, starb er in derselben Hochherzigkeit, mit der er gelebt hatte, und indem er in einzigartiger Treue gegen Gott in Frömmigkeit diese Sterblichkeit verließ, trat er in die Unsterblichkeit ein in Frankfurt am 9. Oktober des Jahres 1647, nachdem er 64 Jahre, zehn Monate, neun Tage gelebt und im Erzbischofsamt 18 Jahre, zwei Monate, drei Tage verbracht hatte. Zu seinem unsterblichen Gedächtnis haben die Vollstrecker seines letzten Willens dieses Denkmal der Liebe und der Ehrerbietung in Trauer gesetzt. Er ruhe in Frieden."

ooo

64 Grabmal des Dompropstes Johannes Andreas von Mosbach, gest. 1571, und des **Johann Heinrich von Walbrunn**, gest. 1573 (Arens 470)

Reverendus et nobilissimus dominus Ioannes Andreas Mosbach de Lindenfels huius basilicae presbyter etc. post varia munia praeclare gesta tam dignitatem decanatusque praefecturarum Eychsfeldensis Bingiensis et camerariatus iudicii secularis Moguntinae non sine multorum bonorum hominum luctu hanc lachrimarum vallem relinquens in Reinheym diem pie clausit extremum V maii anni MDLXXI hic sepultus. Requiescat in sancta pace aeterna.

Reverendus ac nobilissimus dominus Ioannes Henricus a Walbrunn in Ernst, aedis Moguntinae scholarius, Sanctorum Albani et Victoris et beatae Mariae Virginis canonicus, iudicii secularis camerarius, iustitiae administrator fidelissimus placide in domino obdormivit anno domini MDLXXIII octobris 15, cuius anima in omne aevum vivat. Amen. Amici superstites et ultimae ipsius voluntati executores pietatis ergo posuerunt.

Unten: Luc. 19. Venit filius hominis quaerere et salvum facere, quod perierat. – Gen. 3: Memento homo, quod cinis es et in cinerem reverteris.

„Der ehrwürdige und sehr edle Herr Johannes Andreas Mosbach von Lindenfels, Presbyter dieser Basilika, etc. Nachdem er verschiedene Ämter hervorragend geführt hatte, sowohl die Würde und die Dekanate der Präfekturen von Eichsfeld, Bingen wie die des Kämmereramtes des Mainzer weltlichen Gerichts, verließ er nicht ohne die Trauer vieler guter Menschen dieses Tal der Tränen und beschloss in Reinheim seinen letzten Tag am 5. Mai des Jahres 1571 und wurde hier begraben. Er ruhe in heiligem Frieden in Ewigkeit.

Der ehrwürdige und sehr edle Herr Johannes Heinrich von Wallbrunn in Ernst(hofen), Schola(ste)r der Mainzer Kirche, Stiftsherr von St. Alban und Viktor und der Seligen Jungfrau Maria, Kämmerer[1] des weltlichen Gerichts, treuester Verwalter der Gerechtigkeit, entschlief sanft im Herrn im Jahre des Herrn 1573, am 15. Oktober. Seine Seele lebe in Ewigkeit. Amen. Die hinterbliebenen Freunde und Vollstrecker für seinen letzten Willen setzten (dieses Denkmal) aus Frömmigkeit.

Unten: Luc. 19, 10. Der Menschensohn kam, zu suchen und heil zu machen, was verloren war. – Gen. 3, 19. Mensch, gedenke, dass du Asche bist und zu Asche zurückkehren wirst.“

[1] Kämmerer wurden vom Kurfürsten ernannt und waren die ranghöchsten Beamten der Stadt.

ooo

65 Grabinschrift für Fastrada(na), Gattin Karls d. Gr., gest. 794 (Nachbildung um 1500; Arens 1, Kautzsch-Neeb 232 f.).

Fastrada, Tochter des thüringischen Fürsten Radulfus, Hochzeit mit Karl d.Gr. um 783 in Worms, zart und kränklich, aber von großem Einfluss auf Karl, gest. 794 in Frankfurt, beigesetzt in St. Alban, mit diesem Epigramm, dem ältesten Text – wenn auch nicht der ältesten Inschrift – des Mainzer Doms. Nach dem Brand der Kirche wurde die Urne in den Mainzer Dom überführt und die Inschrift durch die obige ersetzt.

Fastrada-Inschrift (Nr. 65)

Die Fastrada-Legende berichtet, Karl sei seiner dritten Frau verfallen gewesen und habe sich erst nach ihrem Tode von ihr lösen können, als er ihren Ring abgelegt habe (Über Fastrada: Einhard, Vita Caroli Magni 18; Annales Einhardi 783, 792, 794).

Fastradana pia Caroli coniunx voci<t>ata
Christo dilecta iacet hoc sub marmore tecta
anno septingentesimo nonagesimo quarto,
– quem numerum metro claudere Musa negat.
Rex pie, quem gessit virgo, licet hic cinerescit,
spiritus heres sit patriae, qu(a)e tristia nescit.
794

„Karls fromme Gattin, Fastradana genannt, von Christus geliebt, ruht hier, von diesem Marmor bedeckt, im siebenhundertvierundneunzigsten Jahr – diese Zahl in ein Versmaß einzupassen verweigert die Muse. Frommer König, den die Jungfrau trug (= Christus), mag sie (Fastradana) auch hier zu Asche werden, so möge (doch) ihr Geist Erbe des Vaterlandes sein, das nichts Trauriges kennt. – 794."

Die Zeilen 1-2 und 5-6 sind in der Mitte und am Ende reimende Hexameter (versus leonini et caudati), Z. 3 reine Prosa, Z. 4 ein Pentameter, der die Unmöglichkeit, die Jahreszahl der Zeile 3 in einen Vers zu bringen, kommentiert. - In v. 1 steht infolge der dem Steinmetz ungewohnten Schriftform, der frühhumanistischen Kapitalis, vocidata*)*

Darunter: Erneuerungs-Inschrift, 1577 (Arens 478)

Quae Fastradanae coram monumenta tueris,
haud isto primum fixa fuere loco.
Aede sed Albano sacra caesisque propinqui
martyribus claro vertice collis erant.
Nunc ea quod periit flammis hostilibus aedes,
mota locis zelo sunt monumenta pio.

Tabula haec coaeva ex marmore antiquo, ut ab interitu servaretur, ambitu lapideo, exarato in stylo aevi Carolingici, circumdata anno 1836.

Z. 1-6 sind elegische Distichen.

„Das Denkmal der Fastradana, das du vor Augen erblickst, war anfangs nicht an diesem Platz befestigt, sondern es war in der Kirche, die St. Alban und den ermordeten Märtyrern auf dem herrlichen Gipfel des benachbarten Hügels geweiht ist. Jetzt, weil die Kirche durch feindliche Flammen zerstört wurde, ist das Denkmal im frommen Eifer von seinem Platz entfernt worden.[1]

Die gleichalte Tafel aus altem Marmor wurde, um sie vor der Zerstörung zu schützen, mit einer Steineinfassung, geschrieben im Stil der Karolingischen Zeit, gerahmt im Jahr 1836."

[1]Am 23. 8. 1552 wurde die Kirche St. Alban durch Soldaten des Markgrafen Albrecht Alcibiades von Brandenburg-Kulmbach zerstört.

Ursprüngliche Fastrada-Inschrift (bis zum Brand von St. Alban): Theodulfus von Orléans, c. 24:

Inclita Fastradae reginae hic membra quiescunt,
de medio quam mors frigida flore tulit;
Nobilis ipsa viri thalamo coniuncta potentis,
sed modo caelesti nobilior thalamo.
Pars animae melior Carolus rex ipse remansit;
cui tradat mitis tempora larga deus.

„Die (berühmten) Glieder der berühmten Königin Fastrada ruhen hier, welche der kalte Tod aus der Mitte der Blüte hinwegraffte. Adlig selbst, war sie verbunden in Ehe mit einem mächtigen Mann, aber noch adliger jetzt durch die himmlische Ehe. Als der Seele besserer Teil[1] blieb König Karl selbst zurück; ihm möge ein milder Gott lange Zeit schenken."

[1]Die Formulierung spielt auf einen antiken Topos der Freundschaft an, der hier die enge Verbundenheit der Ehegatten betonen soll.

Bemerkenswert sind die Unterschiede der drei Epigramme in Sprache, Stil und Verskunst. Der karolingische Dichter Theodulf verwendete noch nicht die typisch mittelalterlichen leoninischen Reimverse wie der Verfasser der erhaltenen Inschrift.

ooo

66 Grabplatte des Erzbischofs Karl Heinrich von Metternich zu Beilstein, gest. 1679 (Arens 1654)

Karl Heinrich von Metternich zu Beilstein (1678-1679) starb bereits nach sechsmonatigem Episkopat, bevor sein politisches Geschick Früchte tragen konnte.

Carolo Henrico sedis Moguntinae archiepiscopo anno MDCLXXIX, die IX ianuarii episcopo postulato Wormatiensi, eodemque anno, die XXVI mensis septembris Aschaffenburgi pie defuncto. Aetatis anno LVII. Ingemisce viator, indignare morti, quae DVro patrIae fato spes Magnas In CaroLo eXtInXIt.

Carolus Henricus patriae spes magna sepulta est.
Urbs cinerum hos cineres principis ossa dedit.
Stemmata si spectes, concharum e sanguine crevit,
arsit gemma solo, gemma micatque polo.
Cygnus erat candore animi, virtutis amore.
In coelo Phoenix nunc redivivus erit.

Moestus posuit frater Philippus Emmericus Sacri Romani Imperii comes de Metternich, Winneburg, et Beylstein, dominus in Königswart, Rheinhardstein et Sanctae Caesareae maiestatis camerarius generalis, vigiliarum praefectus et Burgravius Egrensis.

„Für Karl Heinrich, Erzbischof des (heiligen) Stuhles von Mainz, der im Jahr 1679, am 9. Tage des Januar, zum Bischof von Worms postuliert wurde und in demselben Jahr, am 26. Tag des Monats September in Aschaffenburg fromm verstarb. Seufze, Wanderer, empöre dich über den Tod, der zum harten Schicksal des Vaterlandes große Hoffnungen auf Karl auslöschte.

Karl Heinrich, die große Hoffnung des Vaterlandes, ist begraben. Die Stadt der Asche (= Aschaffenburg) gab diese Asche, die Gebeine ihres Fürsten. Wenn du den Stammbaum betrachtest, so wuchs er aus dem Geblüt der Muscheln. Er brannte als Edelstein auf Erden, er strahlt als Edelstein im Himmel. Ein Schwan war er durch die Reinheit des Geistes, durch Liebe zur Tugend.[1] Im Himmel wird er nun ein wiedergeborener Phönix sein.

In Trauer setzte (dieses Denkmal) der Bruder Philipp Emmerich, des Heiligen Römischen Reiches Graf von Metternich, Winneburg und Beilstein, Herr in Königswart, Reinhardtstein und der heiligen Kaiserlichen Majestät Generalkämmerer, Wachpräfekt (= Feldzeugmeister) und Burggraf von Eger."

Chronogramm am Ende des ersten Absatzes: 1679

[1] *"Muscheln" und "Schwan": Schild- und Helmzier der Familie von Metternich.*

ooo

67 Grabplatte des Erzbischofs und Kurfürsten Damian Hartard von der Leyen, gest. 1678 (Arens 1649 = Kreuzgang Arens 1650), vgl. Nr. 58, 59, 91.

Deo optimo maximo. Hic requiescit eminentissimus et celsissimus princeps ac dominus, dominus Damianus Hartardus von der Leyen, archiepiscopus et

Epitaph des Erzbischofs Damian Hartard von der Leyen
(Nr. 67)

elector Moguntinus nec non episcopus Wormatiensis. Natus XI martii anno MDCXXIIII. Electus Moguntinus III julii MDCLXXV. Postulatus Wormatiensis XII iulii MDCLXXV. Consecratus VIII septembris MDCLXXVI. Defunctus Moguntiae MDCLXXVIII VI decembris. Cuius anima requiescat in pace. Amen.

In Carne Ista VIDebo saLVatoreM[1], qVae Vna spes post fata sVperest.

„Für Gott, den Besten, den Größten. Hier ruht der erlauchteste und erhabenste Fürst und Herr, Herr Damian Hartard von der Leyen, Mainzer Erzbischof und Kurfürst, sowie Wormser Bischof, geboren 11. März im Jahre 1624, erwählt zum Mainzer (Erzbischof) 3. Juli 1675, postuliert zum Wormser (Bischof) 12. Juli 1675, geweiht 8. September 1676, gestorben in Mainz 1678, 6. Dezember. Seine Seele ruhe in Frieden.

In diesem Fleisch werde ich den Erlöser sehen[1]; diese Hoffnung bleibt als einzige nach dem Tode.“

[1] *"In diesem Fleisch ... sehen" nach Hiob 19, 26. – Chronogramm: 1678.*

ooo

68 Epitaph für Domdekan Georg Adam von Fechenbach, gest. 1773 (Arens 1777)

Siste, viator, et luge sub mussiva religionis, integritatis, constantiae effigie funus reverendissimi et illustrissimi domini, domini Georgii Adami, liberi baronis de Fechenbach, ecclesiae metropolitanae decani etc. etc., viri in oratione et choro assidui, in labore indefessi, omnibus chari, invida morte ecclesiae, litteris, patriae erepti, anno reparatae salutis MDCCLXXIII, aetatis LXIV, quem ut vivum in corde semper habuit, ad vivum exprimi curavit Hartmann, liber baro de Fechenbach, agnatus et haeres. Requiescat in pace.

„Bleib stehen, Wanderer, und betrauere unter dem Mosaik(bildnis) von Glaube, Lauterkeit und Standhaftigkeit das Grab des hochwürdigen und sehr erlauchten Herrn, Herrn Georg Adam, Freiherrn von Fechenbach, Dekan der Metropolitankirche usw., usw., eines Mannes, der im Gebet und im Chor eifrig, in der Arbeit unermüdlich, allen lieb war und durch den neidischen Tod der Kirche, den Wissenschaften und dem Vaterland entrissen wurde im Jahr der Wiederherstellung des Heils 1773, im Alter von 64 Jahren, den Hartmann, Freiherr von Fechenbach, sein Verwandter und Erbe, so lebendig, wie er ihn immer im Herzen hatte, lebensähnlich darstellen ließ. Er ruhe in Frieden.“

ooo

69 Gedenkstein für den Domherrn Rupert Rau von Holzhausen, gest. 1501 (Arens 501)

Anno MDLXXXVIII cum reverendus ac nobilis dominus Ioannes Rupertus Raw ab Holtzhausen Metropolitanae ecclesiae Moguntinae et ad Sanctum Albanum canonicus voti solvendi causa ad terram sanctam Hierosolymam peregrinaretur, soluto voto Hierosolymis pie moritur XXIX iulii, cuius ut corpus ita anima requiescat cum Christo.

Am Sockel (schwer lesbar):

Dum Christi viso video venerorque sepulchrum,
cum Christo morior contumulorque meo.

„Als im Jahre 1588 der hochwürdige und adlige Herr Johannes Rupert Rau von Holzhausen, Stiftsherr der Mainzer Metropolitankirche und zu Sankt Alban, zur Erfüllung eines Gelübdes ins Heilige Land nach Jerusalem pilgerte, starb er nach Erfüllung des Gelübdes in Jerusalem fromm am 29. Juli. Sein Leib und seine Seele mögen mit Christus ruhen.

Am Sockel:

Während ich das Grab Christi besuche, sehe und verehre, sterbe ich mit meinem Christus und werde mit ihm begraben."

Eines der seltenen Grabepigramme im elegischen Distichon.

Memorie

Die Memorie (nach memoria = *Gedächtnis der Verstorbenen), erbaut 1239, war der Versammlungsort des Domkapitels. Hier wurden die Grabsteine der Prälaten und Domherren angebracht (die Kapelle ist oft geschlossen).*

70 Romanisches Portal, Anfang 13. Jh. (Arens 27)

Sanctus Martinus
Emcho Zan fieri me fecit.
Pax h|uic d||om(ui) e|t o(mnibus) h(abitantibus)|| i(n)| ea.[1]

„Sankt Martin.
Emcho Zan ließ mich machen.
Friede diesem Haus (Matth. 10, 12 und Luk. 10, 5) und allen, die darin wohnen."

[1] *St. Martin hält ein Buch, dessen Zeilen über beide Buchseiten gehen; die Buchmitte ist hier mit |, Zeilenenden sind mit ||, Abkürzungen mit ( ) bezeichnet.*

ooo

71 Epitaph des Domkantors Georg Göler von Ravensburg, gest. 1558 (Arens 444). Auf den seitlichen Schilden die Künstlerinschrift: 1564 D S (Dietrich Schro)

Reverendus et nobilis dominus Georgius Goeler a Ravensburg, huius metropolitanae cantor cathedralisque Spirensis praepositus ac divi Victoris Moguntini canonicus, vir iusta animi gravitate praeditus, qui rebus suis prudenter ac benigne erga ecclesias confectis aetate iam affecta fatis concessit ipso die S. Martini anno MDLVIII et hanc Domini ascensionis figuram pro curantibus ultimae voluntatis testibus deo optimo maximo dedicare voluit. Requiescat in pace amen.

Viri fratres Galilaei, quid statis intuentes in coelum. Hic Iesus, qui assumptus est a vobis in coelum, sic veniet, quemadmodum vidistis eum euntem in coelum (Acta apostolorum 1).

„Der ehrwürdige und edle Herr Georg Göler von Ravenburg, Kantor dieser Metropolitankirche und Propst der Speyerer Kathedrale und Stiftsherr von St. Viktor in Mainz, ein Mann, begabt mit gerechter Geisteswürde, der, als er seine Aufgaben weise und gütig gegenüber den Kirchen erfüllt hatte, in schon erschöpftem Alter dem Schicksal wich gerade am Martinstag im Jahr 1558 und diese Darstellung der Himmelfahrt des Herrn für die fürsorglichen Zeugen seines letzten Willens Gott, dem Besten und Größten, weihen wollte. Er ruhe in Frieden. Amen.

Ihr Männer und Brüder aus Galiläa, was steht ihr und schaut zum Himmel? Dieser Jesus, der von Euch fort in den Himmel aufgenommen ist, wird so kommen, wie ihr ihn in den Himmel habt gehen sehen (Apg. 1, 11).“

ooo

72 Grabstein des Domherrn Konrad von Liebenstein, gest. 1536 (Arens 372)

Conrado a Liebenstein ecclesiae Moguntinae canonico, post praefecturam Pingiensem magna laude et bono publico gestam ob prudentiam et iustam gravitatem ad scholastici dignitatem et iudicii secularis camerariatum provecto singulari doctorum bonorumque patrono, mortuo cum omnium luctu hic cum duobus suae familiae Alberto et Rabano a Liebenstein, qui eum multis annis, sed eisdem honorum gradibus praecesserant, simul sepulto fratres superstites hoc monumentum faciendum curaverunt. Obiit III calendas decembris anno domini MDXXXVI.

Schriftband im Relief, linke Seite: Deus vero et dominum suscitavit et nos suscitabit per virtutem suam, I Cor. 6.

„Für Konrad von Liebenstein, Stiftsherr der Mainzer Kirche, der nach der mit großem Lob und zum öffentlichen Nutzen geführten Präfektur von Bingen wegen seiner Weisheit und gerechten Würde zur Würde eines Scholasters und zum Kämmereramt des weltlichen Gerichts befördert worden war, den einzigartigen Beschützer der Gelehrten und der Guten, der unter der Trauer aller gestorben ist und hier mit zweien seiner Familie, Albert und Raban von Liebenstein, die ihm um viele Jahre, aber mit denselben Ehrenstufen vorangegangen waren, gemeinschaftlich begraben ist, ließen die überlebenden Brüder dieses Denkmal machen. Er starb am dritten Tag vor den Kalenden des Dezember (= 29. November) im Jahre des Herrn 1536.

Schriftband im Relief, linke Seite: Gott aber erweckte unseren Herrn und wird auch uns durch seine Kraft erwecken (1. Kor. 6, 14).“

Westquerschiff

73 Epitaph des Dompropstes Heinrich Ferdinand von der Leyen, gest. 1714 (Arens 1709), das mit 8,33 m Höhe größte Denkmal des Domes (Breite 4,73 m), vgl. zu Nr. 58.

Heinrich Ferdinand von der Leyen war Chorbischof in Trier und nahm diplomatische Aufgaben im Auftrag des Trierer Kurfürsterzbischofs wahr. Im Jahre 1705 lehnte er die ihm angetragene Bischofswürde von Eichstätt ab.

Siste viator et lege. Iacet sub hoc marmore, nec totus iacet, qui immortalitatis marmori inscriptus aeternum legi poterit, non tegi, reverendissimus ac illustrissimus dominus, dominus Henricus Ferdinandus liber baro von der Leyen in Nickenich, dominus in Leiningen, Bongarth, Bucholtz et Simpelfeldt etc., ecclesiarum metropolitanarum Moguntinensis praepositus, Trevirensis et cathedralis Eistettensis canonicus capitularis, in Cardona archidiaconus, serenissimi electoris Trevirensis consiliarius intimus et consilii aulici praeses etc. In statua, quam hic vides, viventis statuitur archetypon. Candescit in lapide, sic vir fortis stetit. Redemptori advolvit genua, sic coeli candidatus egit. Inter mortis et temporis simulacra consistit medius, utriusque cogitatione utrumque

Epitaph des Dompropstes Heinrich Ferdinand von der Leyen (Nr. 73): Siste viator et lege!

vicit et in tempore iamtum paene aeternus vixit. Angelis circumdatus, prope angelus fuit. Cognomentum a petra expressit in indole, indolem in moribus.

Nemo scientiis et virtutibus eo fuit illustrior, quia nemo solidior. Utrisque antiquissimi stemmatis splendorem illustravit et ter illustris evasit. Viderunt eum totius Europae populi et amarunt neque ullus iam non lugeret, si haec legeret. Legatus ad summorum pontificum, imperatorum, regum, principum, electorum et aliarum Christianarum rerum publicarum aulas perfectum aulicum, immo omnium perfectionum aulam exhibuit, et pietatem, quam alii in aulis dediscunt, docuit. Suaserat mundus ultimo de linea paterna connubium, sed mundior in deum pietas elegit nuptias dei et agni. Vocans haec gratia erat et mox efficax. Iacturam familiae compensavit amore pauperum, quorum et petra fuit et pater. Anagramma.[1]

Si paupertas aedificare ecclesiam posset, aedificasset super hanc petram. Lubenter fuit ultimus lineae, ut primus esset humilitate; quanta haec fuerit, ex hoc collige: ad episcopatus Eistettensis purpuram electus plus rubuit quam ipsa episcopalis purpura. Et qui iam dudum fuerat princeps meritis, re ipsa noluit esse Sacri Romani Imperii princeps, erro, princeps fuit, quia esse noluit. Duritiem petrae nunquam melius quam hoc facto comprobavit generoso. Obiit anno aetatis 72 octava martii, hoc mense et olim natus mori incepit tempori et nasci aeternitati. Abi viator! Ne quaere, qualiter obierit: sic obiret virtus, si mori posset. Mors eIVs pretIosa In ConspeCtV DeI.

„Bleib stehen, Wanderer, und lies. Unter diesem Marmor ruht – und er ruht nicht ganz – der, in den Marmor der Unsterblichkeit eingeschrieben, auf ewig gelesen, doch nicht zugedeckt werden kann, der hochwürdigste und erlauchteste Herr, Herr Heinrich Ferdinand, Freiherr von der Leyen in Nickenich, Herr in Leiningen, Bongarth, Buchholz und Simpelfeldt usw., Propst der Metropolitankirche in Mainz, Domherr der Metropolitankirche in Trier und der Kathedrale zu Eichstätt, in Karden Erzdiakon, Geheimer Rat und Vorsitzender des Hofrats des gnädigsten Trierer Kurfürsten usw. In der Statue, die du hier siehst, ist das Modell des Lebenden aufgestellt. Er erglänzt im Stein: so stand der tapfere Mann. Dem Erlöser beugt er die Knie: so lebte er als Anwärter auf den Himmel. Zwischen den Bildern des Todes und der Zeit(lichkeit) steht er: durch Nachdenken über beide besiegte er beide, und in der Zeit lebte er schon damals fast als ein ewiger. Von Engeln umgeben war er fast ein Engel. Den Beinamen Fels (= Leyen) prägte er in seinem Charakter aus, den Charakter in seinen Sitten.

Niemand war an Wissenschaften und Tugenden berühmter als er, weil niemand fester war. Durch beide erleuchtete er den Glanz seines uralten Geschlechts und wurde dreifach berühmt. Es sahen ihn die Völker ganz Europas und liebten ihn, und niemand würde nicht trauern, wenn er dies läse. Entsandt zu den Höfen der Päpste, Kaiser, Könige, Fürsten, Kurfürsten und anderer christlicher Staaten bewies er sich als vollkommener Hofmann, vielmehr als der Hof aller Vollkommenheiten, und er lehrte (dort) die Frömmigkeit, die andere an den Höfen verlernen. Die Welt hatte dem Letzten von der väterlichen Linie zur Ehe geraten, aber die reinere Liebe zu Gott wählte die Hochzeit mit Gott und dem Lamm. Das war die berufende und bald wirksame Gnade. Den Verlust der Familie wog er mit der Liebe zu den Armen auf, deren Fels und Vater er war. Anagramm (= petra et pater).

Wenn Armut die Kirche bauen könnte, hätte sie sie auf diesem Felsen erbaut. Gern war er der Letzte seiner Linie, um der Erste an Demut zu sein. Wie groß sie war, erschließe hieraus: zum Purpur des Eichstätter Bischofsamtes erwählt, errötete er mehr als selbst der bischöfliche Purpur. Und er, der schon längst der Fürst an Verdiensten war, wollte tatsächlich nicht Fürst des Heiligen Römischen Reiches sein – ich irre: er war Fürst, weil er es nicht sein wollte. Die Härte des Felsens bewies er niemals besser als durch diese edle Tat. Er starb im 72. Lebensjahr am 8. März; in diesem Monat auch einst geboren, begann er für die Zeit(lichkeit) zu sterben und für die Ewigkeit geboren zu werden. Geh, Wanderer, frag nicht, wie er gestorben ist: so stürbe Tugend, wenn sie sterben könnte. Sein Tod ist kostbar in den Augen Gottes.“ (Ps. 116, 15)

Der rechts neben dem Propst sitzende Putto hält ein Buch mit der Aufschrift: Natus 31. Martii 1642 („Geboren am 31. März 1642“)

Das Chronogramm ergibt 1714.

[1] *Anagramma: gemeint ist* petra – pater. Lapis *und* Petra *sind außerdem ein Wortspiel mit dem Namen Leyen: beides bedeutet "Fels". In der Darstellung kniet von der Leyen auf einem Fels.*

Der stark rhetorische Text enthält eine Bildinterpretation und eine ausführliche Allegorese des Namens von der Leyen.

ooo

74 Epitaph des Erzbischofs und Kurfürsten Philipp Karl von Eltz, gest. 1743 (Arens 1744)

Philipp Karl von Eltz (1732-1743) blieb in dem von Frankreich eröffneten Polnischen Erbfolgekrieg (1733-1738) trotz des Einrückens der französischen Truppen auf der Seite Prinz Eugens. 1738/40 ließ er das Neue Zeughaus fertigstellen (jetzt Staatskanzlei). In seiner Zeit blühte die Stadt wieder auf.

Effigiem marmore dignam Philippi Caroli archiepiscopi electoris Moguntini principis optimi, qui antiquissima comitum ab Eltz Kempenich familia ortus anno MDCLXVI die XXVI octobris, variis pro re publica muniis et laboribus functus, archiepiscopus Moguntinus et Sacri Romani Imperii princeps elector unanimi electione renunciatus anno MDCCXXXII. IX. Iunii, non sibi sed populo princeps, patriae pater fuit, religione, iustitia, prudentia ecclesiae disciplinam promovit, difficillimis belli pacisque temporibus subditos servavit, urbem novis propugnaculis et armamentario auxit, fines ampliavit, vivens vicino sepulchro ossa, cor patriae destinavit, sui amorem omnibus reliquit, vita meliore vivere coepit ipso aequinoctio verno XXI martii MDCCXLIII. Requiescat in pace.

„(Siehe) das Bild, das des Marmors würdig ist, des Mainzer Erzbischofs und Kurfürsten Philipp Karl, des besten Fürsten, der aus der uralten Familie der Grafen von Eltz-Kempenich, geboren 1666 am 26. Oktober, verschiedenfaltige Aufgaben und Mühen für den Staat erfüllte, als Mainzer Erzbischof und Kurfürst des Heiligen Römischen Reiches im Jahr 1732, am 9. Juni in einmütiger Wahl verkündigt wurde, ein Fürst nicht für sich, sondern für das Volk, Vater des Vaterlandes, der mit Glauben, Gerechtigkeit, Weisheit die Kirchenzucht förderte, in den schwierigsten Zeiten von Krieg und Frieden die Untertanen beschützte, die Stadt mit neuen Bollwerken und einem Zeughaus mehrte, die Grenzen erweiterte und lebend dem benachbarten Grab seine Gebeine, das Herz dem Vaterland bestimmte, die Liebe zu sich allen hinterließ und in einem besseren Leben zu leben begann gerade an der Frühlings-Tag-und-Nacht-Gleiche, am 21. März 1743. Er ruhe in Frieden."

ooo

75 Grabinschrift des Erzbischofs und Kurfürsten Johann Friedrich Karl von Ostein, gest. 1763 (Arens 1770)

Johann Friedrich Karl von Ostein, 1743-1763 Kurfürst von Mainz und 1756-1763 Fürstbischof von Worms, betrieb erfolgreich Neutralitätspolitik, förderte Wirtschaft, Wis-

senschaft und Kunst (erste Künstlerakademie 1758) und gründete den ersten Botanischen Garten. Der Kurfürst erließ 1750 eine neue Stadtordnung. In seiner Zeit entstanden die meisten der Mainzer Barockpaläste; er selbst vollendete das Kurfürstliche Schloss und den Osteiner Hof 1747/49 – Zeugen der wirtschaftlichen Blüte und politischen Macht des Kurstaates. 1763 gab der siebenjährige Mozart ein Konzert am Kurfürstlichen Hof.

Deo optimo maximo, Ioanni Friderico Carolo archiepiscopo principi electori Moguntino electo X kalendis maii anno MDCCXLIII, episcopo Wormatiensi, XV. kalendis februariis anni MDCCCLVI, qui paterno comitum ab Ostein, materno comitum a Schönborn sanguine ortus pridie Nonis julii MDCLXXXIX religione, consilio, constantia, in Caesarem et imperium fide, clementia in omnes, ecclesiam ornavit, rempublicam servavit, imperii coronam Francisco I. imposuit. Reddita Europae pace pius, constans pridie Nonis iunii anno MDCCLXIII in pace requievit.

In te domine speravi, non confundar in aeternum. - Ne reminiscaris, domine, delicta nostra.

Heinrich Iung Bildhauer. 1764

„Gott, dem Besten, dem Größten.

Für Johannes Friedrich Karl, Mainzer Erzbischof, Kurfürst, gewählt am 10. Tage vor den Kalenden des Mai (22. April) im Jahre 1743, Wormser Bischof am 15. Tage vor den Kalenden des Februar (= 18. Januar) im Jahr 1756, der von väterlichem Geblüt von den Grafen von Ostein, von mütterlichem Geblüt von den Grafen von Schönborn geboren am Tag vor den Nonen des Juli (6. Juli) 1689, durch Glauben, Rat und Standhaftigkeit, Treue zu Kaiser und Reich, Milde gegen alle die Kirche schmückte, den Staat rettete, die Reichskrone Franz I. aufsetzte. Als er Europa den Frieden zurückgegeben hatte, entschlief er fromm und standhaft am Tag vor den Nonen des Juni (= 4. Juni) im Jahre 1763 in Frieden.

Auf Dich, Herr, habe ich gehofft, ich werde in Ewigkeit nicht scheitern (Psalm 31, v. 2). Herr, gedenke nicht unserer Sünden."

ooo

76 Epitaph des Dompropstes Georg von Schönenburg, gest. 1595 (Arens 517)

Georg von Schönenburg, Bischof von Worms, hielt sich wegen der Auseinandersetzungen mit der protestantischen Pfalz häufig in der Mainzer Propstei auf.

Georgius dei gratia episcopus Wormatiensis ex nobili familia a Schönenburg ortus, huius metropolitanae ecclesiae praepositus, ac prius annis XVIII decanus, tandem vero caesaris Rudolphi II vices in conventu deputatorum imperii gerens obiit Spirae, sepultus autem Wormatiae in ecclesia cathedrali in pace quiescit princeps de republica christiana ac praesertim ecclesia, cui prudentia singulari, studio et labore indefesso laudeque eximia praefuit atque profuit optime meritus. Anno MDLXXXXV die XI mensis augusti.

„Georg, durch Gottes Gnade Bischof von Worms, aus der edlen Familie von Schönenburg stammend, Propst dieser Metropolitankirche und zuvor 18 Jahre Dekan, doch endlich als Vertreter Kaiser Rudolfs II. im Konvent der Abgeordneten des Reiches (= beim Reichsdeputationstag) wirkend. Er starb in Speyer, begraben aber in Worms in der Kathedralkirche ruht er in Frieden, als Fürst hochverdient um das christliche Staatswesen und besonders die Kirche, der er mit einzigartiger Weisheit, unermüdlichem Eifer und Mühe und herausragendem Lob vorstand und hochverdient nützte. Im Jahre 1595, am 11. Tag des Monats August.“

ooo

77 Epitaph des Erzbischofs Konrad von Weinsberg, gest. 1396 (Arens 61). Ältestes als Wanddenkmal konzipiertes Grabmal des Mainzer Domes.

Durch das politische Geschick des Erzbischofs Konrad von Weinsberg (1390-1396) wurde der Reichsfriede bewahrt.

Anno domini MCCCXCVI decimo nono die mensis octobris obiit quondam reverendissimus in Christo pater ac dominus Conradus de Weinsperg, archiepiscopus Moguntinus, cuius anima requiescat in sancta pace. Amen.

„Im Jahre des Herrn 1396, am 19. Oktober starb in Christus der einst hochwürdigste Vater und Herr, Konrad von Weinsberg, Mainzer Erzbischof. Seine Seele ruhe in heiligem Frieden.“

Westkrypta

78 südlicher Eingang: **Grabtafel des Erzbischofs Johannes Friedrich Karl von Ostein,** gest. 1763 (Inschrift neueren Datums, vgl. Nr. 75)

Joannes Fridericus Carolus comes ab Ostein anno domini X Kalendas Maias MDCCXLIII archiepiscopus Moguntinus electus religione consilio constantia fide in Caesarem et imperium floruit, Francisco I imperii coronam imposuit, pridie nonas junias MDCCLXIII emortuus est.

„Johann Friedrich Karl Graf von Ostein, im Jahre des Herrn am 10. Tag vor den Kalenden des Mai (= 22. April) 1743 zum Mainzer Erzbischof gewählt, blühte durch Glaube, Rat, Standhaftigkeit, Treue zu Kaiser und Reich. Er setzte Franz I. die Reichskrone auf (und) starb am Vortag der Nonen des Juni (4. Juni) 1763."

Kreuzgang

(Erbaut 1397-1405. Auswahl der noch lesbaren Inschriften)

79 Grabmal des Domherrn Joannes Gerardus Rueff, gest. 1740 (Arens 1735)

Ioannes GerardVs rVeff VicarIVs metropoLitanVs postVLat sVffragIa. Ergo qVi transIs, ora, dona eI reqVIem, et LVx perpetVa LVceat eI, omnes SanctI orate, Vt LIberetVr, saLVetVr et gaVdiis perfrVatVr aeternIs.

„Johannes Gerhard Rueff, Metropolitanvikar, bittet um Fürbitten. Der du also vorübergehst, bete: „Schenk ihm Ruhe, und das ewige Licht leuchte ihm, und alle Heiligen betet, dass er befreit und gerettet werde und die ewigen Freuden genieße."

Das Chronogramm ergibt dreimal das Todesjahr 1740; der Steinmetz hat wegen des Chronogramms einmal das U *nachträglich durch* V *ersetzt.*

ooo

80 Grabmal des Domherrn Philipp Adolph von Staffel, gest. 1683 (Arens 1664)

Deo optimo maximo, admodum reverendo et perillustri domino Philippo Adolpho a Staffel, huius metropolitanae nec non equestris ecclesiae S. Ferrutii in Bleidenstatt canonico capitulari, antiquissimae familiae suae ultimo, anno domini 1683, 12 decembris, aetatis suae 54, mense 9, die 10 defuncto, ultimi executores hoc posuerunt. Cuius anima ut aeternum deo vivat, tu qui transis, pie lector, precare.

„Für Gott den Besten, den Größten, für den hochwürdigen und erlauchten Herrn Philipp Adolph von Staffel, Stiftsherrn dieser Metropolitankirche sowie der Ritterkirche St. Ferrutius in Bleidenstadt, den letzten seiner uralten Familie, der im Jahr des Herrn 1683, am 12. Dezember, mit 54 Jahren, 9

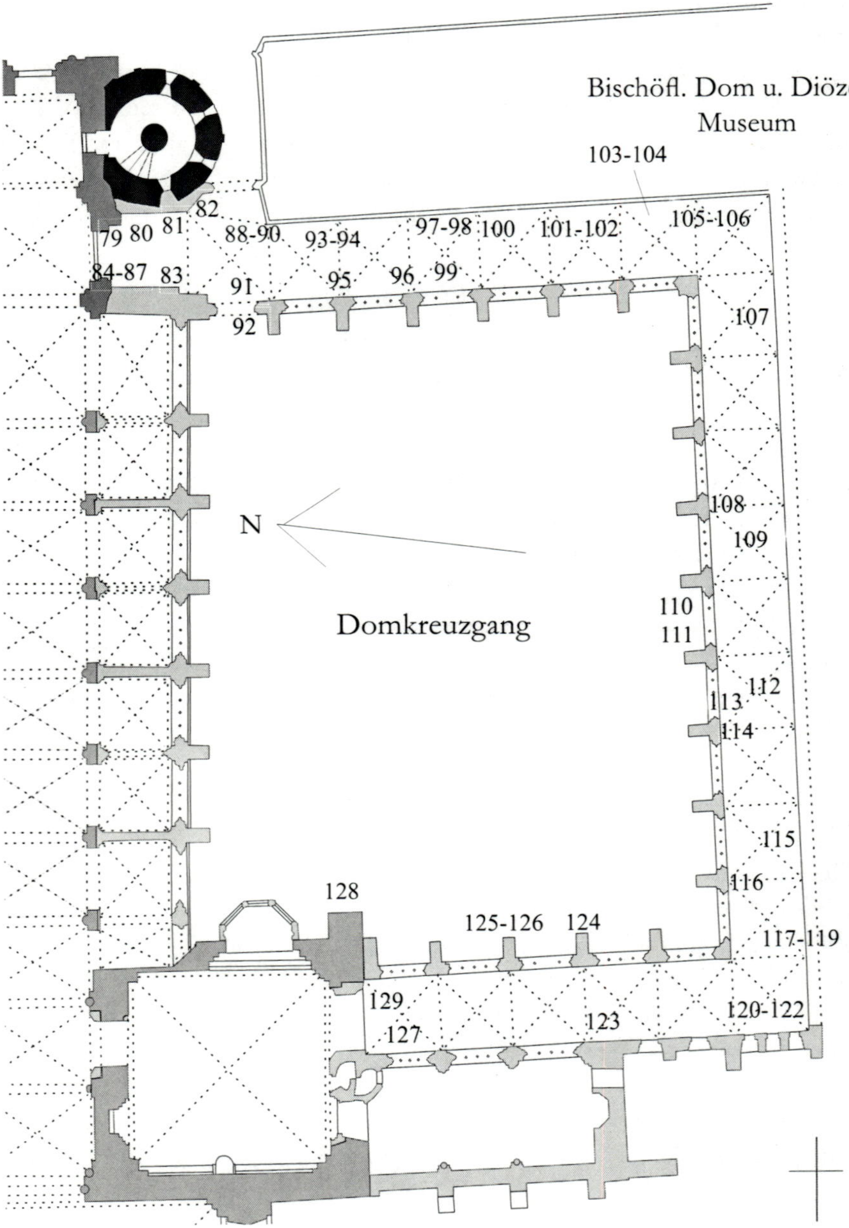
Bischöfl. Dom u. Diözesan-
Museum
103-104
79 80 81
82
88-90
93-94
97-98 100
101-102
105-106
84-87 83
91
92
95
96 99
107
N
108
109
Domkreuzgang
110
111
112
113
114
115
116
128
125-126 124
117-119
129
127
123
120-122

Monaten, 10 Tagen starb, setzten die Vollstrecker seines letzten Willens dieses (Denkmal). Dass seine Seele in Ewigkeit für Gott lebt, darum bitte du, frommer Leser, der du vorbeigehst."

ooo

81 Grabmal des Domchorleiters Johannes Jodokus Sivers, gest. 1757 (Arens 1765)

Hic iacet in illa pace, quam mundus non dat, qui teMpore, qVo reges aD beLLa hostILIter processerant, sublatus e vivis vivere desiit, corpus terrae, animam creatori reddens plurimum reverendus, eximius ac doctissimus dominus Joannes Jodocus Sivers, natus Monasterii in Westphalia anno MDCXCIV die VI. augusti, insignitus sacerdotio MDCCXVIII, assumptus Moguntiae, vicarius chori metropolitani anno MDCCXXI ac dein camerae praesentialis assessor senior, qui muneri praefuit et profuit consilio, solertia, functionibus oeconomus fidelis et prudens, vir dignus memoria, mundo denatus anno MDCCLVII, die XII. maji, nunc consummato labore ac cursu vitae exspectat mercedem beatam, cum Christo triumphante resur(r)ectionem et a Deo patre luminum misericordiam et lucem sempiternam. Tu, viator, esto eidem pius Machabaeus, et requiem precare aeternam.

„Hier liegt in jenem Frieden, den die Welt nicht gibt, er, der zu der Zeit, in der die Könige zu Kriegen[1] feindselig ausgezogen waren, von den Lebenden entrafft, zu leben aufgehört hatte und den Leib der Erde, die Seele dem Schöpfer zurückgab: der hochwürdige, ausgezeichnete und hochgelehrte Herr Johannes Jodokus Sivers, geboren in Münster in Westfalen im Jahr 1694, am 6. August, ausgezeichnet durch das Priesteramt 1718, aufgenommen in Mainz, Vikar des Metropolitan-Chores im Jahr 1721 und dann Senior-Assessor der Präsenzkammer, der seinem Amt durch Rat, Geschicklichkeit und seine Tätigkeiten vorstand und nützte als getreuer und kluger Verwalter, ein erinnerungswürdiger Mann. Er starb der Welt im Jahr 1757, am 12. Mai und erwartet nach Vollendung der Mühen und des Lebenslaufs den seligen Lohn, mit dem triumphierenden Christus die Auferstehung und von Gott, dem Vater der Lichter, die Barmherzigkeit und das ewige Licht. Du, Wanderer, sei ihm ein frommer Makkabäer[2] und erbitte ihm die ewige Ruhe."

Das Chronogramm in Zeile 1 f. ergibt 1757.

[1] Gemeint ist der Siebenjährige Krieg (1756-1763).

[2]Makkabäer: Im 2. Makkabäerbuch (c. 43) wird Judas Makkabäus gelobt, weil er ein Sühnopfer für die Kampf Gefallenen darbringen ließ.

ooo

82 Epitaph der Domscholaster Wilderich Marsilius von Hoheneck, gest. 1735, und **Anselm Franz von Hoheneck**, gest. 1704 (Arens 1729)

Hoc sub tumulo Anselmi Francisci Metropolitanae scholastici et vicarii generalis anno 1704 septima ianuarii defuncti secundus successor et eiusdem archipresbyter cathedralis Wormatiensis custos et ad Sanctum Ferrutium Bleidenstattensem decanus Wildericus Marsilius sepultus fuit anno 1735 XX. Aprilis. Quibus ex sanguine et sinceritate vere fratribus ex fratre nepos et ultimi pie defuncti haeres Damianus Antonius Maria liber baro ab Hoheneck electoris Moguntini camerarius consiliarius et satrapa Miltenbergensis hoc parvum sed devotissimum monumentum posuit, defunctorum animas se suosque deo ter optimo immense misericordi commendans.

„Unter diesem Grabmal des Anselm Franz, des 1704, am 7. Januar, verstorbenen Scholasters und Generalvikars der Metropolitankirche, wurde Wilderich Marsilius, sein zweiter Nachfolger und Erzpriester derselben Kirche, Kustos der Kathedrale von Worms und Dekan zu Sankt Ferrutius in Bleidenstadt, im Jahr 1735, am 20. April, beigesetzt. Den nach Abstammung und Aufrichtigkeit wahrhaften Brüdern setzte der Neffe bruderseits und Erbe des letzten, fromm verstorbenen, Damian Anton Maria Freiherr von Hoheneck, Kammerherr und Rat des Mainzer Kurfürsten und Amtmann von Miltenberg, dieses kleine, aber sehr fromme Denkmal und empfiehlt die Seelen, sich und die Seinen dem dreimal besten, unermesslich barmherzigen Gott."

ooo

83 Gruftplatte des Erzbischofs, Erzkanzlers und Kurfürsten **Georg Friedrich von Greiffenclau**, gest. 1629 (Arens 602, vgl. 601)

Zu Erzbischof Georg Friedrich von Greiffenclau s. Nr. 44.

Lector, cuius hic exuvias cernis, Deo spiritum reddidi. Mortis certus, vivus adhuc, corpus mortale huic loculo includi iussi, ego Georgius Fridericus e nobili domo equitum Greifenclaw a Volrats, natus anno Christi MDLXXIII die VIII septembris, canonicus huius ecclesiae adscriptus anno MDLXXXVII, praepositus ecclesiae factus eiusdem anno MDCIV, in episcopum Wormatiensem electus anno MDCXVI, in archiepiscopum Moguntinum, Sacri Romani Imperii per Germaniam archicancellarium ac electorem omnium capitularium suffragiis assumptus anno MDCXXVI, XX octobris, archiepiscopus consecratus anno MDCXXVII, XV augusti. Conditionis humanae memor semper vixi, diem extremum obii VI iulii anno MDCXXIX, huc illatus XVI iulii in pace. In {in}idipsum requiescam. Tu requiem apprecare.

„Leser, ich, dessen Überreste du hier siehst, habe Gott meinen Geist zurückgegeben. Des Todes gewiss, noch lebend, habe ich befohlen, den sterblichen Leib in dieses Grab einzuschließen, ich, Georg Friedrich, aus dem edlen Haus der Ritter Greiffenclau von Vollrads, geboren im Jahre Christi 1573, am 8. Tag des September, als Domherr dieser Kirche angenommen im Jahre 1587, zum Propst derselben Kirche gewählt im Jahre 1604, zum Wormser Bischof gewählt im Jahre 1616, zum Mainzer Erzbischof, zum Erzkanzler des Heiligen Römischen Reiches in Deutschland und zum Kurfürst durch die Stimmen aller Kapitulare gewählt im Jahr 1626, am 20. Oktober, zum Erzbischof geweiht im Jahre 1627, am 15. August. Eingedenk der Bedingungen des Menschseins lebte ich immer, den letzten Tag trat ich am 6. Juli im Jahr 1629 an, hierher beigesetzt in Frieden am 16. Juli. In Frieden werde ich sogleich ruhen (Ps. 4, 9). Bitte du um (ewige) Ruhe."

ooo

84 Grabmal des Vikars Johann Peter Ohler, gest. 1747 (Arens 1750)

Sta, viator. Ecce sub hoc tumulo nunc iacet a die VII novembris MDCCXLVII, qui antea ad divinas laudes pro decore domus Dei steterat in choro metropolitano vicarius et sacrista, plurimum reverendus et eximius dominus, dominus Ioannes Petrus Ohler Oberwallafius. Vixit diu et bene, mundo 65, ecclesiae 36 annos, nullos sibi, omnes deo. Defuncto precare requiem sempiternam.

„Bleib stehen, Wanderer. Sieh, unter diesem Grabmal liegt jetzt seit dem 7. November 1747 der, der vorher für das Lob Gottes, zur Ehre des Hauses Gottes im Chor der Metropolitankirche als Vikar und Sakristan gestanden hatte, der hochwürdige und hervorragende Herr, Herr Johannes Peter Ohler aus Oberwalluf. Er lebte lange und rechtschaffen, für die Welt 65, für die Kirche 36 Jahre, kein Jahr für sich, alle Jahre für Gott. Bitte für den Toten um ewige Ruhe."

ooo

85 Grabmal des Vikars Jakob Kolligs, gest. 1719 (Arens 1713)

Omnes morimur et velut aquae dilabimur in terram, quae non revertuntur. Anno salutis MDCCIX, die X. Februarii in domino pie obiit admodum reverendus ac eximius dominus Iacobus Kolligs ex Polch, aetatis 72, ab anno 1681 huius summae aedis vicarius, ac annis 30 sacrista assiduus, hoc sub marmore quiescit.

„Wir alle sterben und versinken in die Erde wie das Wasser, das nicht zurückkehrt. Im Jahre des Heils 1719, am 10. Februar, starb fromm im Herrn der hochwürdige und hervorragende Herr Jakob Kolligs von Polch, im 72. Lebensjahr, von 1681 an Vikar dieses hohen Hauses, und 30 Jahre eifriger Sakristan. Er ruht unter diesem Marmor."

ooo

86 Epitaph des Domkantors Christoph von Graenrod, gest. 1601 (Arens 534)

Reverendo et nobili domino Christophero a Graenrod ecclesiae Moguntinae cantori Bingaeque praefecto, qui anno domini nostri Iesu Christi 1602 feria 3, 7 calendis octobribus intra horam 11 et 12 decessit ex hac vita, pia et naturali morte, cuius animae deus requiem aeternam, corpori beatam resurrectionem donet, superstites propinqui.

„Dem ehrwürdigen und edlen Herrn Christoph von Gränrod, Kantor der Mainzer Kirche und Präfekt von Bingen, der im Jahre unseres Herrn Jesus Christus 1602 am dritten Wochentag, am siebten Tag vor den Kalenden des Oktober (= 25. September) zwischen der 11. und 12. Stunde aus diesem Leben schied in einem frommen und natürlichen Tode. Seiner Seele schenke Gott die ewige Ruhe, seinem Leibe die selige Auferstehung. Die hinterbliebenen Verwandten."

Weil der 25. September nicht im Jahr 1602, sondern 1601 auf einen Dienstag fällt, datiert Arens nach Bourdon u.a. auf 1601.

ooo

87 Grabmal des Vikars Johannes Kraus, gest. 1754 (Arens 1759)

Ecce hic sub lapide numero 105 iacet a 22. augusto 1754 aetatis suae 53 reverendus dominus Ioannes Kraus Algesheimensis, ecclesiae metropolitanae 22 annos strenuus vicarius, cammerae praesentialis 12 annos sedulus assessor, deo et sanctis devotus, hominibus hospitalis, ecclesiis et amicis suis beneficus, variis morbis patientissimus, in morte resignatissimus. Verbo erat illi virtus vitae socia, gloria mortis comes. Cui pro meritis et virtutibus gloriam sempiternam, pro delictis veniam precare, viator. Requiescat in pace. Amen.

„Sieh, hier unter dem Stein Nr. 105 liegt seit dem 22. August 1754, 53 Jahre alt, der ehrwürdige Herr Johannes Kraus aus (Gau-)Algesheim, 22 Jahre tüchtiger Vikar der Metropolitankirche, 12 Jahre eifriger Assessor der Präsenzkammer, Gott und den Heiligen ergeben, den Menschen gastfreundlich, den Kirchen und seinen Freunden wohltätig, in verschiedenen Krankheiten sehr geduldig, im Tode sehr ergeben. Wortwörtlich war ihm die Tugend die Gefährtin des Lebens, der Ruhm der Begleiter des Todes. Wanderer, bete für ihn wegen seiner Verdienste und Tugenden um ewigen Ruhm, für seine Sünden um Vergebung. Er ruhe in Frieden. Amen."

ooo

88 Epitaph des Vikars Nikolaus Knopffler, gest. 1689 (Arens 1678)

Anno MDCLXXXIX, VII ianuarii obiit in domino plurimum reverendus et doctissimus dominus Nicolaus Knopffler, Sancti Naboris Lotharingus, ecclesiae metropolitanae Moguntinae vicarius nec non communis praesentiae magister. Cuius anima requiescat in pace. Amen.

„Im Jahr 1689, am 7. Januar, starb im Herrn der hochwürdige und hochgelehrte Herr Nikolaus Knopffler, ein Lothringer aus St. Nabor, Vikar der Mainzer Metropolitankirche sowie Vorsteher der gemeinsamen Präsenz. Seine Seele ruhe in Frieden. Amen."

ooo

89 Gruftplatte des Erzbischofs, Erzkanzlers und Kurfürsten Johann Adam von Bicken, gest. 1604 (Arens 539, vgl. 537), vgl. Nr. 13.

Hic tumulatur reverendissimus a[c illustri]ssimus dominus, dominus Ioannes Adamus [ex nobili prosa]pia Bicken vetusta ortus, prudentia et eloquentia singularis, huius ecclesiae Moguntinae XV mai anno MDCI nominatus archiepiscopus nec non Sacri Romani Imperii per Germaniam archicancellarius, princeps elector, qui immatura morte praeventus animam deo creatori suo die X. ianuarii anno insequente MDCIIII expletis annis aetatis XXXX, pie reddidit, quae aeternis consoletur gaudiis. Amen.

„Hier ruht der hochwürdigste und sehr erlauchte Herr, Herr Johann Adam, aus der edlen, alten Familie Bicken stammend, durch Weisheit und Beredsamkeit einzigartig, zum Erzbischof dieser Mainzer Kirche am 15. Mai im Jahr 1601 ernannt sowie zum Erzkanzler des Heiligen Römischen Reiches in

Deutschland, Kurfürst, der, vom vorzeitigen Tod überrascht, seine Seele seinem Schöpfergott am 10. Januar im folgenden Jahr 1604 fromm zurückgab, als er 40 Lebensjahre vollendet hatte. Seine Seele möge sich an den ewigen Freuden trösten. Amen.“

ooo

90 Wandtabernakel: Schriftband eines Engels

Sit nomen domini benedictum.

„Der Name des Herrn sei gepriesen.“

ooo

91 Grabplatte des Erzbischofs und Kurfürsten Damian Hartard von der Leyen, gest. 1678 (Arens 1650 = Arens 1649), vgl. Nr. 58, 59, 67.

Deo optimo maximo. Hic requiescit eminentissimus et celsissimus princeps ac dominus dominus Damianus Hartardus von der Leyen, archiepiscopus et elector Moguntinus nec non episcopus Wormatiensis. Natus XI martii anno MDCXXIIII. Electus Moguntinus III julii MDCLXXV. Postulatus Wormatiensis XII iulii MDCLXXV. Consecratus VIII septembris MDCLXXVI. Defunctus Moguntiae MDCLXXVIII VI decembris. Cuius anima requiescat in pace. AMEN.

In carne ista videbo salvatorem, quae una spes post fata superest.

„Für Gott, den Besten, den Größten. Hier ruht der erlauchteste und erhabenste Fürst und Herr, Herr Damian Hartard von der Leyen, Mainzer Erzbischof und Kurfürst, sowie Wormser Bischof, geboren 11. März im Jahre 1624, erwählt zum Mainzer (Erzbischof) am 3. Juli 1675, postuliert zum Wormser (Bischof) am 12. Juli 1675, geweiht am 8. September 1676, gestorben in Mainz 1678, am 6. Dezember. Seine Seele ruhe in Frieden.

In diesem Fleisch werde ich den Erlöser sehen[1], diese Hoffnung bleibt als einzige nach dem Tode.“

[1] “in diesem Fleisch ... sehen”: nach Hiob 19, 26.

ooo

92 Epitaph des Domherrn Edmund von Rokoch, gest. 1724 (Arens 2120)

Edmund von Rokoch, Rentmeister und Stadtrat, war ein außerordentlich fähiger Administrator; er sicherte das für die Mainzer Wirtschaft existenzielle Stapelrecht am Hafen. Er ist auch der Erbauer des Hauses “Zum Römischen Kaiser” am Markt.

Epitaph des Domherrn Edmund von Rokoch (Nr. 92)

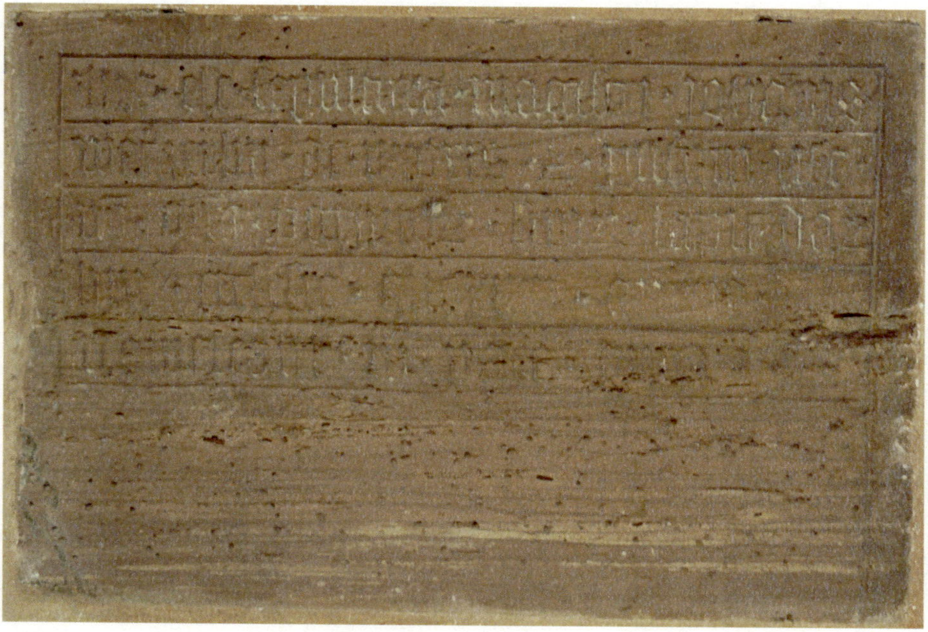

Grabschrift des Dombaumeisters Johann Weckerlin (Nr. 93)

Memoriae plurimum reverendi et praenobilis domini Edmundi de Rokoch ecclesiarum collegiatarum S. Stephani et huius nec non ad S. Crucem canonici capitularis et iubiliarii, viri in deum religiosi, in virginem matrem devotissimi, ad cuius altaris pedes sepeliri voluit, omnibus grati, pacifici et suavis, in magna rerum affluentia moderati, humilis et modesti, erga pauperes in vita et post mortem liberalis, qui natus anno MDCLXX vixit annis LIV. Mortuus VIII iulii anno MDCCXXIIII legatis inter caetera huic ecclesiae florenis mille pro anniversario animae suae subsidio, pro 2 quovis mense celebrandis sacris defun[c]torum, et pro uno quolibet die per adventum matutino sacrificio. Requiescat in pace. Haeredes, frater et sorores posuere.

„Dem Andenken des hochwürdigen und hochadligen Herrn Edmund von Rokoch, Kapitular- und Jubilarkanoniker der Kollegiatkirche St. Stephan und dieser Kirche sowie zu Heiligkreuz, eines Mannes, der Gott ergeben war, der jungfräulichen Mutter sehr ergeben, und zu den Füßen ihres Altars begraben werden wollte, der allen willkommen war, friedfertig und freundlich, im großen Reichtum maßvoll, demütig und bescheiden, gegen die Armen im Leben und nach dem Tode freigebig, der, geboren im Jahr 1670, 54 Jahre lebte, gestorben am 8. Juli im Jahr 1724, nachdem er unter anderem dieser Kirche 1000 Gulden vermacht hatte für das Jahrgedächtnis zum Heil seiner Seele, für zwei Totenmessen pro Monat und für eine Messe an jedem Morgen im Advent. Er ruhe in Frieden. Die Erben, der Bruder und die Schwestern, haben es aufgestellt."

ooo

93 Grabschrift des Dombaumeisters Johann Weckerlin, Mitte 15. Jh (Arens 262)

Johann Weckerlin ist im Jahre 1436 als Dombaumeister (magister operariorum huius ecclesiae) *urkundlich bezeugt. – Nur die Grabplatten des Baumeisters, des Gerichtsbeamten und eines Chorleiters sind in die Wand eingelassen bzw. eingehauen.*

Hic est sepultura magistri Johannes Weckerlin ac uxoris et parentium nec non omnium progenitorum suorum lapicidarum huius ecclesiae, quorum animae requiescant in pace. Amen.

„Hier ist das Begräbnis des Meisters Johannes Weckerlin und seiner Ehefrau und der Eltern wie auch aller seiner Vorfahren, Steinmetze dieser Kirche, deren Seelen in Frieden ruhen mögen. Amen."

ooo

Dom: Madonna der Palästinafahrer (Nr. 94)

94 Madonna der Palästinafahrer, gestiftet 1484 (aus Liebfrauen; Arens 206)

Gestiftet von Domdekan Bernhard von Breidenbach (s. Nr. 8) und Ritter Philipp von Bicken nach der Rückkehr von der Pilgerfahrt nach Palästina und Ägypten (1484). Bernhard von Breidenbach verfasste 1483 die Beschreibung der Pilgerfahrt (gedruckt in Mainz 1486).

Fac mecum signum in bono, ut videant, qui oderunt me, et confundantur, quoniam tu adiuvisti me et consolata es me, regina caelorum.

„Gib mit mir ein Zeichen im Guten, damit die es sehen, die mich hassen, und sich schämen, weil du mir geholfen hast und mich getröstet hast, Himmelskönigin."

(nach Psalm 86, 17)

Dies ist die älteste Inschrift in Kapitalis (Antiqua) in Deutschland. Bei der Renovierung wurden teilweise die über den Buchstaben befindlichen Kürzungszeichen für m *und* n *übermalt.*

ooo

95 Gruftplatte des Landgrafen Georg Christian von Hessen, gest. 1677 (Arens 1646), vgl. Nr. 50.

Hic situs est, ut vivus petiit, serenissimus princeps ac dominus, dominus Georgius Christianus Landgravius Hasso-Homburgensis, catholice mortuus Francofurti XI augusto anno Christi MDCLXXVII, aetatis LI. Requiescat in pace.

„Hier ruht, wie er es zu Lebzeiten wünschte, der allergnädigste Fürst und Herr, Herr Georg Christian, Landgraf von Hessen-Homburg, der im katholischen Glauben in Frankfurt am 11. August im Jahr des Herrn 1677 im Alter von 51 Jahren starb. Er ruhe in Frieden."

ooo

96 Gruftplatte des Domkustos Franz Georg von Schönborn, gest. 1674 (Arens 1641)

Admodum reverendus et perillustris dominus Franciscus Georgius baro a Schönborn, dominus in Reigelsberg huius ecclesiae metropolitanae custos obiit 16 Iulii 1674.

„Der hochwürdige und erlauchte Herr Franz Georg, Freiherr von Schönborn, Herr in Reigelsberg, Kustos dieser Metropolitankirche, starb am 16. Juli 1674."

ooo

97 Epitaph der Domherren Johannes von Metzenhausen, gest. 1677, und **Karl Lothar von Metzenhausen**, gest. 1684 (Arens 1644)

Admodum reverendi & illustres domini, dominus Joannes a Metzenhausen patre Petro Ernesto et matre Margareta ab Horst die 12. iunii 1646 natus, canonicus huius metropolitanae 10. februaris 1656 factus, Urbani 1672 ad capellanum admissus obiit praematura morte extinctus, 1. januaris 1677. Dominus Carolus Lotarius a Metzenhausen patre Iohanne Georgio & matre Anna Maria Catarina a Breitbach 18. octobris 1651 natus, canonicus huius metropolitanae 27. augusto 1663 factus, altera animarum 1675 ad capellanum admissus obiit praematura morte extinctus 8. decembris 1684. Primi fratres, secundi sorores superstites loco monumenti posuere. Quorum animae requiescant in pace sempiterna. Amen.

„Die hochwürdigen und erlauchten Herren, Herr Johannes von Metzenhausen, Sohn des Peter Ernst und der Margareta von Horst, geboren am 12. Juni 1646, zum Domherrn dieser Metropolitankirche am 10. Februar 1656, am Urbanstag (25. Mai) 1672 zum Kaplan gewählt, starb eines vorzeitigen Todes am 1. Januar 1677.

Herr Karl Lothar von Metzenhausen, Sohn des Johann Georg und der Anna Maria Catharina von Breitbach, geboren am 18. Oktober 1651, zum Domherrn dieser Metropolitankirche am 27. August 1663 gewählt, tags nach Allerseelen 1675 zum Kaplan zugelassen, starb eines vorzeitigen Todes am 8. Dezember 1684.

Die hinterbliebenen Brüder des ersteren, die Schwestern des anderen stellten dies anstelle eines Denkmals auf. Ihre Seelen mögen in ewigem Frieden ruhen. Amen."

ooo

98 Grabstein des Domscholasters Vulpert von Dersch, gest. 1478 (Arens 189)

Vulpert von Dersch, Domscholaster und päpstlicher Protonotar, erlangte für Diether von Isenburg 1460 die päpstliche Bestätigung der Wahl zum Erzbischof, verkündete aber schon 1461 Adolph von Nassau als neuen Erzbischof. Damit begann die Mainzer Stiftsfehde.

[Anno domini] MCCCCLXXVIII die martis XXVIII mensis aprilis obiit venerabilis dominus Vulpert de Ders, apostolicae sedis protonotarius, [huius ecclesiae s]colasticus et canonicus. Cuius anima requiescat in sancta pa[ce].

„[Im Jahre des Herrn] 1478, am Dienstag, 28. April, starb der ehrwürdige Herr Vulpert von Ders(ch), Protonotar des apostolischen Stuhles, Scholaster und Domherr dieser Kirche. Seine Seele ruhe in heiligem Frieden. Amen.“

ooo

99 Gruftplatte des Dompropstes Johann von Heppenheim, gest. 1672 (Arens 1639)

Johannes ab Heppenheim dictus a Saal praepositus Moguntinus obiit 3. februarii medio duodecimae postmeridianae anno domini MDCLXXII.

„Johann von Heppenheim, gen. von Saal, Mainzer Propst, starb am 3. Februar, um halb 12 nachmittags, im Jahr des Herrn 1672.“

Die Todesstunde war wohl 23.30 Uhr.

ooo

100 Epitaph des Hermann von Bensheim mit Kreuzigungsrelief, gest. 1445 (aus Liebfrauen, Arens 132)

Anno Domini millesimo CCCC XLV decimaseptima die mensis maij obiit venerabilis dominus Hermannus de B(ensheim), decanus huius ecclesiae, cuius anima requiescat in pace. Amen.

Dominus Hermannus de Bensheim.

Cum tumulum cernis, cur non mortalia spernis.
Tali namque domo clauditur omnis homo.

„Im Jahre des Herrn 1445, am 17. Tage des Monats Mai, starb der ehrwürdige Herr Hermann von Bensheim, Dekan dieser Kirche. Seine Seele ruhe in Frieden. Amen.

Herr Hermann von Bensheim.

Wenn du dieses Grab siehst, warum verachtest du nicht das Sterbliche? Denn in einem solchen Haus wird jeder Mensch eingeschlossen.“

Eines der seltenen Grabepigramme (Versmaß: elegisches Distichon).

ooo

101 Epitaph des Domherrn Philipp Adoph Wilhelm von Hettersdorf, gest. 1768 (Arens 1776)

Hic jacet et morte tacet, qui numquam tacuit, inde recto placuit, osor adulatorum, hostis amorum, vindex justitiae, amans disciplinae, decus cleri, cultor veri, verus presbyter, familiae pater, reverendissimus et illustris dominus, dominus Philippus Adolphus Wilhelmus liber baro de Hedersdorf, ecclesiae Metropolitanae Moguntinae, cathedralis Spirensis, equestris Comburgensis canonicus capitularis respective custos et iubilarius, insignis collegiatae ad Sancti Victoris Moguntinae decanus meritissimus, natus 10. maji 1709, denatus 26. octobris 1768, aetatis 60, cujus memoriae posuit gratus frater et haeres Franciscus Ernestus liber baro ab Hedersdorff.

„Hier ruht und schweigt durch den Tod der, der niemals schwieg, der daher durch sein Rechttun gefiel, der Hasser der Schmeichler, Feind der Liebschaften, Verfechter der Gerechtigkeit, der Ordnungsliebende, die Zierde des Klerus, Verehrer der Wahrheit, wahrer Priester, Vater der Gemeinde, der hochehrwürdige und erlauchte Herr, Herr Philipp Adolph Wilhelm, Freiherr von Hettersdorf, Domherr der Mainzer Metropolitankirche, der Speyerer Kathedrale und der Comburger Ritterkirche Kapitular bzw. Kustos und Jubilar, sowie der ehrwürdigen Kollegiatskirche zu Sankt Viktor in Mainz hochverdienter Dekan. Geboren 10. Mai 1709, gestorben 26. Oktober 1768 im 60. Lebensjahr; zu seinem Andenken setzte (dieses Denkmal) der dankbare Bruder und Erbe Franz Ernst Freiherr von Hettersdorf."

Der Beginn des lateinischen Textes enthält viele rhetorische Figuren und Klangspiele.

ooo

102 Grabstein des Konrad Goltschmitt, gest. 1475, und seiner Frau (Arens 184)

Unter den im Kreuzgang begrabenen Domherren fallen nur wenige weltliche Würdenträger und Ehepaare auf.

Anno domini MCCCCLXXV, die mensis VII junii obiit discretus Conrat Goltsmit von Francfurt, anno vero LXX die mensis XXX marcii obiit discreta Oi[...] Elais[....]. Quorum animae requiescant in pace.

„Im Jahre des Herrn 1475, am 7. Juni starb der ehrbare Conrad Goltschmitt von Frankfurt, doch im Jahr (14)70, am 30. März, starb die ehrbare [.......]. Ihre Seelen mögen in Frieden ruhen."

ooo

103 Grabstein des Minnesängers Heinrich Frauenlob, gest. 1318 (Kopie von 1783, das Original wurde 1774 bei Bauarbeiten zerbrochen; Arens 32)

Heinrich von Meißen, der letzte große Vertreter des Minnesanges, wegen seiner Dichtung genannt Frauenlob, kam als bereits Sechzigjähriger um 1312 nach Mainz. Seinem Dichterruhm verdankt er die für einen Fremden und Nicht-Kleriker besonders ehrenvolle Beisetzung im Domkreuzgang. – Eine darunter angebrachte, aus dem 19. Jahrhundert stammende Darstellung zeigte die Leichenprozession mit den um Frauenlob trauernden Frauen.

Anno domini MCCCXVIII

(rechts) Henricus Frowen-

(unten) -lob, dem gott genadt

„Im Jahre des Herrn 1318 Heinrich Frauenlob."

Der deutsche Zusatz "dem Gott gnädig sei" stammt vermutlich erst aus späterer Zeit.

Das Denkmal wurde 1841/2 mit der Gedenktafel verbunden, die jetzt im Dommuseum aufgestellt ist (Obergeschoss, letzte Tafel).

ooo

104 Grabstein des Domherrn Peter Nothafft, gest. 1506 (Arens 285)

Anno domini MCCCCCVI die vicesimaprima mensis octobris obiit venerabilis vir dominus [Petrus Nothafft, can]onicus huius [ecclesiae. Cuius anima requiescat in] sancta [pace. Amen]

„Im Jahre des Herrn 1506, am 21. Oktober, starb der ehrwürdige Mann, Herr Peter Nothafft, Domherr dieser Kirche. Seine Seele ruhe in heiligem Frieden. Amen."

Ergänzung des Namens aus früheren Abschriften.

ooo

105 Gruftplatte des Erzbischofs, Erzkanzlers und Kurfürsten Johann Schweikard von Kronberg, gest. 1626 (Arens 597)

Erzbischof Johann Schweikard von Kronberg (1604-1626) förderte energisch die Rekatholisierung und die Gründung neuer Orden und trat der 1609 gegründeten Katholischen Liga bei. Als Landesherr sorgte er nach dem Beginn des Dreißigjährigen Krieges für die Verbesserung der Mainzer Befestigungsanlagen und gewann 1621 die dem Mainzer Erzbistum gehörenden Gebiete an der Bergstraße zurück, die 1461 von Erzbischof Diether von Isenburg dem Pfalzgrafen Friedrich verpfändet worden waren. Er ist auch Erbauer der ersten Domus Universitatis 1615 und des Aschaffenburger Schlosses. In das Ende seiner Amtszeit fällt die Pestepidemie von 1624.

Hic situs est reverendissimus in Christo pater et illustrissimus dominus, dominus Ioannes Schwichardus archiepiscopus Moguntinus, Sacri Romani Imperii per Germaniam archicancellarius, princeps elector, ex antiquissima et praenobili stirpe a Cronberg natus, qui anno Christi 1604, die 17. februarii electus, post dominum Matthiam imperatorem eiusque coniugem Annam, et dominum Ferdinandum II. Francofurti coronatum, arcem Aschaffeburgensem e fundamentis extructam, Stratam Montensem ad ecclesiae Moguntinae ditionem reductam, avitam religionem strenue conservatam, amplificatam et multis in locis restitutam, multa divini cultus reique literariae promovendae gratia pietatis ac liberalitatis opera praestita, totam denique dioecesin turbulentissimis temporibus maxima vigilantia ac magnanimitate anno 22. mense 7. optime administratam, maximis laboribus, vigiliis ac curis patriae totiusque reipublicae Christianae causa exhaustus senioque confectus anno 1626 die 17. septembris Aschaffenburgi pie in Christo obiit, anno aetatis 73. Inde translatus in hanc cryptam, quam vivens fieri curarat, magno omnium piorum luctu repositus fuit. Cuius anima aeternis fruatur gaudiis.

„Hier ruht der hochwürdigste Vater in Christus und erlauchteste Herr, Herr Johannes Schweikard, Mainzer Erzbischof, Erzkanzler des Heiligen Römischen Reiches in Deutschland, Kurfürst, aus der sehr alten und sehr edlen Familie von Kronberg, der, im Jahre Christi 1604, am 17. Februar, gewählt, nach der Krönung des Herrn Kaisers Matthias und seiner Gemahlin Anna, und des Herrn Ferdinand II. in Frankfurt, nach dem Bau der Burg von Aschaffenburg von Grund auf und der Rückführung der Bergstraße in die Herrschaft der Mainzer Kirche, der eifrigen Bewahrung, der Verbreitung und an vielen Stellen der Wiederherstellung des alten Glaubens, nach Vollbringung vieler Werke der Frömmigkeit und Großzügigkeit um der Förderung der Gottesverehrung und der Bildung willen, nach hervorragender Verwaltung der gesamten Diözese in den unruhigsten Zeiten mit größter Wachsamkeit und Hochherzigkeit während 22 Jahren und sieben Monaten, von gewaltigen Mühen, Wachen und Sorgen um des Vaterlandes und der gesamten Christengemeinschaft willen erschöpft und vom Alter ermattet, im Jahr 1626 am 17. September in Aschaffenburg im 73. Lebensjahr fromm in Christus starb. Von dort wurde er in diese Krypta überführt, die er im Leben hatte bauen lassen, und unter großer Trauer aller Frommen bestattet. Seine Seele möge die ewigen Freuden genießen.“

ooo

106 Inschriftlicher Hinweis auf ein Historienrelief, 1839

Das Historienrelief, auf das die Inschrift verweist, ist nicht erhalten. Gegen das Domkapitel, das im Jahr 1328 den Trierer Erzbischof Balduin von Luxemburg zum Erzbischof gewählt hatte, entschied sich der Rat der Stadt für den päpstlichen Kandidaten, Heinrich von Virneburg. Im Laufe des auch militärisch ausgetragenen Konflikts verhängte Kaiser

Ludwig der Bayer die Acht über die Stadt Mainz. Im Juni 1332 wurde die Stadt von Kaiser Ludwig gegen Zahlung einer hohen Entschädigungssumme für die Zerstörung und Plünderung von Klöstern und Stiften von Acht und Bann befreit.

Ex horto Patrum Capucinorum Moguntinorum translatum anno 1832 et heic positum mense Sept 1839.

Extitit olim hic lapis in muro portae S. Albani. Positus fuit in memoriam reconciliationis cleri Moguntini cum civitate Moguntina. Vides ibi archiepiscopum Moguntinum Balduinum V., Henricum et Ludovicum regem cives ab excommunicatione et banno imperiali absolventes, clericos, monachos, moniales, ex altera binos consules senatores, cives. Diruto anno 1552[1] toto aedificio S. Albani transportatus est cum statua S. Albani ad patres Capucinos et insertus muro horti prope portulam versus Die Hundsgasse 1332.

„Aus dem Garten der Mainzer Kapuzinerpatres übertragen 1832 und hier aufgestellt im September 1839.

Einst befand sich dieser Stein in der Mauer der Pforte von St. Alban. Er war zur Erinnerung der Versöhnung des Mainzer Klerus mit der Mainzer Bürgerschaft gesetzt worden. Du siehst dort den Mainzer Erzbischof Balduin V., Heinrich und König Ludwig, wie sie die Bürger von der Exkommunikation und dem kaiserlichen Bann befreien, die Kleriker, Mönche und Nonnen, andererseits je zwei Konsuln, Senatoren (= Bürgermeister, Ratsherren), Bürger. Als im Jahr 1552 das gesamte Gebäude von St. Alban zerstört war, wurde er (der Stein) mit der Statue des Hl. Albanus zu den Kapuzinerpatres transportiert und in die Mauer des Gartens bei der kleinen Pforte in Richtung Die Hundsgasse 1332 eingefügt.“

[1] *Auf der Inschrift ist eher 1662 zu erkennen.*

ooo

107 Grabstein des Domherrn Gotzmann von Ingelheim, gest. 1448 (Arens 138)

Anno domini MCCCCXLVIII die martis XV, mensis octobris, *(Symbol für:)* obiit honorabilis dominus Gotzmannus de Ingelnheyme [canonic]us huius ecclesiae, cuius anima requiescat in sancta pace. Amen.

„Im Jahre des Herrn 1448, am Dienstag, dem 15., im Monat Oktober, (starb) der ehrenwerte Herr Gotzmann von Ingelheim, Domherr dieser Kirche. Seine Seele ruhe in heiligem Frieden. Amen.“

ooo

108 Grabstein des Domherrn Ulrich Helmasperger, gest. 1473 (Arens 178)

Ulrich Helmasperger fertigte 1455 die Urkunde über die Klage des Johannes Fust gegen Johannes Gutenberg aus.

Anno domini MCCCCL[....] die decima quinta mensis januarii obiit honorabilis dominus Ulricus Helmasperger canonicus huius ecclesiae, cuius anima requiescat in pace. Amen.

„Im Jahre des Herrn 147[3], am 15. Januar, starb der ehrwürdige Herr Ulrich Helmasperger, Domherr dieser Kirche. Seine Seele ruhe in Frieden.“

ooo

109 Kruzifixrelief des Theoderich Ebbracht, gest. 1452 (aus Liebfrauen, Arens 148)

In cruce sudavit dominus. Serve, requiesces?
Tolle tuam, tulit ipse suam. Gustavit acetum.
Fac, quod idem. Non est maior reverentia servi
Quam domini. Si vis esse suus secutor, oportet
Tormentis tormenta sequi. Non itur ad astra
Deliciis. [i]deo mortem quam solvere debes
Naturae, persolve deo. Moriaris in illo.
Rumpe moras igitur. Impone silencia carni.
Delicias suspende tuas et currat [ad] arma
Prompta manus tollatque moras dilata voluptas.

Anno domini MCCCCL tercio.

Dans misero dextram saecli me tolle per undam,
Sedibus ut tandem placidis in morte quiescam.

Theoderius Ebbracht 1462.

„Am Kreuze schwitzte der Herr. Knecht, wirst du ruhen? Nimm dein Kreuz, er nahm das seine. Er schmeckte den Essig. Tu dasselbe. Die Ehrfurcht des Dieners ist nicht größer als die des Herrn. Wenn du sein Gefolgsmann sein willst, geziemt es sich, durch Martern den Martern nachzufolgen. Man geht nicht zu den Sternen durch Lüste. Darum bezahle Gott den Tod, den du der Natur zu zahlen schuldest. Stirb in ihm. Durchbrich also das Zaudern, erleg Schweigen dem Fleische auf. Beende deine Vergnügungen, und die entschlossene Hand soll zu den Waffen eilen, und die aufgeschobene Lust soll das Zaudern aufheben.

Im Jahre des Herrn 1453.

Gib mir Unglücklichem die Hand und reiße mich aus der Woge der Zeitlichkeit, damit ich endlich im friedlichen Heim im Tode ruhe."

Die Inschrift beginnt links oben. Die (in der Inschrift nicht unterteilten) Verse 1-10 stammen aus einer „Klage des heiligen Kreuzes", das in der Schlacht von Hattin von der Armee Saladins erobert worden war. Mit diesem und anderen Gedichten wurde zum III. Kreuzzug aufgerufen. Der Text ist überliefert von Geoffroi de Vinsauf (Godofredus de Vino Salvo, um 1210), Poetria Nova v. 493-499 und 505-507 (dort 493 servusne quiescit?*; 495* fac et idem; Num maior*; 496* suus esse; *507* plangatque suas alata voluntas*); die Verse 3-7 enthalten Anspielungen auf Matth. 10, 24 und Mark. 8, 34. – Die Verse 11 f. tragen Endreim.*

ooo

110 Grabplatte des Hofrats Marsilius Gottfried Ignaz von Pletz, gest. 1757, seiner **Ehefrau Maria Katharina Serarius**, gest. 1738, und ihrer Kinder **Katharina, Kuno** und **Hugo Franz**, und des **Balthasar von Pletz,** gest. 1746, der **Maria Katharina v. Pletz**, gest. 1750, und der **Maria Anna von Pletz**, gest. 1750 (Arens 1766)

Sta, viator, ubi ossa sua recondi mandavit Marsilius Godefridus Ignatius de Pletz, natus anno salutis MDCLXXIX, 13tia Martii, qui quatuor principum electorum Moguntinorum Lotharii Francisci, Francisci Ludovici, Philippi Caroli et Joannis Friderici Caroli consiliarius aulicus respective intimus nec non reverendissimi et illustrissimi capituli metropolitani, equestrium S. Ferrutii [in] Bleidenstatt et S. Albani per annos LV syndicus et secretarius nullam diem sine linea[1], ultimam tandem lineam duxit anno MDCCLVII die 14. mensis septembris, cujus praedefuncta conjux dilectissima Maria Catharina dicta Serarius nata anno MDCLXXIII, 26ta junii, denata anno MDCCXXXIIX, 24. septembris, ac liberi Catharina, Cuno et Hugo Franciscus in flore aetatis cadentes, Balthasar de Pletz, consiliarius aulicus Moguntinus et alte fatorum capitulorum con-syndicus et con-secretarius, natus anno MDCCIX, 18va junij, denatus MDCCXLVI, 16. octobris, et neptes ex eo Maria Catharina, nata 1741, 9na augusti obijt 1750, 11. februarii, Maria Anna, nata 1742, 30. decembris, obijt 1750, 9. ianuarii, in Choro Ferreo coram altari parochiali sepulti quiescunt. Quorum omnium animabus Deus tribuat pacem aeternam. Amen.

„Halt an, Wanderer, wo Marsilius Gottfried Ignaz von Pletz seine Gebeine beizusetzen befahl, der, geboren im Jahre des Heils 1679, am 13. März, als Hofrat bzw. Geheimrat von vier Mainzer Kurfürsten, Lothar Franz (von Schönborn), Franz Ludwig (von Pfalz-Neuburg), Philipp Karl (von Eltz), und Johannes Friedrich Karl (von Ostein) sowie 55 Jahre lang als Syndikus und Sekretär des hochehrwürdigen und erlauchten Metropolitankapitels und der Ritterkirchen von St. Ferrutius in Bleidenstadt und von St. Alban keinen Tag ohne eine Zeile[1] (verbrachte), doch die letzte Zeile im Jahr 1757 am 14. September schrieb. Seine vorher verstorbene sehr geliebte Gattin Maria Katharina gen. Serarius, geboren im Jahr 1673, am 26. Juni, starb im Jahr 1738, am 24. September, und die Kinder Katharina, Kuno und Hugo Franz starben in der Blüte ihres Lebens: Balthasar von Pletz, Mainzer Hofrat und Con-Syndikus und Con-Sekretär der oben genannten Kapitel, geboren im Jahre 1709, am 18. Juni, starb 1746, am 16. Oktober, und seine Enkel Maria Katharina, geboren 1741, 9. August, starb 1750, 11. Februar, Maria Anna, geboren 1742, 30. Dezember, starb 1750, 9. Januar. Sie ruhen im Eisernen Chor (= im Ostchor des Domes) im Angesicht des Pfarrei-Altars. Ihrer aller Seelen möge Gott die ewige Ruhe geben. Amen."

[1] Nulla dies sine linea: *nach Plinius, nat. hist 35, 84 (über den Maler Apelles)*

ooo

111 Grabplatte des Sekretärs des Domkapitels Kuno Pletz, gest.1704, und der **Anna Elisabeth Pletz(in)**, gest. 1701 (Arens 1698)

Memoriae et honori domini Cunonis Pletz & dominae Annae Elisabethae Pletzin dictae Freyin hoc monumentum posuit prolium haeredum pius amor et dolor. Ille vivere coepit Wesalio superioris ad Rhenum anno 1631, 28. octobris, vixit in diem perfectum annos 73 menses 2, dies 4, reverendissimi capituli metropolitanae Moguntinae fidelis secretarius annis 39, obiit plenus meritis anno 1704, 31. decembris. – Haec nata fuit mundo Boppardiae anno 1638, caelo ut speramus anno 1701, 21. ianuarii. Uterque devote deo, fideliter sibi, amicabiliter proximo conversati in terris iter aeternitatis ingressi sunt ad hoc omnibus sacramentis praemuniti aspICIentes In aVCtoreM fIDeI, ad Haebr. 12, et exspectantes a deo coronam. Amice viator, hic sepultis precare requiem et te nobiscum memento esse caducum.

Beati mortui, qui in domino moriuntur, apocal c. 14 v.13.

„Dem Andenken und der Ehre des Herrn Kuno Pletz und der Frau Anna Elisabeth Pletz(in) gen. Freyin setzten dieses Denkmal die fromme Liebe und der Schmerz der Kinder und Erben. Er begann zu leben in Ober-Wesel am Rhein im Jahre 1631, am 28. Oktober, lebte bis zum Tag der Vollendung 73 Jahre, 2 Monate, 4 Tage, treuer Sekretär des ehrwürdigsten Kapitels der Mainzer Metropolitankirche in 39 Jahren. Er starb reich an Verdiensten im Jahre 1734, am 31. Dezember. - Sie wurde der Welt geboren in Boppard im Jahre 1638, dem Himmel, wie wir hoffen, im Jahre 1701, am 21. Januar. Beide wandelten Gott ergeben, sich (selbst) treu, freundschaftlich dem Nächsten auf Erden und begannen den Weg der Ewigkeit, hierzu mit allen Sakramenten gerüstet und schauend den Urheber des Glaubens (Heb. 12, 2) und in Erwartung der Krone von Gott (Apk. 2, 10). Freundlicher Wanderer, für die hier Begrabenen bitte um Ruhe und erinnere dich mit uns, dass du vergänglich bist.

Selig sind die Toten, die im Herrn sterben (Apk. 14, 13).“

Das Chronogramm ergibt 1704.

ooo

112 Grabstein des Domscholasters Heinrich von Kusla, gest. 1375 (Arens 48)

† Anno domini MCCCLXXV in die nativitatis Christi obiit dominus Heinricus de Kusla scolasticus huius ecclesiae, cuius anima requiescat in pace.

„Im Jahre des Herrn 1375, am Tag der Geburt Christi, starb Herr Heinrich von Kusla, Scholaster dieser Kirche. Seine Seele ruhe in Frieden.“

ooo

113 Grabstein des Domherrn Johannes Gottfried von Franckenstein, gest. 1703 (Arens 1696)

Anno millesimo septingentesimo tertio (die) vigesima quinta mensis iulii aetatis 47 obiit in Christo admodum reverendus et perillustris dominus, dominus Ioannes Godefridus Christophorus, baro a Franckenstein in Ockstatt, ecclesiae metropolitanae Moguntinae nec non equestris S. Albani prope Moguntiam canonicus capitularis. Cuius anima requiescat in sancta pace. Amen.

„Im Jahre 1703, am 25. Juli, starb im 47. Lebensjahr in Christus der hochwürdige und erlauchte Herr, Herr Johannes Gottfried Christoph, Freiherr von Frankenstein in Ockstadt, Stiftsherr der Mainzer Metropolitankirche sowie der Ritterkirche St. Alban nahe Mainz. Seine Seele ruhe in heiligem Frieden. Amen."

ooo

114 Grabstein des (Krämers) Johann, gest. 1472 (Arens 177; im Fußboden, quer beschriftet)

Anno milleno quater C bis X Lque secundo
novembris prima huic com(m)it(t)ur fundo
[.....] Joannes nocturno vulnere caesus
[.................................] gaudia Jhesus.

„Im tausendsten, viermal 100, zweimal 10 und 50 zweiten Jahr am 1. November wird diesem Boden übergeben Johannes, durch eine nächtliche Verwundung ermordet. [...................] Freuden (gebe ihm) Jesus."

Halbmetrische, gereimte Verse (versus caudati). Der erste Vers lässt sich als Hexameter lesen, wenn man die Zahlen als Buchstaben ausspricht.

Der Mordfall ist urkundlich belegt.

ooo

115 Epitaph des Domherrn Johannes von Hattstein, gest. 1518 (Arens 319)

Ego sum resurrexio et vita.
ΟΥΚ ΕΣΤΙΝ Ο ΘΕΟΣ ΝΕΚΡΩΝ ΑΛΛΑ ΖΩΝΤΩΝ.
Hebräisch: (Ich weiß, dass mein Erlöser lebt).
D M S[1]

Joanni de Hatstein canonico huius templi seniori, piissimis moribus viro, studiosorum amantissimo, ob meritum singularis acrimoniae, verae nobilitatis, iusticiae, quibus privatim et publice clarus erat, amici superviventes faciendum curaverunt. Vixit annos 63, obiit anno MDXVIII XIII kalendis septembris.

„Ich bin die Auferstehung und das Leben. (Joh. 11, 25)
Gott ist nicht Gott der Toten, sondern der Lebenden. (Luk. 20, 38)
Ich weiß, dass mein Erlöser lebt. (Hiob 19, 25)
Gott dem Größten heilig.

Johannes von Hattstein, dem Seniorkanoniker dieses Tempels, dem Mann frömmster Sitten, dem größten Freund der Gelehrten, ließen wegen des Verdienstes einzigartigen Scharfsinns, wahren Adels und wahrer Gerechtigkeit, durch die er privat und öffentlich berühmt war, die hinterbliebenen Freunde (dieses Denkmal) machen. Er lebte 63 Jahre; er starb im Jahre 1518, am 13. Tag vor den Kalenden des September (= 20. August).“

[1] DMS = Deo Maximo sacrum*: die Übereinstimmung mit der antiken Grabschriftformel* Dis Manibus sacrum *ist sicher beabsichtigt.*

ooo

116 Sargdeckel des Münzmeisters Hemmo, Ende 12. Jh. (Arens 18)

Der Münzmeister, der direkt dem Erzbischof unterstand, verwaltete eine der wenigen Münzprägestätten des damaligen Reiches. Hier wurde der "Mainzer Pfennig" geprägt.

Hemmo nummularius

„Hemmo, Münzmeister.“

ooo

117 Grabstein des Domherrn Rudolph Grauckenstein, gest. 1513 (Arens 308)

Anno domini MDXIII v[... Gra]uckenstein canonicus Sancti Victoris et huius ecclesiae vicarius. Cuius anima requ[i]escat in pace.

Darunter ist in denselben Stein die Grabschrift des Vikars **Johannes Hubertus Sevenich,** *gest. 1742, eingemeißelt (Arens 1736):*

Hic iacet in nomine domini admodum reverendus dominus Ioannes Hubertus Sevenich ecclesiae metropolitanae Moguntinae vicarius. Obiit 20. februarii anno 1742.

„Im Jahre des Herrn 1513 [starb Rudolph Gra]uckenstein, Stiftsherr von St. Viktor und Vikar dieser Kirche. Seine Seele ruhe in Frieden.

Hier ruht im Namen des Herrn der hochwürdige Herr Johannes Hubertus Sevenich, Vikar der Mainzer Metropolitankirche. Er starb am 20. Februar 1742.“

ooo

118 Epitaph des Domherrn Johann von Drohe und des Georg von Drohe (Trohe), gest. 1546, und des **Philipp von Drohe**, gest. 1596 (Arens 402)

Mors ultima linea rerum.

Deo optimo maximo et stemmate et virtute vere nobilibus iuvenibus Georgio a Drohe, huius aedis canonico, et Ioanni fratri, insperato praematuroque fato 26. martii, anno 1546 una extinctis splendore et magnitudine animi praestans dominus Philippus a Drohe huius et divi Albani ecclesiarum canonicus hoc monumentum vivus fratribus sibique naturae debitum solventi fieri curavit. Obiit anno 1596, die 6. decembris. Quorum animae simul gaudiis consolentur aeternis.

„Der Tod ist die letzte Grenze der Dinge.

Gott, dem Besten und Größten, und den nach Herkunft und Tugend wahrhaft adligen Jünglingen Georg von Drohe, Domherrn dieses Hauses, und seinem Bruder Johann, die durch ein unerwartetes und vorzeitiges Schicksal am 26. März im Jahre 1546 gemeinsam dahingerafft wurden, ließ der von Glanz und Größe des Geistes ausgezeichnete Herr Philipp von Drohe, Stiftsherr dieser Kirche und von St. Alban, dieses Denkmal bei Lebzeiten für die Brüder und sich setzen, wenn er der Natur seine Schuld gezahlt hat. Er starb im Jahr 1596, am 6. Dezember. Ihre Seelen mögen zugleich durch ewige Freuden getröstet werden."

ooo

119 Grabstein des Abtes Conrad, 13. Jh. (Arens 28) SW-Ecke Joch 6

(*Symbol für*) Obiit Cunradus abbas et diaconus † VIII idus novembris ..... nonae decembris.

„Es starb Conrad, Abt und Diakon, am 8. Tag vor den Iden des November (= 6. November) ... am neunten (?) Tag des Dezember."

ooo

120 Grabmal des Professors Adam Lohr, 1666 (Arens 1626; an der Wand oben angebracht)

Nobilis clarissimus et consultus dominus Adamus Lohr iuris utriusque doctor, comes Palatinus Caesareus et in alma universitate Moguntina professor ordinarius, eminentissimi principis ac electoris Moguntini domini, domini Ioannis Philippi consiliarius revisionarius nec non reverendissimi capituli Moguntini syndicus, vir summo ingenio, iudicio et doctrina raraque rerum gerendarum dexteritate praeditus obiit coelebs die 18 septembris anno 1666.

„Der edle und hochberühmte Rechtsgelehrte, Herr Adam Lohr, Doktor beider Rechte, kaiserlicher Pfalzgraf und in der Universität Mainz ordentlicher Professor, des erhabensten Fürsten und Kurfürsten, des Mainzer Herrn, des Herrn Johannes Philipp, Revisionsrat sowie Syndikus des hochehrwürdigen Mainzer Kapitels, ein Mann von höchster Intelligenz, Urteilskraft und Gelehrsamkeit und seltener Geschicklichkeit in der Ausführung von Aufträgen, starb unverehelicht am 18. September im Jahr 1666."

ooo

121 Grabstein des Domherrn Johann von Bicken, 1567 (Arens 463)

Reverendus ac nobilis dominus Ioannes a Bicken, huius summi templi canonicus capitularis ac divi Albani senior, placide in Christo obdormivit XXVII ianuarii anno MDLXVII. Requiescat in pace. Amen.

„Der ehrwürdige und edle Herr Johannes von Bicken, Domherr dieses allerhöchsten Gotteshauses und Senior von St. Alban, entschlief am 27. Januar im Jahr 1567 sanft in Christus. Er ruhe in Frieden. Amen."

ooo

122 Gruftplatte des Fürstbischofs Philipp Cratz von Scharfenstein, gest. 1604 (Arens 544), vgl. 51.

Hic tumulatur reverendissimus in Christo princeps episcopus ac dominus, dominus Philippus, cathedralis Wormatiensis electus episcopus necnon huius Moguntinae ecclesiarum praepositus, ortus ex familia nobilium e vetusta Crazen a Scharpfenstein, qui, cum dictum episcopatum diebus LXXI rexisset laudemque rerum multarum praeclare gestarum annis aetatis LXIII decursis obtinuisset, animam suam deo creatori die XIII iuli anno MDCIV pie reddidit, cuius anima caelestibus consoletur gaudiis.

„Hier ist begraben der hochwürdigste Fürstbischof und Herr in Christus, Herr Philipp, erwählter Bischof der Wormser Kathedrale sowie Propst dieser Mainzer Kirche, aus der alten Familie der Edlen Cratz von Scharfenstein stammend, der, als er den besagten Episkopat 71 Tage regiert und das Lob für viele hervorragende Taten nach Ablauf von 63 Lebensjahren erlangt hatte, seine Seele dem Schöpfergott am 13. Juli im Jahre 1604 fromm zurückgab. Seine Seele möge sich mit den himmlischen Freuden trösten."

ooo

123 Epitaph des Vikars Johannes Jakobus Finck, gest. 1743 (liegt z.Zt. nahe der Wand auf dem Boden (Arens 1743)

Sta, viator, vanitatem vitae mortalis considera, ac pro anima hic jacentis devota. Est is admodum reverendus dominus Ioannes Iacobus Finck Rüdesheimensis, ecclesiae metropolitanae huiatis per annos 45 vicarius, et subsenior, qui natus prima januarii 1670 post emensa tam humaniora quam philosophica ac theologica studia deo potius quam mundo militare volens, in presbyterum ordinatus quinta junii 1694, ac vicariam in equestri S. Albani 20 junii ejusdem anni adeptus est. Cui ecclesiae cum per quadriennium laudabiliter servisset, ex ea ad metropolitanam promotus fuit anno 1698, sexennio probatus camerae

Grabschrift des Gerichtsbeamten Johann Ysennecher
(Nr. 124)

praesentiali adscriptus septima martii 1704, tam sedulum se ostendit, ut 1724 in magistrum cistae assumptus ac culturae vinearum praesentialium praefectus fuerit, quae tamen officia aliquot ante obitum annis sponte a se abdicavit, ut eo expeditius ad mortem, quam sensim appropinquare sensit, se praepararet. Tandem senio confectus et acutissimis calculi doloribus exhaustus omnibus moribundorum sacramentorum rite provisus, postquam vixisset annis 72 mensibus duobus diebus 16, pie in domino obiit et ex caduca hac ad meliorem obiit die 17 martij anno domini 1743. Requiescat in pace.

„Bleib stehen, Wanderer, betrachte die Nichtigkeit des sterblichen Lebens und bete für die Seele des hier Ruhenden. Es ist der hochwürdige Herr Johannes Jakob Finck aus Rüdesheim, Vikar und Subsenior dieser Metropolitankirche während 45 Jahren, der, geboren am 1. Januar 1670, nach Durchmessen ebenso der Studia humaniora wie der philosophischen und theologischen Studien lieber für Gott als für die Welt kämpfen wollte und, zum Presbyter ordiniert am 5. Juni 1694, das Vikariat in der Ritterkirche St. Alban am 20. Juni desselben Jahres erlangte. Als er dieser Kirche vier Jahre lang lobenswert gedient hatte, wurde er aus ihr zur Metropolitankirche befördert im Jahr 1698; sechs Jahre lang erprobt, wurde er an die Präsenzkammer berufen am 7. März 1704 und zeigte sich so eifrig, dass er zum Kistenmeister (= Vermögensverwalter) ernannt und Leiter des Präsenzweinbaues wurde. Doch diese Pflichten legte er einige Jahre vor seinem Tode aus eigenem Willen nieder, um sich desto leichter auf den Tod, den er allmählich nahen fühlte, vorzubereiten. Endlich, vom Alter geschwächt und von den schärfsten Schmerzen eines Stein(leiden)s erschöpft, starb er, mit allen Sterbesakramenten versehen, fromm im Herrn, nachdem er 72 Jahre, zwei Monate, 16 Tage gelebt hatte, und ging aus diesem hinfälligen (Leben) in ein besseres hinüber, am 17. März im Jahre des Herrn 1743. Er ruhe in Frieden.“

ooo

124 Grabinschrift des Gerichtsbeamten Johann Ysennecher, gest. 1459
(Arens 155; Gartenseite, in den Pfeiler eingehauen.)

Johann Ysennecher war 1455 Zeuge im Prozess Johann Fusts gegen Johann Gutenberg.

Anno domini millesimo CCCCLIX(o) die VII mensis aprilis Johannes Ysennecher, bedellus sedis maguntinae, cuius anima requiescat in pace. Amen.

Grabmal des ungarischen Grafen Czáky von Kersztzeg
(Nr. 126)

„Im Jahre des Herrn 1459, am 7. Tage des Monats April (starb) Johannes Ysennecher, Gerichtsbeamter des Mainzer Stuhles. Seine Seele ruhe in Frieden. Amen.“

ooo

125 Grabstein des Reichsgrafen Franz Karl von Werby, gest. 1703 (Arens 1695)

Illustrissimus dominus, dominus Franciscus Carolus Sacri Romani Imperii comes de Werby, dominus in Vollitz, Ianowitz, Nezaschoff SHB (*falsch statt:* sub) serenissimo electore Palatino supra unum regimen pedestre colonellus, obiit in domino anno MDCC III 16. iunii. Requiescat in pace. Amen.

„Der erlauchte Herr, Herr Franz Karl von Werby, Graf des Heiligen Römischen Reiches, Herr in Vollitz, Janowitz, Nezaschoff, unter dem erhabenen Pfälzischen Kurfürsten Obrist über ein Infanterieregiment, starb im Herrn im Jahr 1703, am 16. Juni. Er ruhe in Frieden. Amen.“

ooo

126 Grabmal des ungarischen Grafen Stephan Csáky von Kersztzeg, gest. 1734 (Arens 1728), das zweite der martialischen Grabmäler des Doms (vgl. Nr. 29).

Graf Czáky, dem ungarischem Hochadel entstammend, kam vermutlich während des Polnischen Erbfolgekrieges (1733-1738) im Gefolge des Prinzen Eugen nach Mainz (Friedensschluss von Österreich mit Preußen und Russland 1735, Ratifikation erst 1738). Im Kreuzgang konnten außer den Domherren auch Angehörige des Hochadels bestattet werden.

Illustrissimus dominus comes Stephanus Csaky de Kersztzeg, perpetuus terrae Scepusiensis, Sacrae Romanae Caesareae Regiaeque maiestatis, regiminis Alexandro-Karoliani equestris ordinis Hungaricae militiae actualis capitaneus aetatis suae annorum 22 obiit Moguntiae die 24 augusti, anno 1734.

„Der erlauchte Herr Graf Stephan Czáky von Kersztzeg, ständiger (Herr) des Zipser Landes, wirklicher Oberbefehlshaber des Alexander-Karlschen Reiterregiments des ungarischen Heeres der Heiligen Römischen Kaiserlich-Königlichen Majestät, starb mit 22 Lebensjahren in Mainz am 24. August, im Jahre 1734.“

ooo

127 Schenkungsurkunde (aus St. Ignaz) des Helferich und seiner Frau Christina, 12. Jh. (Arens 17).

Nach den Inschriften der Domtür ist dies sicher eine der ältesten Inschriften des Mainzer Doms.

Notum sit omnibus tam [pr]aesentibus quam futuris, quod ego Helferic[us et uxor mea Christ]ina huic ecclesiae aream c[...]e[...]mteri (coemeteri?) ad australem partem pro remedio animae nostrae contradidimus, quatenus in die anniversarii nostri vigilia decantetur missaque pro defunctis ob memoriam nostram cum compu[l]satione celebretur. Idibus ianuariis obiit XPina (= Christina) XII Kalendas Martias, obiit Helferic[us ...

„Bekannt sei allen Gegenwärtigen wie Zukünftigen, dass wir, ich Helferich und meine Frau Christina, dieser Kirche ein Grundstück an der Südseite (des Friedhofs?) zu unserem Seelenheil übergeben haben, damit am Tage unseres Jahresgedächtnisses eine Vigil gesungen und eine Messe für die Verstorbenen zu unserem Gedächtnis mit Glockenläuten gefeiert wird. An den Iden des Januar (= 13. Januar) starb Christina, am 12. Tage vor den Kalenden des März (= 18. Februar) starb Helferich."

ooo

128 Grabmal des Vikars und Chorleiters Johannes Bodue, gest. 1713 (Arens 1707; am Strebepfeiler der Memorie, zur Gartenseite)

Deo optimo maximo ac memoriae admodum reverendi domini Ioannis Bodue ecclesiae Sancti Victoris vicarii, qui, postquam per annos plurimos canore rexisset chorum descendens ex avia familiae Flos a Saulheim ultima ultimus suae, calendis maias anno MDCCXIII aetatis suae LVIII tandem obmutuit et ante aram divi Bonifacii pastor inter oves universalem anastasin praestolatur. Requiescat in pace.

„Gott, dem Besten und Größten, und dem Gedenken des hochehrwürdigen Herrn Johannes Bodue, des Vikars der Kirche Sankt Viktor, der, nachdem er während sehr vieler Jahre mit seinem Gesang den Chor geleitet hatte – abstammend als letzter von der letzten Großmutter der Familie Flos (= Blume) von Saulheim – an den Kalenden des Mai (1. Mai) im Jahre 1713, in seinem 58. Lebensjahr schließlich verstummte und vor dem Altar des Heiligen Bonifatius als Hirt unter Schafen die allgemeine Auferstehung erwartet. Er ruhe in Frieden."

ooo

129 Grabstein des Vicedominus und Richters Philipp von Stockheim, gest. 1564 (Arens 458)

Clausa sub hoc tumulo [requiescunt ossa Philippi]
a Stock[heim domini functus in urbe vice]
atque Mogun[tinis] trino [sub praesule iudex.]
Civibus e[ripitur] coeli[tibusque datur].

[obiit] XI septembris anno 1584.

„Eingeschlossen unter diesem Grabhügel liegen die Gebeine des Philipp von Stockheim, der in der Stadt als Vicedom wirkte und unter drei Erzbischöfen Richter war. Den Bürgern wird er entrissen und den Himmlischen gegeben. - Er starb am 11. September 1584."

Textergänzungen nach einer früheren Abschrift.

II. Bischöfliches Dom- und Diözesanmuseum

Kellergeschoss

Rechte Seite

Römischer Weihaltar, 1. Jh. (Fragment)

]us C(ai) f(ilius) [...]d Ver[...]us ara[m dedicavit miles (?) le]g(ionis) XIIII, stipendiis ?] XXX. ex testamento fieri iussit [...] C.

„...us, Sohn des Gaius, [aus der Tribus ...] Ver[...]us weihte den Altar, Soldat der 14. Legion, im 30. Dienstjahr. ... ließ ihn aus dem Testament machen.

ooo

Römischer Opferaltar für Juppiter und Juno Regina, 1. April 218 (AE 1990, 741)

Iovi Optimo Maximo Iunoni Reginae [di]is deabusque [o]mnibus aram, qui et colomn{n}am sumpt[u s]uo fecerun[t, i]mperatore Severo Macrino et A[dv]ento consulibus [K]alendis Aprilibus.

„Für Juppiter, den Besten, den Größten, für Königin Juno, für die Götter und Göttinnen alle (stifteten) den Altar die, die auch eine Säule auf eigene Kosten machten, unter dem Konsulat des Kaisers Severus Macrinus und des Adventus, am 1. April."

ooo

Römischer Opferaltar für Silvanus und den Genius loci, 151 n.Chr. (AE 1976, 501)

Maximo et Condiano [consulibus] Silvano deo et Genio loci Marcus Petronius Maximinus beneficiarius consularis votum solvit libens laetus merito.

„Unter dem Konsulat des Maximus und Condianus für den Gott Silvanus und den Genius loci (Ortsgottheit) löste Marcus Petronius Maximinus, Konsular-Benefiziarier, sein Gelübde gern, froh, nach Verdienst ein."

ooo

Römischer Altar für Juppiter, Silvanus, Diana und den Genius, 13. Januar 208 (AE 1976, 502)

In honorem [domus] divinae Iovi Optimo Maximo Silvano et Dianae sanctae Genio catabuli consularis ceter{r}isque diis inmortalibusque pro se suisque Titus Maximius Felix miles legionis XXII Primigeniae beneficiarius consularis Idibus Ianuariis Imperatore Antonino Augusto Pio III [Geta Caesare] [II] consulibus.

„Zu Ehren des Kaiserhauses für Juppiter, den Besten, den Größten, für Silvanus und die heilige Diana, für den Genius der konsularischen Postzentrale und die übrigen unsterblichen Götter, für sich und die Seinen (setzte dieses Denkmal) Titus Maximius Felix, Soldat der 22. Legio Primigenia, Konsular-Benefiziarier, an den Iden des Januar unter dem dritten Konsulat des Imperators Antoninus Augustus Pius (= Caracalla)[1] und dem zweiten Konsulat des Geta Caesar."

[1] Caracalla erhielt im Jahre 197 den Titel Imperator, war Konsul zum dritten Mal 208 und wurde 211 zum Kaiser erhoben.

ooo

Mitte und linke Seite

Hatto-Fenster, um 900 (Arens 2)

Erzbischof Hatto I. (891-913) stärkte die erzbischöfliche Macht, befestigte und erweiterte das Stadtgebiet – zum ersten Male seit der Römerzeit. Das Hatto-Fenster stammt aus dem von ihm vollendeten Mauritius-Stift.

Oben:

Dextera domini fecit virtutem.
Lux et salus! Hattho sacrans divinique sacerdos
hoc templum struxit, pictura compsit et auro. †
Michael Gabriel

„Die Hand des Herrn hat Großes getan. (Psalm 117, 16)
Licht und Heil! Hatto, der Weihende und Priester des Göttlichen, erbaute diesen Tempel, schmückte ihn mit Malerei und Gold. – Michael – Gabriel"

Der erste der beiden Hexameter ist metrisch fehlerhaft gebildet.

ooo

Bonifatius-Stein, um 854 - die älteste mittelalterliche Inschrift des Domes.

Vorderseite, auf dem Kreuz:

Sancta Crux, salva nos

„Heiliges Kreuz, rette uns."

Rückseite: eine Gestalt im Bischofsmantel hält ein Buch mit der Inschrift:

Venite benedicti

„Kommt, ihr Gesegneten".

Zitat: Matth. 25, 34.

ooo

Grabplatte der Ritter Gerhard und Druschel von Wachenheim, gest. 1308 und 1353

Das Epitaph stammt aus Worms-Hochheim

Randinschrift:

Anno domini MCCCLIII in die decollationis sancti Johannis Baptistae (*Symbol für*) obiit Gerhardus miles de Wachenhei[m].

Mittelfeld:

Anno domini MCCCLIII in die mercurii (?) (*Zeichen für*) obiit dominus Druschelius miles de Wachhenheim

„Im Jahre des Herrn 1353 starb am Tag der Enthauptung Johannes des Täufers Gerhard, Ritter von Wachenheim."

„Im Jahre des Herrn 1353 am Mittwoch (?) starb Herr Druschel, Ritter von Wach[h]enheim."

Enthauptung Johannes des Täufers am 29. August.

ooo

Grundstein des Jesuitenklosters (ehem. an der Schusterstraße gelegen), 1595 (Arens 1363, z.Zt. nicht zugänglich)

Oberseite: Anno Domini MVC pridie kalendas iulias Clemente VIII pontifice maximo Rudolpho II Caesare Augusto.

Vorderseite: Wolfgangus, ecclesiae Moguntinae archiepiscopus Sacri Romani Imperii elector, divini honoris et publicae utilitatis ergo hanc societati Iesv domum in perpetuum posuit.

„Im Jahre des Herrn 1595 am Tag vor den Kalenden des Juli, unter Papst Clemens VIII. und Kaiser Rudolph II.

Wolfgang (von Dalberg), Erzbischof der Mainzer Kirche, Kurfürst des Heiligen Römischen Reiches *(s. Dom Nr. 18)*, gründete zur Ehre Gottes und zum öffentlichen Nutzen dieses Haus für die Societas Jesu auf Dauer."

ooo

Sargtafel des Propstes Johann Wilhelm Frhrn. Wolff Metternich zur Gracht, gest. 1694 (Arens 1682, z.Zt. nicht zugänglich; s. Dom Nr. 15)

Hic capit tumulus cineres reverendissimi, perillustris et gratiosi domini, domini Ioannis Wilhelmi liberi baronis Wolff Metternich de Gracht, ecclesiae Metropolitanae Moguntinae et cathedralis Paderbornensis respective praepositi et canonici capitularis, electoris Moguntini consiliarii intimi et camerae praesidis etc. anno 1694, die 17. decembris tumulati.

„Dieses Grab umschließt die Asche des hochwürdigen, erlauchten und gnädigen Herrn, Herrn Johannes Wilhelm, Freiherrn Wolff Metternich von Gracht, Propst bzw. Domherrn der Mainzer Metropolitankirche und der Paderborner Kathedrale, Geheimrat des Mainzer Kurfürsten und Kammerpräsident usw., der im Jahre 1694, am 17. Dezember beigesetzt wurde."

ooo

Obergeschoss

Grabplatte des Domkantors Konrad Rau von Holzhausen, gest.1464 (Arens 163)

Die Inschrift steht auf den nach außen abgeschrägten Längsrändern

Anno domini millesimo quadringentesimo sexagesimo quarto ipso die sanctae Gertrudis obiit venerabilis dominus Conradus Ruwe senior cantor ac iubilarius huius nec non Aschaffenburgensis ecclesiarum praepositus, cuius anima requiescat in pace.

„Im Jahre des Herrn 1464, gerade am Tag der Heiligen Gertrudis, starb der ehrwürdige Herr Konrad Rau, Seniorkantor und Jubilar dieser Kirche und Probst der Kirche zu Aschaffenburg. Seine Seele ruhe in Frieden."

Tag der Hl. Gertrudis 17. März

ooo

Gemaltes Epitaph des Stiftsherrn Johannes Winter, gest. 1582 (Arens 1321; aus St. Stephan).

In der Mitte:

Anno domini 1582 die vero 12. novembris obiit in Christo foeliciter venerabilis ac eximius dominus Ioannes Winter, huius ecclesiae canonicus et S. Albani extra moenia Moguntina vicarius optime meritus. Cuius anima requiescat in pace amen.

Rechts, in kleinen Buchstaben:

Isthic decumbit vir servaNtissimus aequI[1]
Officiosus, amans patriaE, contemnere crimeN
Atque vacare piis solituS, quem diva fovebunT
Numina clementi Vvltu, quem proteget aethER.

Ehemals auf dem oberen Rande, jetzt verschwunden:

Sanctorum ô veneranda cohors, ô sancta corona,
quae colis aeterno templa dicata deo.
Adfer opem precibusque humiles defende clientes
et quacumque potes parte beare, bea.

„Im Jahre des Herrn 1582, und zwar am 12. Tag des November, starb glücklich in Christus der ehrwürdige und ausgezeichnete, hochverdiente Herr Johannes Winter, Stiftsherr dieser Kirche und Vikar von St. Alban außerhalb der Mainzer Mauern. Seine Seele ruhe in Frieden. Amen.

Dort ruht ein Mann, der das Gerechte eifrig behütete, pflichtbewusst, vaterlandsliebend, gewohnt, das Verbrechen zu verachten und für die Frommen zu sorgen. Ihn werden die himmlischen Gottheiten mit gnädigem Antlitz hegen. Ihn wird der Himmel behüten.

O verehrungswürdige Schar der Heiligen, o heilige Krone, die den Tempel bewohnt, der dem ewigen Gott geweiht ist, hilf uns und verteidige die demütigen Untertanen mit Gebeten und mache sie glücklich, wie immer du sie glücklich machen kannst."

[1] *Die Großbuchstaben, von oben nach unten gelesen, sind ein Akrostichon des Namens Johannes Winter.* – servantissimus aequi *stammt aus Vergil, Aeneis 2, 427. Das Zitat ist ein Zeugnis der humanistischen Schulbildung.*

ooo

Altarinschrift des Priesters Johann Specht von Bubenheim, gestiftet 1522 (Arens 337)

Clarus Ioannes generosa stirpe creatus
ab Spechten mystes aedis et huius erat.
Occubuit, vivit. Neminem[1] succumbere virtus
clara facit. Fuerat vir bonus atque pius.
Alter Ioannes generis quoque sortis eiusdim[2],
Albani aedituum quem pia[2] templa colunt,
Postquam iter ad Solymas vestigia dura peregit,
haec patruo statuit, tum monumenta sibi.

Anno MDXXII Kal. XII april.

„Der berühmte Johannes stammte aus edlem Geschlecht von Specht und war Priester dieses (Gottes)hauses.

Er starb – er lebt: Edle Tugend lässt niemanden sterben. Er war ein guter und frommer Mann gewesen.

Der zweite Johannes desselben Stammes und Berufes, den der fromme Tempel des Albanus als Tempelhüter ehrt, hat, nachdem er die Reise nach Jerusalem, den harten Weg, vollendet hatte, dieses Denkmal für seinen Oheim, dann für sich, gesetzt.

Im Jahr 1522, am 21. März.“

[1] neminem *verschlimmbessert aus* nullum, das noch sichtbar ist.

[2] eiusdim *falsch statt* eiusdem

[3] quem pia *richtige Verbesserung; der falsche Text ist noch erkennbar.*

ooo

Zylinder eines Drehtabernakels, Abraham Röntgen, 1758.

Über der Abendmahlsszene:

Hoc facite in meam commemorationem. Luc. XXII v. 19

„Tut dies zu meiner Erinnerung. Lucas, 22, 19.“

ooo

Gedenktafel für den Minnesänger Heinrich Frauenlob, von Ludwig Michael Schwanthaler, 1841/2

Dem frommen Sänger der heiligen Jungfrau, weiblicher Zucht und Frömmigkeit Maister Heinrich Frauenlob das dankbare Mainz.

links: Anno Domini MCCCXVIII, *rechts*: in vigilia beati Andreae apostoli

„Im Jahre des Herrn 1318, am Vorabend des Tages des seligen Apostels Andreas.“

Der Apostel Andreas wurde am 30. November 60 gekreuzigt. - 1318 ist Frauenlobs Todesjahr.

Das Denkmal stand ursprünglich im Kreuzgang und war mit der Inschrift Nr. 103 verbunden.

Domschatz

Silberner Becher, gestiftet von den Stiftsherren **Ludwig und Wilhelm Carpentarius (Zimmermann)**, 1584 (Arens 490)

Ex pia donatione dominorum Ludovici et Wilhelmi Carpentarii fratrum canonicorum divi Victoris ad eandem destinatus. Anno domini 1584.

„Aus der frommen Schenkung der Herren Brüder Ludwig und Wilhelm Carpentarius, Stiftsherren von St. Viktor, für dieselbe (Kirche) bestimmt. Im Jahre des Herrn 1584.“

Die Inschriften des Marktbrunnens

III. Vom Markt zum Kurfürstlichen Schloss (Rundgang I)

Stadtwerke Mainz AG
Kurfürstliches Schloß
Schloßtor
Verwaltungs-gericht
Römisch-Germanisches Zentralmuseum
Justiz
Ernst-Ludwig-Platz
Amtsgericht
Landtag
Theodor-
Landes-amt
Finanzen
Regierungs-viertel
St. Peter
Staatskanzlei
Arbeit, Soziales, Gesundheit
Abgeord-neten-haus
Deutsch-haus-pl.
Umwelt u. Forsten
Zeughaus
Bildung u. Wissenschaft
Eltzer Hof
Zeughaus-gasse
Brückentor
Kultur u. Familie
Haus Burgund
Haus d. Jugend
Schule
Naturhistorisches Museum
Landesmuseum
Karmeliter-kirche
Brücken-pl.
Rotes T
Bauerngasse
VHS
Karmeliterstr.
Rhein
St. Christoph
Jüng. Dalb. Hof
St. Antonius-Kapelle
Peter-Cornelius-Konserv.
Christofs-gasse
Alten-heim
Birn-baums-gasse
Isis-Tempel
Römer-passage
Kardinal-Volk-Platz
St. Quintin
Eisenturm
Jockel-Fuchs-Platz
Steingasse
Brücken-turm
Rathaus-brücke
Alte Univ.
Kleines Haus
Gutenberg-Museum
Heilig-Geist-Spital
St. Emmeran
Korbgasse
Markt
Dom
G.-Moller-Passage
Tritonpl.
Theater
Höfchen
Schönborner Hof/ Maison de France
BeratungsZentr. Polizei
Gutenbergplatz
Lieb-frauen-pl.
Fischtor-str.
Dom-u. Diözesan-mus.
St. Johanniskirche
Kons.Kroatien
Große Langgasse
Schiller-pl.

Markt

Marktbrunnen, 1526 (Arens 1144)

Die erste Inschrift bezieht sich auf den Sieg Kaiser Karls V. über König Franz I. von Frankreich in der Schlacht von Pavia (1525) und die Niederschlagung des Bauernaufstandes im gleichen Jahr. Im Gefolge des Bauernkrieges wehrten sich aber auch die Mainzer Bürger gegen Erlasse des Erzbischofs und Privilegien von Kirche und Klerus und setzten 1525 die Anerkennung von 30 Artikeln seitens des Domkapitels durch.

Mit dem Ende des Bauernkrieges brach auch die Empörung der Mainzer und damit der letzte Aufstand gegen den Landesherrn zusammen. Erzbischof Albrecht von Brandenburg (1514-1545, s. Dom Nr. 11) erlegte ihnen eine milde Strafe auf und setzte auf Versöhnung und Wiederaufbau; u.a. erließ er eine neue Stadtordnung. Die Inschriften des Marktbrunnens lassen jedoch nicht erkennen, dass diese Ereignisse auch die Stadt Mainz in Mitleidenschaft gezogen hatten. Sie sind als Warnung und gleichzeitig als Zeichen der Versöhnung zu werten (weiteres zum Epitaph Albrechts im Dom, nr. 11).

Divo Karolo V Caesare semper Augusto post victoriam Gallicam rege ipso ad Ticinum superato ac capto triumphante fatalique rusticorum per Germaniam conspiratione prostrata Albertus Cardinalis et Archiepiscopus Moguntinus fontem hunc vetustate dilapsum ad civium suorum posteritatisque usum restitui curavit anno MDXXVI.

Accipe posteritas haec, quae monumenta paravit
Albertus princeps civibus ipse suis,
Quos amat ex animo, custos ambitor honesti,
utqu{a}e[1] vices reddant, semper amore cupit.

„Als der göttliche Kaiser Karl V., der immer erhabene, nach dem Sieg über Frankreich und der Überwindung und Gefangennahme des Königs selbst am Ticino triumphierte, und nach der Niederwerfung der unheilvollen Verschwörung der Bauern in Deutschland ließ Albrecht, Mainzer Kardinal und Erzbischof, diesen Brunnen, der vom Alter verfallen war, zum Nutzen seiner Bürger und der Nachwelt wiederherstellen im Jahre 1526.

Empfange, Nachwelt, das Denkmal, das Fürst Albrecht selbst für seine Bürger schuf, die er von Herzen liebt, (er, der) Wächter (und) Förderer der Ehrenhaftigkeit, und dass sie es ihm entgelten, wünscht er in Liebe immerdar."

[1] utqu{a}e: *obwohl der Steinmetz* utqua *in* utque *korrigiert hatte, wurde der Fehler bei der Restaurierung beibehalten.*

Älteste Gutenbergstatue der Welt, 1827, im Durchgang des Hauses zum Römischen Kaiser (Liebfrauenplatz)

Unter der von Joseph Scholl geschaffenen Statue eine Gedenkinschrift, die am 4. Oktober 1827 im Hof zum Gutenberg eingeweiht wurde.

Joanni Gensfleisch dicto Gutenberg patricio Moguntino, qui primus omnium litteras aere imprimendas invenit, hac arte de orbe toto bene merenti in nominis sui memoriam immortalem societas artium Moguntina et possessores curiae Gutenbergensis posuere IV nonas octobris anno MDCCXXVII.

„Für Johannes Gensfleisch genannt Gutenberg, den Mainzer Patrizier, der als erster von allen erfand, Buchstaben mit Metall zu drucken, der sich durch diese Kunst um die ganze Welt hoch verdient gemacht hat, setzten (dieses Denkmal) zum unsterblichen Angedenken seines Namens die Mainzer Gesellschaft der Künste und die Besitzer des Hofs zum Gutenberg am 4. Tag vor den Nonen des Oktober im Jahr 1827.“

ooo

Höfchen: Portal mit Barbara-Statue, 1717 (Arens 2072)

SanCta VIrgo Barbara sIs CVstos DoMVs nostrae.

„Heilige Jungfrau Barbara, sei Wächterin unseres Hauses.“

Das Chronogramm ergibt 1717.

ooo

Haus zum Fleming, 1708 (Rekonstruktion; Arens 2008), Markt 5

Die Inschrift ist um das „Auge Gottes“ oberhalb des Portals gruppiert.

AVspICe Deo - Labore parentIs - proLIs aMore.

„Mit Gottes Segen - durch das Werk des Vaters - durch die Liebe des Sohnes.“

Das - in der Rekonstruktion nur ganz schwach hervorgehobene - Chronogramm ergibt 1708.

Domus Universitatis

Das älteste Gebäude der Mainzer Universität, Alte Universitätsstraße 17-19, 1783 (Arens 2453)

Die Domus Universitatis wurde 1615-1618 als Kollegienhaus des Jesuitenordens erbaut. Die Inschrift wurde vermutlich erst 1783 eingefügt.

Höfchen: Portal mit Barbara-Statue

Domus Universitatis
„Universitätsgebäude.“

Ecke Fust- und Betzelsstraße

Meilenstein der Kaiser Postumus oder Diocletianus, Ende 3. Jh. (vor dem “Kleinen Haus” des Staatstheaters Mainz)

...] pio felici invic[to] Augusto pontifici maximo, [...] tribuniciae potestati[s], patri patriae, consuli (*auf dem Original*: consulit).

„...] dem frommen, glücklichen, unbesiegten Kaiser, dem Pontifex Maximus, [im ... Jahr der] tribunizischen Amtsgewalt, Vater des Vaterlandes, Konsul.“

Pfarrkirche St. Quintin

WAND LINKS DES EINGANGES:

Grabmal der Magdalena Theresa von Dalberg, gest. 1740 (Arens 2225)

ProDroMVs VnIVersae CarnIs sVb hoC epItaphIo eXhIbetVr repraesentans Lamentabilem vitae praesentis brevitatem, exemplarem dominae defunctae pietatem viamque tutam ad aeternam felicitatem, quando anno a partu Virginis millesimo sexcentesimo quinquagesimo octavo, die 30ma mensis septembris in Ruppersberg-Castro Dalbergico nata, in electorali residentia Moguntina anno 1740, die 22. maii, octavam inter et nonam vespertinam aetatIs sVae peraVItae oCtVagesIMo seCVnDo eXspIraVIt perillustris et perquam gratiosa domina, domina Magdalena Theresia de Dalberg, vidua, nata de Dalberg, de qua verificatur, quod vidua Judith: Erat haec in omnibus famosissima, quoniam timebat Dominum valde, nec erat, qui loqueretur de illa verbum malum, Judith 8. cap. vers. 5. Famosissima vero vidua Christo tanquam sponso innixa et individua. Par ei debitum, quod viduae Annae prophetissae elogium adscribitur. Erat haec vidua usque ad annos 84, quae non discedebat de templo jejuniis et obsecrationibus serviens. Lucae cap. 2, v. 37, unde virtuosissima haec domina virtutibus magnifica, operibus glorifica, pauperibus munifica et omnibus gratifica suorum more, decore et amore majorum heroinos actus aemulata, dotibus praeclaris cumulata, summam ad aram hic tumulata, eXoptata DIVaque frVItVr et requIesCIt In paCe. AMen. Vos vero, quotquot estis viatores, devotarum animarum estote imitatores, ut tandem felices sitis comprehensores. Ergo Constanter orate, qVIa nescItIs, qVa hora DoMInVs Vester VentVrVs sIt. Matth. 24. cap. v. 42.

„Dieses Grabmal würdigt eine Frau, die allen Lebenden vorausgegangen ist[1], und vergegenwärtigt die beklagenswerte Kürze des gegenwärtigen Lebens, die vorbildliche Frömmigkeit der verstorbenen Frau und den sicheren Weg zur ewigen Glückseligkeit, da, im Jahr 1658 nach der Niederkunft der Jungfrau am 30. September im Dalbergischen Schloß in Rupertsberg geboren, in der Mainzer kurfürstlichen Residenz im Jahr 1740, am 22. Mai, zwischen der 8. und 9. Abendstunde im sehr hohen Alter von 82 Jahren die erlauchte und sehr gnädige Frau, Frau Magdalena Theresia von Dalberg, Witwe, geb. von Dalberg, starb, an der sich bewahrheitet, was die Witwe Judith (war): Diese war in allem hochberühmt, weil sie den Herrn sehr fürchtete, und es gab niemanden, der über sie ein schlechtes Wort sprach (Judith Kap. 8, v. 5). Hochberühmt jedoch war sie als Witwe, die sich auf Christus wie ihren Verlobten stützte und ihm ungeteilte Verehrung erwies. Ebenso wurde ihr das Lob geschuldet, das der Witwe Anna, der Prophetin, zugeschrieben wird: Diese war Witwe bis 84 Jahren, die nicht vom Tempel wegging, indem sie dem Fasten und dem Gebet diente (Lukas Kap. 2, v. 37). Daher war diese sehr tugendsame Frau herrlich an Tugenden, durch Werke ruhmvoll, den Armen großzügig und allen wohltätig nach dem Brauch ihrer Familie; durch Sitte und Liebe eiferte sie den Heldentaten ihrer Vorfahren nach, mit herrlichen Gaben reich versehen. Beim Hochaltar hier beigesetzt, genießt und ruht sie in ersehntem göttlichem Frieden. Amen. Ihr Wanderer aber alle, seid Nacheiferer der ergebenen Seelen, damit ihr einst glückliche Empfänger seid. Daher betet beständig, weil ihr nicht wisst, in welcher Stunde euer Herr kommen wird (Matth. Kap. 24, v. 42)."

[1] Der durch den Zwang des Chronogramms gewundene Satzbau läßt sich nur in einer etwas freieren Übersetzung wiedergeben.

Jedes der vier durch Großbuchstaben hervorgehobenen Chronogramme ergibt 1740. – Reiche Verwendung rhetorischer Stilmittel!

ooo

AM HINTEREN PFEILER DES HAUPTSCHIFFS:

Grabmal der Magdalena Franziska von Gudenus, gest. 1733 (Arens 2186)

Deo Optimo Maximo Magdalenae Franciscae de Gudenus, natae ab Isselbach, Georgii Friderici de Gudenus viduae, quae exactis Deo in hac terra annis LXXI in coelis vivere coepit XI kalendas iulias anno MDCCXXXIII, et filiabus eius Theresiae Franciscae et VVilhelminae, quarum prima florente aetatis anno XXVIII vivere desiit VI kalendas decembres anno MDCCXXII, altera coetui Carmelitano discalceato Coloniae Agrippinae adscripta terrenis erepta est IX kalendas septembres anno MDCCXXX aetatis XXXV, tertia vero Ioannis Georgii de Lasser, cancellarii electoralis Moguntini coniunx, obiit V kalendas Apriles anno MDCCXXX aetatis XXXII. Matri et sororibus suis et sibi posuit Maria Anna de Gudenus. Transeuntes, orate pro nobis.

„Für Gott, den Besten, den Größten, für Magdalena Franziska von Gudenus, geborene von Isselbach, Witwe des Georg Friedrich von Gudenus, die 71 Jahre für Gott auf dieser Erde verbrachte und im Himmel zu leben begann am 11. Tag vor den Kalenden des Juli (= 21. Juni) im Jahre 1733, und ihre Töchter Theresia, Franziska und Wilhelmine, von denen die erste in der Blüte ihres Lebens im 28. Jahr zu leben aufhörte am 6. Tag vor den Kalenden des Dezember (= 26. November) im Jahre 1722, die andere in den Konvent der Unbeschuhten Karmelitinnen in Köln aufgenommen wurde und dem Irdischen am 9. Tag vor den Kalenden des September (= 24. August) im Jahre 1730 im Alter von 35 Jahren entrissen wurde, doch die dritte als Gemahlin des Johannes Georg von Lasser, des Kanzlers des Mainzer Kurfürsten, am 5. Tag vor den Kalenden des April (= 28. März) im Jahre 1730 im Alter von 32 Jahren starb. Ihrer Mutter, ihren Schwestern und sich setzte Maria Anna von Gudenus (diesen Grabstein). Ihr, die ihr vorübergeht, betet für uns!“

ooo

Grabplatte der Agnes (geb. Oswald) und des Theobald Aul, 1752 (Arens 2300)

Agnes und Theobald Aul waren Besitzer des Bierhauses zum Birnbaum in der Birnbaumgasse 5.

Sta, viator, et lege.

Agnetis cineres Oswald e stemmate natae
huc posuit, denos post annos ipse secutus

fata, Theobaldus, conjunx, Aul nomine dictus;
sex et ter denos nondum illa impleverat annos,
hic bis triginta; Pyrus aedes, vendita victum
cocta Ceres, summam virtus dedit inclita laudem.
denique mens, fugiens terrena haec, orbe recessit.
Tu quicumque legis, requiem opta utrique perennem.

Posuerunt Udalricus Victor & Maria Elisabetha, nata Aulin.

M. Linden scripsit, J.M. Roth excudit 1752.

„Bleib stehen, Wanderer, und lies. Die Asche der Agnes, die von der Familie Oswald abstammt, setzte hierher, und folgte 10 Jahre später dem Schicksal, Theobald, ihr Gemahl, mit Namen Aul genannt. 36 Jahre hatte sie noch nicht vollendet, er zweimal 30. Der Birnbaum gab ihnen das Haus[1], der Verkauf gekochten (= gegorenen) Getreides (= Bier) den Lebensunterhalt, berühmte Tugend den Ruhm. Schließlich verließ die Seele, aus diesem Irdischen fliehend, die Welt. Du, der du dies liest, bitte für beide um ewige Ruhe.

(Dieses Denkmal) setzten Ulrich Viktor und Maria Elisabeth, geb. Aulin.

M. Linden verfasste es, J.M. Roth gestaltete es 1752."

[1]Forschner (bei Arens z.St.) übersetzt v. 5 f. frei, aber zutreffend: „Ihr Anwesen, die Brauerei zum Birnbaum, gewährte ihnen Lebensunterhalt."

Haus Schusterstraße 42

Schlusssteine der Fensterbögen:

Dominus fortitudo / Erectum sub Philippo Becher parocho / St. Quintin / St. Blasius / Anno jubilaei MCML / Erectum anno domini 1737 / Demolitum in bello 1942 / Neu erbaut durch Architekt F. Gill 1950.

„Der Herr ist meine Stärke.[1] / Errichtet unter dem Pfarrer Philipp Becher / (von) St. Quintin / (und) St. Blasius / im Heiligen Jahr 1950 / Errichtet im Jahre des Herrn 1737 / Zerstört im Kriege 1942 / Neu erbaut durch Architekt F. Gill 1950.

[1] Wahlspruch des Bischofs Albert Stohr (1936-1961), dessen Bischofswappen auf dem Stein steht. [2] Jubeljahr nach Leviticus 25, 10 f.

Karmeliterkirche

Karmeliterstraße

Altarinschrift, 1517 (Arens 1117)

Orate pro fratre Diethero Moguntino sacrae paginae professore, priore et filio huius conventus anno 1517.

San(c)ta christiana religio.

„Betet für Bruder Dieter, den Mainzer Professor der heiligen Schrift (*wörtlich* "Seite"), Prior und Sohn dieses Konvents, im Jahr 1517.

Heiliger christlicher Glaube."

Die letzte Zeile ist anscheinend jünger.

ooo

Grabstein des Kämmerers Franz von und zu Sickingen, gest. 1715 (Arens 2056, rechte Seite der Chorwand)

Franz von Sickingen war der zweite der Vicedomini der Stadt Mainz (ernannt 1669). Der Vicedom(inus) war der Stellvertreter des Kurfürsten in der Verwaltung der Stadt und stand über dem Stadtrat.

Sta, viator, et ex sepulchrali nido cantantem olorem ausculta. Paucis dicam: quiescit hic excellentissimus ac perillustris dominus, dominus Franciscus liber baro de et in Sickingen, dominus in Landsthuel, Sien et Sauerberg, Sacrae Caesareae maiestatis camerarius, electorum Moguntinorum et Palatinorum consiliarius intimus, vicedominus urbis Moguntinae, camerarius Heidelbergensis, praeses et archisatrapa in Bretten. Donatus is erat mundo 8. febr. 1629, vitamque si[n]gulari Dei beneficio in annum 87 protraxit, utique ut virtutum splendore luceret ac prodesset diutius. Ex illustrissima coniuge Anna Margareta, comitissa de Metternich, Wineburg et Beilstein aviti sanguinis haeredes 11, ex quibus quinque praematura morte sublatis supervixere dominus Franciscus Antonius ecclesiae Metropolitanae Moguntinae et Treverensis canonicus capitularis piae memoriae, dominus Henricus Suicardus ecclesiae metropolitanae Moguntinae et equestris ad S. Albanum canonicus capitularis; dominus Joannes Ferdinandus serenissimi Electoris Palatini consiliarius intimus, superior camerarius, ordinis S. Huberti eques et archisatrapa in Bretten; dominus Damianus Philippus sacrae Caesareae maiestatis consiliarius intimus, generalis rei tormentariae praetor, legionis pedestris collonellus commendans Pragae; dominus Philippus Lotharius sacrae Caesareae maiestatis capitaneus, qui in Hungaria contra Turcos occubuit; dominus Henricus Wilhelmus serenissimi Electoris Palatini consiliarius intimus et superior camerarius, praeses archisatrapa in Bacharach et Caub; dominam[1] Annam Liobam coniugem liberi baronis de Greiffenclau in Vollraths. Vide, quanta paternae virtutis encomia et testimonia! Donec tandem dierum meritorumque plenus inter ipsa virtutum ac pietatis exercitia vivere desiit 3. nov 1715. Reliquit tibi, viator, exemplar candidi in deum vivosque affectus, zeli indefessi erga religionem Romano-catholicam, in gravissimis muniis et dignitatibus incorruptae aequitatis, et quod hoc mirere aevo, rarae Christianae ac germanae sinceritatis. I nu[n]c, viator, piis manibus precare requiem et fac secundum exemplar, quod tibi monstratum est. Posuit filiorum in ama(tum?) dominum parentem observantia.

„Halt an, Wanderer, und höre den Schwan, der aus seinem Grabesnest singt. Kurz will ich sagen: Hier ruht der hervorragendste und sehr berühmte Herr, Herr Franz Freiherr von und zu Sickingen, Herr in Landstuhl, Sien und Sauerberg, Kämmerer der heiligen Kaiserlichen Majestät, der Mainzer und Pfälzer Kurfürsten Geheimer Rat, Vizedom der Stadt Mainz, Kämmerer von Heidelberg, Präsident und Statthalter in Bretten. Gegeben wurde er der Welt am 8. Februar 1629 und führte dank der einzigartigen Wohltat Gottes sein Leben bis zum 87. Jahr, natürlich um durch den Glanz seiner Tugenden zu leuchten und länger nützlich zu sein. Von seiner erlauchtesten Ehefrau Anna Margareta, Gräfin von Metternich, Winneburg und Beilstein aus alter Familie hatte er 11 Erben, von denen fünf durch vorzeitigen Tod entrissen wurden; es überlebten Herr Franz Anton, Domherr der Mainzer Metropolitankirche und der Trierer Kirche frommen Angedenkens; Herr Heinrich Schweikard, Stiftsherr der Mainzer Metropolitankirche und der Ritterkirche St. Alban; Herr Johannes Ferdinand, Geheimer Rat des erhabensten Pfälzer Kurfürsten, Oberkämmerer, Ritter des St. Hubertus-Ordens, Statthalter in Bretten; Herr Damian Philipp, Geheimer Rat der heiligen Kaiserlichen Majestät, General der Artillerie, Oberst und Kommandant der Infanterie von Prag; Herr Philipp Lothar, General der heiligen kaiserlichen Majestät, der in Ungarn gegen die Türken fiel; Herr Heinrich Wilhelm, Geheimer Rat und Oberkämmerer des erhabensten Pfälzer Kurfürsten, Präsident und Statthalter in Bacharach und Kaub; Frau Anna Lioba, Gemahlin des Freiherrn von Greiffenclau in Vollrads. Siehe, welche Lobreden und Zeugnisse väterlicher Tugend! Bis er schließlich, reich an Tagen und Verdiensten mitten unter den Übungen der Tugenden und der Frömmigkeit am 3. November 1715 zu leben aufhörte. Er hinterließ dir, Wanderer, ein Beispiel glänzender Liebe zu Gott und den Lebenden, des unermüdlichen Eifers für den Römisch-katholischen Glauben, in den schwersten Aufgaben und Würdenstellungen von unbestechlicher Gerechtigkeit, und, was man in dieser Zeit bewundern mag, von seltener christlicher und echter Aufrichtigkeit. Geh nun, Wanderer, bitte mit frommen Händen um (seine) Ruhe und handle nach dem Vorbild, das dir gezeigt wurde. (Dieses Denkmal) setzte die Ehrerbietung der Söhne für ihren geliebten Herrn Vater."

[1] *Der Akkusativ* dominam ... *steht irrtümlich statt des Nominativs.*

ooo

Schriftbänder der Gewölbefresken, um 1410 (Arens 826)

Ego sum lux mundi. Qui sequitur me, non ambulat in tenebris, sed habebit lumen vitae.

Ostende nobis faciem tuam, domine, et salvi erimus.
Signatum est super nos lumen vultus tui, domine.
Aequitatem vidit vultus eius. Misereatur nostri.
Ecce oculi domini super timentes eum.
Illuminet vultum suum super nos et misereatur nostri.
Illustra faciem tuam, domine, super servum tuum.
Faciem tuam, domine, requiram.

„Ich bin das Licht der Welt. Wer mir nachfolgt, wird nicht in der Finsternis wandeln, sondern wird das Licht des Lebens haben (Joh. 8, 12).

Zeige uns Dein Angesicht, Herr, und wir werden gerettet sein (Ps. 79, 4).
Gezeichnet ist über uns das Licht Deines Angesichts, Herr (Ps. 4, 7).
Sein Antlitz sah die Gerechtigkeit (Eccl.= Sir. 34, 19, zweimal).
Er erbarme sich unser (Ps. 10, 8).
Sieh die Augen des Herrn über denen, die ihn fürchten.
Er lasse sein Antlitz über uns leuchten und erbarme sich unser (Ps. 66, 2).
Lasse dein Angesicht, Herr, über deinem Diener leuchten (Ps. 30, 17).
Dein Angesicht, Herr, will ich suchen (Ps. 26, 8)."

ooo

Stifterinschrift, 1404 Aufzugsring im Gewölbescheitel des 1. Langhausjochs (Arens 818).

Anno domini MCCCC IIII me fieri fecit Simu dictus Boes.

„Im Jahre des Herrn 1404 ließ mich Simu gen. Boes machen."

Simon Boiss (oder Bos) war ein Mainzer Bürger.

Christofsstraße, Portal (1726)

Christofsstraße

Portal, 1726 (Christofstraße 15, Arens 2133)

Fraterna posuit concordia, divina servet providentia.

„Brüderliche Eintracht erbaute (dieses Haus), die göttliche Vorsehung möge es behüten."

Arens vermutet in der Inschrift ein – ausnahmsweise nicht durch Großschreibung hervorgehobenes – Chronogramm: Fraterna posVIt ConCorDIa, DIVIna serVet proVIDentIa, *aus dem er die Datierung 1726 ableitet.*

Karmeliterplatz

Hausfigur: Madonna, um 1660-1680 (Arens 1807)

Sub tuum praesidium.

„Unter deinen Schutz (fliehen wir)."

Sub tuum praesidium confugimus, sancta Dei genitrix: *dies ist der Anfang des ältesten (seit dem 3. Jahrhundert bezeugten) Mariengebets.*

Kirche St. Peter

Die ehem. Odenmünsterkirche, die 1752-1756 von Johann Valentin Thomann neu erbaut worden war, wurde während der französischen Besetzung von Mainz 1798 in einen "Tempel der Vernunft" umgewandelt, und auf dem Altar wurde angeblich eine "Göttin der Vernunft" aufgestellt. 1918 wurde sie als französische Garnisonkirche genutzt.

Unter der **Orgelempore,** *mit Bezug auf das Gemälde, das die Vertreibung der Wechsler aus dem Tempel darstellt:*

Templa profanantes ultrix Divina potestas
percussit flagris, propulit atque foras.
Claviger augustam custodit nominis aedem,
Sicque profana manus nulla nocebit ei.

„Die rächende Macht Gottes schlug die Tempelschänder mit Geißeln und trieb sie hinaus (*vgl. 2. Makk. 3, 23-30*). Der Schlüsselhalter (St. Petrus) bewacht das erhabene Haus (seines) Namens, und so wird ihm keine ruchlose Hand schaden."

ooo

Kreuzaltar, 1756 (Arens 2333):

Altare privilegiatum singulis diebus
„Privilegierter Altar für einzelne Tage."

An einem privilegierten Altar kann während einer Messfeier ein besonderer Ablass gewonnen werden, an diesem offenbar nur einmal je Tag.

Auf der Altarwand links und rechts:

ara IesV ChrIsto CrVCIfIXo posIta a nICoLao Iäger InsIgnIs eCCLesIae CoLLegIatae sanCtI petrI apostoLI CanonICo CapItVLarI IVbILarIo aVLae saCeLLano.

„Der Altar (wurde) für Jesus Christus, den Gekreuzigten, gesetzt von Nikolaus Jäger, der vornehmen Stiftskirche des Heiligen Apostels Petrus Stiftsherr und Jubilar und Hofkaplan."

Das Chronogramm ergibt 1756.

ooo

Linkes Seitenschiff, über dem **Tor zur Großen Bleiche**:

Quam pietas struxit Frederici praesulis[1] almam,
nunc devastatam plangit alauda[2] domum.

„Das erhabene Haus, das die Frömmigkeit des Erzbischofs Friedrich erbaute, beweint jetzt, da es verwüstet ist, die Lerche."

[1] Fredericus = *Erzbischof Friedrich (937-954), Gründer des alten Stiftes St. Peter vor den Mauern (auf dem Fresko als Bild im Bild dargestellt). Dieses wurde, schon längst baufällig, 1657 trotz des Protests der Stiftsherren unter Erzbischof Johann Philipp von Schönborn abgebrochen, die Kirche wurde an den heutigen Ort verlegt. Daraus erklärt sich die Klage der Lerche (nach Dr. G. Kurz, s. Anm. 2 und gegenüberliegende Inschrift).*

[2] alauda = *Lerche: weil der lateinische Name mit* laudare = *loben in Verbindung gebracht wurde, galt die Lerche als Lobsängerin Gottes, z.B. in dem anon. Epigramm:* Laudat alauda deum, volucris pia solis ab ortu / solis ad occasum laudat alauda deum *(„Die Lerche lobt Gott. Der fromme Vogel lobt Gott vom Sonnenaufgang bis zum Sonnenuntergang"). Der unbekannte Verfasser des Epigramms in St. Peter hat diesen oder ähnliche Sprüche zur Klage über die Verwüstung des Gotteshauses umgedeutet.*

ooo

Hochaltar, Rückseite des vorderen Balkens im Baldachin:

Posuit Nicolaus Jäger ecclesiae col(l)egiatae S. Petri Canonicus capitularis et cantor. 1762

„(Den Altar) errichtete Nikolaus Jäger, Stiftsherr und Kantor der Stiftskirche von St. Peter. 1762."

ooo

Rechter Altar:

Deo in honorem virginis Dei matris
„Für Gott, zu Ehren der Jungfrau, der Mutter Gottes."

ooo

Kanzelaufgang:

Petre, amas me? Tu scis, domine, quia amo te.
„Petrus, liebst du mich? - Du weißt, Herr, dass ich dich liebe."
Nach Joh. 21, 15-17.

ooo

Rechtes Seitenschiff: Nikolausaltar, 1758, auf der Altarwand links und rechts (Arens 2348)

qVI CrVCIfIXo, eIVs matrI et sanCto IoannI aLtare posVIt, strVXIt et honorI sanCtI nIColaI et sanCtae barbarae.

„Der dem Gekreuzigten, dessen Mutter und dem heiligen Johannes einen Altar gesetzt hat, hat auch (diesen) zur Ehre des heiligen Nikolaus und der heiligen Barbara errichtet."

Das Chronogramm ergibt 1758. – Der Stifter ist also wieder Nikolaus Jäger.

ooo

Über dem Tor zum Kirchhof

Teutonici proceres templi sacra iura dederunt.
Phoenicem genuit facta ruina novum.

„Die Deutscherren gaben die heiligen Rechte des Tempels. Zur Ruine geworden, brachte er den neuen Phönix hervor."

Die Vorgängerkirche von St. Peter wurde 1218 dem Deutschherrenorden geschenkt, von diesem 1313 dem Stif. St. Peter übertragen. Diese Kirche wurd 1746/7 abgebrochen und durch den Neubau von St. Peter ersetzt (nach Dr. G. Kurz, s. gegenüberliegende Inschrift).

ooo

St. Peter, Kirchhof

(zu erreichen durch die Tür in der Mitte des rechten Seitenschiffs; die Inschriften befinden sich an der Mauer des Kirchhofs, Reihenfolge der Inschriften von links nach rechts)

Epitaph des Kantors und Domherrn Johann Wenzeslaus Flamm, gest. 1706 (Arens 1997)

oben: Cor arDens nVMen Corones In astrIs.

unten: Mors DIra nVLLI parCet.

Aspice, viator. Non procul hoc saxo cineres iacent, in quos abiit flamma, quando admodum reverendus dominus Joannes Wenceslaus Flamm ad Sanctos Petrum et Stephanum respective cantor et canonicus capitularis, ecclesiae Metropolitanae vicarius e vivis abiit. Orta erat haec flamma VII martii MDCXL, extincta VIII augusti MDCCVI, non tamen penitus, nam melior illius pars ad centrum suum evolavit in coelum, postquam in domo Dei per annos plurimos arsit et luxit, consumpta tandem in obsequium Domini utque post fata ad pietatem accenderet alios. In fundatis annue CCL sacrificiis ad primam et laudem aeternum perennabit.

oben:

„Mögest du, Gott, das brennende Herz im Himmel krönen (*Anspielung auf Apk. 2, 10; Wortspiel mit dem Namen Flamm*)

unten: Der grausige Tod wird niemand verschonen.

Schau, Wanderer! Nicht fern von diesem Stein liegt die Asche, in der die Flamme endete, als der hochwürdige Herr Johannes Wenzeslaus Flamm, zu den Heiligen Peter und Stephanus Kantor bzw. Stiftsherr, Vikar der Metropolitankirche, die Lebenden verließ. Entstanden war diese Flamme am 7. März 1640, erloschen am 8. August 1706, doch nicht völlig, denn ihr besserer Teil flog zu ihrem Mittelpunkt in den Himmel hinaus, nachdem sie im Hause des Herrn sehr viele Jahre hindurch gebrannt und geleuchtet hatte, verzehrt im Gehorsam zum Herrn und um nach ihrem Tode andere zu entzünden. In der Stiftung von jährlich 250 Messen zur Prim und zu den Laudes wird sie ewig fortdauern.“

Beide Chronogramme ergeben das Jahr 1707 (!) – Die ganze Grabschrift durchzieht das Wortspiel mit dem Namen Flamm.

ooo

Grabstein für den Stiftsherrn Johannes Philipp Muhllen (Mühlen), gest. 1711 (Arens 2028)

Homo, augurare ex humo, quis sub hoc marmore condatur. Mortalis mortalem lege ex cinere, quem fideli posterorum memoriae nomine suo transcripsit. Admirabilis reverendus dominus Dominus Joannes Philippus Muhllen collegii ecclesiarum S. Petri et S. Crucis canonicus capitularis, defunctus in domino II septembris anno MDCCXI. Viri virtutes, quas tumulo aut verius coelo intulit, ex una metire omnes, quae mater et altrix est omnium liberalitate in pauperes. hos ditando satius habuit quam aly (= alii) ditescendo. Nam usu longo didicerat, quam foecunda sit aurifodina coelestis haec usura neque tamen plus pauperi reddidit, quod potuit, quam largitori omnium deo, quod debuit, solvendo pensum canonicum tam exacte, ut aliter numquam usurparet beneficium, nisi propter officium. Sic pridem coelo, non morti, maturus bis quinque vitae lustris et annis tribus perfectam imposuit coronidem, ut promeritam in tempore reciperet in aeternitate coronam. I, viator, et redi ad antiquum illud: sat diu vixit, qui bene: multa fecit, qui unicum intendit semper, quod sanCtVM et LaVDabILe. Daniel: 3: V.52

„Irdischer (Mensch), errate aus der Erde, wer unter diesen Marmor geborgen ist. Als Sterblicher lies (= erkenne) aus der Asche den Sterblichen, den er dem treuen Gedächtnis der Nachkommen mit seinem Namen übereignete, der bewundernswerte ehrwürdige Herr, Herr Johannes Philipp Mühlen, Stiftsherr der Kirchen St. Peter und Heiligkreuz, gestorben im Herrn am 2. September im Jahr 1711. Ermiss die Tugend des Mannes, die er ins Grab oder wahrer gesagt in den Himmel brachte, alle aus einer einzigen, die die Mutter und Amme aller ist: der Freigebigkeit gegen die Armen. Sie zu bereichern hielt er für wichtiger als andere, reich zu werden. Denn durch lange Erfahrung hatte er gelernt, eine wie ergiebige Goldgrube dieser himmlische Zins ist, doch gab er den Armen nicht mehr, was er konnte, als Gott, dem Schenker alles (Guten), was er schuldig war, indem er die Aufgabe des Stiftsherrn so genau erfüllte, dass er niemals sonst eine Wohltat beanspruchte außer aus Pflicht. So war er längst für den Himmel, nicht für den Tod bereit und setzte den zweimal fünf Lustren (= 50) und drei Jahren seines Lebens die vollendete Koronis (= das Schlusszeichen) auf, um die in der Zeit (= Welt) verdiente Krone in der Ewigkeit zu empfangen (Apk. 2, 20). Geh, Wanderer und kehre zu jenem alten Spruch zurück: „Lange genug lebte, der gut (lebte) [1]. Vieles tat, wer immer ein einziges erstrebte, das heilig und lobenswert ist (Daniel 3, v. 52)."

Das Chronogramm ergibt 1711.

[1] *Der alte Spruch ist ein Zitat aus der „Hecyra" (v. 459) des römischen Komödiendichters Terenz. Dagegen spricht das Danielzitat eigentlich nicht von menschlichen Taten, sondern vom heiligen und lobenswerten Namen Gottes.*

ooo

Grabstein für den Stiftsherrn Johannes Philipp Muhllen

Grabstein des Scholasters Rembert Volmar, gest. 1583 (Arens 1323)

Anno Domini 1583 2a maii *(Symbol für)* obiit Rembertus Volmarus de Wartberg reverendi domini Henrici Volmari decani Sancti Petri ex fratre nepos unicus. Cuius anima requiescat in pace. Amen

„Im Jahre des Herrn 1583, am 2. Mai, starb Rembert Volmar von Wartberg, einziger Neffe bruderseits des ehrwürdigen Herrn Heinrich Volmar, des Dekans von St. Peter. Seine Seele ruhe in Frieden.“

ooo

Grabstein des Valentin Dorre, gest. 1570 (Arens 1276)

[Hoc saxo quiescit corpus reverendi domini Val]entini Dorre de Itzstein, huius scholastici et Beatae Virginis ecclesiarum canonici. Obiit 8. februarii anno 1570. Requiescat in pace. Amen.

„Unter diesem Stein ruht der Leib des ehrwürdigen Herrn Valentin Dorre von Idstein, Scholaster dieser Kirche und Stiftsherr der Kirche der Seligen Jungfrau. Er starb am 8. Februar im Jahr 1570. Er ruhe in Frieden. Amen.“

Ergänzung des Textes nach früherer Abschrift.

ooo

Grabstein des Stiftsherrn Gerlach Wickard, gest. 1404 (Arens 819)

[Anno MCCCCIV I] mensis octobris (*Symbol für*) obiit Gerlacus Wyckardi de Frankenberg, huius ecclesiae canonicus et cantor. Cuius anima requiescat in pace. Amen.

„Im Jahr 1404, am 1. Oktober, starb Gerlach Wickard aus Frankenberg, Stiftsherr und Kantor dieser Kirche. Seine Seele ruhe in Frieden. Amen.“

Ergänzung des Textes nach früherer Abschrift.

Deutschhausplatz, Ernst-Ludwig-Platz und Kurfürstliches Schloss

Brunnenanlage (gegenüber der Peterskirche)

In die Umkleidung der Brunnen sind Abgüsse von Militärgrabsteinen eingelassen, die die imperiums-weite Herkunft der römischen Legionäre bezeugen (Originale im Landesmuseum). Die Reliefs siegreicher Legionäre, die Barbaren fesseln, repräsentieren hier die Geschichte des römischen Mainz.

An der Strassenseite (v.l.n.r.)

Bauinschrift des Attius Atrectus, nach 89 (CIL 13, 6994; Selzer 292)

Legio XXII Primigenia Pia Fidelis, centuria Attii Atrecti.

“22. Legion Primigenia Pia Fidelis, Centurie des Attius Atrectus.”

ooo

Grabstein des Feldwebels Theander, 1. Hälfte. 1. Jh. n.Chr. (Selzer 83)

Theander Aristomeni filius Cretensis miles cohortis I Noricorum optio annorum XLV stipendiorum XXVI hic situs est. Heres faciendum curavit.

„Theander, Sohn des Aristomenus, aus Kreta, Soldat der 1. Norikerkohorte, Feldwebel, 45 Jahre, 26 Dienstjahre, ist hier beigesetzt. Der Erbe ließ es machen.“

ooo

Bauinschrift des Gaius Velsius Secundus, aus dem Rhein, gefunden bei der Straßenbrücke, zwischen 70 und 92 (CIL 13, 6934; Selzer 300)

Bauinschriften verewigten die Arbeit der Legionscenturien. Bei Glasgow fanden sich Serien solcher Steine, die den Bau jeweils einzelner Abschnitte des Grenzwalls dokumentieren.

Legio XIIII Gemina Martia Victrix centuria Gai Velsi Secundi.

„14. Legion Gemina Martia Victrix, Centurie des Gaius Velsius Secundus.“

ooo

Grabinschrift des Soldaten Attius Maxsimus, Mitte 1. Jh. (CIL 13, 11848; Selzer 16)

Aulus Attius Gai filius Pupiena tribu Maxsimus Baeterris miles legionis IIII Macedonicae annorum XXXVII stipendiorum XVII hic situs est. Heres faciendum curavit.

„Aulus Attius Max(s)imus, Sohn des Gaius, aus der Tribus Pupiena, aus Baeterrae (Béziers), Soldat der 4. Legio Macedonica, 37 Jahre, 17 Dienstjahre, ist hier beigesetzt. Der Erbe ließ (den Grabstein) machen.“

ooo

Grabstein des Soldaten Valerius Severus, 1. Jh. (CIL 13, 6978; Selzer 59)

Sextus Valerius Sexti filius Voltinia tribu S[e]verus Luco Augusti miles legionis XXII Primigeniae annorum XL, stipendiorum XIX hic situs est. Heres faciendum curavit.

„Sextus Valerius Severus, Sohn des Sextus, aus der Tribus Voltinia, aus Lucus Augusti (Luc-en-Diois), Soldat der 22. Legio Primigenia, 40 Jahre, 19 Dienstjahre, ist hier beigesetzt. Der Erbe ließ (den Grabstein) machen.“

ooo

HINTERE REIHE:

Grabstein des Soldaten Sergius Valentinus, 1. Hälfte 1. Jh. (CIL 13, 6971; Selzer 61)

Lucius Sergius Luci filius Sabatina tribu Valentinus miles legionis XXII annorum XXVII stipendiorum VII.

„Lucius Sergius Valentinus, Sohn des Lucius, aus der Tribus Sabatina, Soldat der 22. Legion, 27 Jahre, 7 Dienstjahre."

ooo

Bauinschrift, zwischen 70 und 86 (CIL 13, 6840; Selzer 299)

Legio I Adiutrix Centuria Decimi Iunii Verecundi.

„1. Legio Adiutrix, Centurie des Decimus Iunius Verecundus."

ooo

Grabinschrift des Soldaten Cattonius Secundus, Mitte 1. Jh. (CIL 13, 6860; Selzer 12)

Lucius Cattonius Luci filius Secundus Claudia tribu Viruno miles legionis IIII annorum XXIV stipendiorum IIII hic situs est. Heredes Cotti faciendum curaverunt.

„Lucius Cattonius Secundus, Sohn des Lucius, aus der Tribus Claudia, aus Virunum (Zollfeld bei Klagenfurt), von der 4. Legion, 24 Jahre, 4 Dienstjahre, ist hier beigesetzt. Die Cottier, seine Erben, ließen (den Grabstein) herstellen."

ooo

Grabstein des Soldaten Titius Mestrius, 2. Hälfte 1. Jh. (Selzer 34)

Gaius Titius Gai filius Maecia Mestrius Pelagonia miles legionis XIIII Geminae Martiae Victricis annorum XXX stipendiorum XII hic situs est. Heres faciendum curavit.

„Gaius Titius Mestrius, Sohn des Gaius, aus der Tribus Pelagonia, Soldat der 14. Legio Gemina Martia Victrix, 30 Jahre, 12 Dienstjahre, ist hier beigesetzt. Der Erbe ließ (den Grabstein) machen."

ooo

Juppiter-Säule, ca. 58 n.Chr. dem Kaiser Nero gewidmet, ursprünglicher Standort am Zollhafen, Tilgung des Namens „Nero“ im Jahr 68 (CIL 13, 11806; Selzer, S. 90 f. und Nr. 275), ergänzter Abguss (Original bis 2002 im Rheinischen Landesmuseum, Steinhalle).

Die Juppiter-Säule ist eine Ergebenheitsbekundung der Mainzer Bürger nach dem angeblichen Attentat von Neros Mutter auf den Kaiser 59, das er als Anlass ihrer Ermordung genommen hatte, oder nach der Niederschlagung einer von Gaius Calpurnius Piso geführten Revolte der römischen Nobilität im Jahre 65. Weil Kaiser Nero nach seinem Tode (68 n. Chr.) der "damnatio memoriae" (Verdammung des Andenkens) verfiel, wurde sein Name aus der Inschrift ausgemeißelt (sie ist in der hier aufgestellten Kopie wieder eingesetzt!). Die Statue, die am Mainzer Nordhafen gestanden hatte, wurde vermutlich von Christen wegen ihrer Götterdarstellungen in viele Teile zerschlagen und vergraben.

Iovi Optimo Maximo.

Pro [sa]l[ute Neronis] Clau[d]i Caesaris Au[g]usti imperatoris canaba[rii] pu[bl]ice Publio Sulpicio Scribonio Proculo legato Augusti p[ro p]raetore, cura et impensa Quinti Iuli Prisci et Quinti Iuli Aucti.

(auf der Gesimsplatte rechts die Inschrift der beiden ersten Mainzer Künstler!):

Samus et Severus Venicari filii sculpserunt.

Davor ein Weihaltar:

Iovi Optimo Maximo.

Quintus Iulius Priscus et Quintus Iulius Auctus.

„Dem Juppiter Optimus Maximus.

Für das Heil des Kaisers Nero Claudius Caesar Augustus (errichteten) die Händler von Staats wegen unter der Proprätur des Publius Sulpicius Scribonius Proculus, des kaiserlichen Legaten, dies im Auftrag und auf Kosten des Quintus Iulius Priscus und des Quintus Iulius Auctus.

Samus und Severus, die Söhne des Venicarus, meißelten (es).

Für Juppiter Optimus Maximus.

Quintus Iulius Priscus und Quintus Iulius Auctus (haben diesen Altar gestiftet).“

ooo

Dativius-Victor-Bogen, 3. Jh., ursprünglicher Standort Gautor/ Kästrich (CIL 13, 6705 und 11810; Selzer, S. 92 und Nr. 270, Kopie)

Die Stiftung des Dativius-Victor-Bogens fällt in die Zeit des ersten Durchbruchs der germanischen Stämme durch den römischen Limes. In dieser Situation mag der Ratsherr

Juppiter-Säule

einer direkt am Limes gelegenen römischen Stadt sich durch eine Stiftung in Mainz eine Rückzugsmöglichkeit im sicheren Hinterland verschafft haben.

In honorem domus divinae Iovi Optimo Maximo Conservatori arcum et porticus, quos Dativius Victor decurio civitatis Taunensium sacerdotalis Mogontiacensibus [p]romisit, Victorii Ursus frumentarius et Lupus filii et heredes consummaverunt.

„Zu Ehren des Kaiserhauses dem Juppiter Optimus Maximus, dem Retter, haben den Bogen und die Säulenhallen, die Dativius Victor, Ratsherr der Taunenser-Stadt (= Frankfurt-Heddernheim), ehemaliger Oberpriester (des Kaiserkults), den Mainzern versprochen hat, seine Söhne und Erben Victorius Ursus, Getreidehändler (*oder* Feldgendarm)[1], und Victorius Lupus[2] vollendet."

[1] *Für die erste Übersetzung spricht, dass hier* frumentarius *ohne Zusatz eines militärischen Dienstgrads gebraucht ist und die Inschrift insgesamt keinen solchen Bezug aufweist.*

[2] *Die redenden Cognomina „Bär" und „Wolf" sind im Imperium Romanum so weit verbreitet und zwei weitere Male als Brüder genannt, dass man nicht an germanische Namensgebung denken muss. Näher liegt die Herkunft aus der Welt des Amphitheaters.*

Kurfürstliches Schloss, Nordflügel

Nordwestecke, Bauinschrift im Giebelfeld (gleichlautende Inschrift am anderen Gebäudeende), 1752 (Arens 2303)

Der Nordtrakt des Mainzer Schlosses wurde 1687 von Kurfürst Anselm Franz von Ingelheim begonnen und von Kurfürst-Erzbischof Johann Friedrich Karl von Ostein (1743-1763) nicht in zwei Jahren (1751-1752) erbaut, wie die Inschrift behauptet, sondern in dieser Zeit nur fertiggestellt.

DeI gratIa FrIDerICVs CaroLVs prInCeps eLeCtor sIbI sVIsqVe sVCCessorIbVs bIennIo ereXIt.

„Mit Gottes Gnade errichtete Friedrich Karl, Kurfürst, (dieses Gebäude) für sich und seine Nachfolger in zwei Jahren."

Das Chronogramm ergibt 1752.

ooo

Kurfürstliches Schloss, Römisch-Germanisches Zentralmuseum (RGZM; die Bestände dieses Museums werden in dem für 2012 geplanten Museum

Kurfürstliches Schloß: Nordflügel

in der Nähe des Römerschiffmuseums Aufstellung finden): Eingangshalle links:

Weihaltar der römischen Bürger von Mainz, 1./2.Jh. (CIL XIII 6722; Selzer 158; Original im Rheinischen Landesmuseum, Mainz)

Iovi Optimo Maximo et Iunoni Reginae vicani Mogontiacenses vici novi de suo posuerunt.

„Für Juppiter Optimus Maximus und Juno Regina haben die Mainzer Stadtbewohner des neuen Stadtbezirks (dies) auf eigene Kosten errichtet."

ooo

Inschrift der Juppiter-Säule, Kopie des Fundzustandes (ergänzt im Rheinischen Landesmuseum, Steinhalle; Übersetzung und Erklärung s. o. Deutschhausplatz)

Iovi Optimo Maximo. Pro [sa]l[ute Neronis] Clau[d]i Caesaris Au[g]usti imperatoris canaba[rii] pu[bl]ice Publio Sulpicio Scribonio Proculo legato Augusti [pro p]raetore, cura et impensa Quinti Iuli Prisci et Quinti Iuli Aucti.

Samus et Severus Venicari filii sculpserunt.

ooo

Votivinschrift des Konsuls Veiento für die Göttin Nemetona, bronzene Tafel, um 83, aus Ober-Olm (CIL 13, 7253)

Weihung eines römischen Konsuls und Priesters des Kaiserkults an eine keltische Göttin

Aulus Didius Gallus [Fa]bricius Veiento consul III, XVvir sacris faciendis sodalis augustalis Flavialis, sodalis Titialis, et Attica eius Nemetonae votum solverunt libentes merito.

„Aulus Didius Gallus Fabricius Veiento, Konsul zum dritten Mal, Quindecimvir für die Abhaltung der Opfer, Mitglied des Flavischen und Titischen Augustalen-Kollegiums, und seine (Ehefrau) Attica erfüllten der (Göttin) Nemetona ihr Gelöbnis gern und nach Verdienst."

Der Konsul Veiento, der dem Staatsrat des Kaiser Domitian angehörte, besuchte vermutlich während dessen Feldzugs gegen Saturninus die Stadt Mainz.

ooo

Raum 2, Vitrine: ‚Schrift und Rechnen'

Vorladung vor den Provinzstatthalter, 2. Jh. n.Chr., sog. Nigra-Schale (AE 1964, 148), altrömische Kursivschrift. Die Inschrift wurde vor dem Brand in die Außenseite eines Gefäßes geritzt.

[---] denuntiavi Tito Elvissio Secundo, uti adsit Mogontiaci ante praetorium Poblici Marcelli ad hiberna legionis XXII Primigeniae Piae Fidelis.

"Ich habe dem Titus Elvissius Secundus Anweisung gegeben, sich in Mainz vor dem Amtssitz des Publicius Marcellus beim Winterlager der 22. Legion Primigenia Pia Fidelis einzufinden."

C. Quinctius Certus Publicius Marcellus war in den Jahren 121-125 Statthalter der Provinz Obergermanien.

Der Anlaß dieser aus einer Töpferei kommenden Mitteilung über eine Vorladung vor den Provinzstatthalter ist nicht mehr sicher zu bestimmen, könnte aber mit einer Lieferung von Gefäßen zusammenhängen.

ooo

Wachstäfelchen, Rekonstruktion, mit moderner Schriftprobe in altrömischer Kursive (der Text, ein Epigramm des Dichters Martial IX 4, ist nur bei Seitenbeleuchtung zu lesen).

ooo

Quittung über ein Darlehen des Bankiers L. Caecilius Secundus für den Kauf einer Gerberei, 19. Februar 58.

Teilkopie einer Wachstafel aus Pompeji (CIL IV 3340, 141); auf der Holztafel die Namen der fünf Zeugen links und rechts der fünf Wachssiegel (der Text wird hier aus Gründen der Verständlichkeit weiter abgedruckt als in der Rekonstruktion des Täfelchens).

Chirographum Privati colonorum coloniae Veneriae Corneliae servi. Ob fullonicas soluti HS |mille DCLII anni primi. Sexto Pompeio Proculo Caio Cornelio Macro IIviris iure dicundo XI Kalendas Martias Privatus coloniae servus scripsi me accepisse ab Lucio Caecilio Iucundo sestertios mille sescentos quinquaginta duo nummos ob fullonicam ex reliquis anni unius. actum Pompeis Nerone Augusto III Marco Messalla consulibus.

„Eigenhändige Urkunde des Privatus, Sklave der Kolonen der Colonia Veneria Cornelia (= Pompeji). Wegen der Gerbereien wurden 1652 Sesterzen des ersten Jahres bezahlt. Unter den Duumvirn für die Rechtsprechung Sextus Pompeius Proculus (und) Gaius Cornelius Macer habe ich, Privatus, der Sklave der Colonia, schriftlich bestätigt, am 11. Tage vor den Kalenden des

März (19. Februar) von Lucius Caecilius Iucundus 1652 Sesterzen wegen der Gerberei aus der Restschuld eines Jahres erhalten zu haben. Geschehen in Pompeji unter dem dritten Konsulat des Kaisers Nero und dem Konsulat des Marcus Messalla (*58 n.Chr.*)."

Dem eigenhändigen Text folgt wie in vielen anderen Originaldokumenten aus Pompeji eine Abschrift, die mit den Namen der Zeugen die eigentlich juristisch gültige Urkunde darstellt.

ooo

Weihinschrift für Mithras aus dem Mithrasheiligtum Dieburg, spätes 2. Jahrhundert n.Chr. (Kopie) roter Sandstein (RSO 150).

Relief der Vorderseite: im Mittelbild jagender Mithras, umgeben von Szenen aus der Mithraslegende; auf der Rückseite die Legende von Phaethon, der seinen Vater, den Sonnengott, um die Quadriga des Sonnenwagens bittet. Die Inschriften befinden sich auf der Vorderseite unter dem Mittelbild und auf den Stegen zwischen den beiden unteren Bildreihen, auf der Rückseite auf dem Schriftband, das die Darstellung kreisförmig umgibt.

Deo Invicto Mithrae Silvestrius Silvinus et Silvestrius Per[petus et A]urelius nepos votum solverunt libentes laeti merito. Perpetus frate[r] artis sutor[iae], Silvinus artis quadratariae, Aurelius LV dono dederunt. – Deo Soli Invicto Mithrae Silvestrius Silvinus et Silvestrius Perpetus et Silinius Aurelius.

„Für den unbesieglichen Gott Mithras. Silvestrius Silvinus und Silvestrius Perpetus und sein Enkel Aurelius lösten ihr Gelübde gern, froh und nach Verdienst ein. Der Bruder Perpetus, vom Schuhmacherhandwerk, Silvinus vom Steinmetzhandwerk und Aurelius schenkten 55 Sesterzen. – Für den Sonnengott, den unbesieglichen Mithras (stifteten das Relief) Silvestrius Silvinus und Silvestrius Perpetus und Silinius Aurelius.

Die mit dem Sturz des Phaethon und dem Brand der Welt endende Geschichte ist von Ovid, Metamorphosen 2, 1-333, erzählt. Mithras wurde in der römischen Kaiserzeit mit dem Sonnengott gleichgesetzt, dessen Feuer die Welt reinigt.

ooo

Aschenkiste in Hausform, Ostia Antica, 31. Oktober 147 n.Chr. (CIL 14, 348)

Dis Manibus Auli Egrili Threptiani. vixit annos XXVII dies XXXI. Egrilia Vera fratri pientissimo. Dedicata pridie Kalendas Novembres Largo et Messalino consulibus.

„Für die Totengeister des Aulus Egrilius Threptianus. Er lebte 27 Jahre und 31 Tage. Egrilia Vera (stiftete sie) für ihren sehr frommen Bruder. Geweiht am Tage vor den Kalenden des November im Konsulatsjahr des Largus und Messalinus.

Diese und die folgende Aschenkiste veranschaulichen zwei an reale Architektur angelehnte Formen römischer Grabmäler.

ooo

Aschenkiste in Altarform, RGZM O. 33828)

Laecania Marina

Die Aschenkiste trägt nur den Namen der Verstorbenen.

ooo

Raum 5, in der Vitrine „Orden und Diplome; Nr. 6:

Militärdiplom, 24. September 105 (RGZM Inv. O. 38990, AE 1968, 513), Bronze.

Die Veteranen des römischen Heeres erhielten durch kaiserlichen Erlass, der in Rom öffentlich dokumentiert wurde, das Bürgerrecht für sich und ihre Familie. Um einem Missbrauch durch weitere Ehen vorzubeugen, wurde es nur für eine Ehefrau gewährt. Das hier ausgestellte Militärdiplom ist nur eines von vielen erhaltenen (vgl. Landesmuseum Mainz, Nr. 2.)

Imperator Caesar, divi Nervae filius, Nerva Traianus Augustus Germanicus Dacicus, pontifex maximus, tribunicia potestate VIIII, imperator IIII, consul V, pater patriae, equitibus et peditibus, qui militaverunt in alis tribus et cohortibus septem, quae appellantur Augusta et Apriana et Vocontiorum et I Augusta Lusitanorum et I Pannoniorum et I Flavia Cilicum et II Thracum et II Thebaeorum et II et III Ituraeorum et classicorum et sunt in Aegypto sub Caio Vibio Maximo, item extranslatarum in Iudaeam[1] I Hispanorum et I Thebaeorum quinis et vicenis pluribusve stipendiis emeritis dimissis honesta missione, quorum nomina subscripta sunt, ipsis liberis posterisque eorum civitatem dedit et conubium cum uxoribus, quas tunc habuissent, cum est civitas iis data, aut si qui caelibes essent, cum iis, quas postea duxissent, dumtaxat singuli singulas, ante diem VIII Kalendas Octobres Marco Vitorio Marcello Gaio Caecilio Strabone consulibus. Cohortis II Ituraeorum, cui praeest Lucius Aquillius Oculatius, ex pedite Marco Spedio Marci filio Corbuloni Hippo(ne ?) descriptum et recognitum ex tabula aenea, quae fixa est Romae in muro post templum divi Augusti ad Minervam.

Tiberi Iuli Urbani, Quinti Pompei Homeri, Publi Cauli Restituti, Publi Atini Amerimni, Marci Iuli Clementis, Tiberi Iuli Euphemi, Publi Cauli Vitalis. *Die Cognomina der Zeugen stehen auf der rechten Seite der Tafel.*

„Kaiser Nerva Trajanus, (Adoptiv-)Sohn des vergöttlichten Nerva, Germanicus, Dacicus, Pontifex Maximus, in tribunizischer Amtsgewalt zum neunten Mal, Imperator zum vierten Mal, Konsul zum fünften Mal, Vater des Vaterlandes, verlieh den Reitern und Fußsoldaten, die in drei Alen und sieben Kohorten dienten, die folgendermaßen benannt waren: Augusta, Apriana, (Kohorte) der Vocontier und I. Augusta der Lusitaner und I. der Pannonier und I. Flavia der Kiliker und II. der Thraker und II. der Thebäer und II. und III. der Ituräer und der Flottensoldaten, und sich in Ägypten unter C. Vibius Maximus befinden, ebenso der I. der Hispanier und der I. der Thebäer, die nach Judäa verlegt wurden[1], deren Namen unten aufgeführt sind, nach 25 oder mehr Dienstjahren und ehrenhafter Entlassung ihnen, ihren Kindern und deren Nachkommen das Bürgerrecht und das Recht zur Ehe mit den Frauen, die sie damals hatten, als ihnen das Bürgerrecht gegeben wurde, oder wenn sie ledig waren, mit denen, die sie später geheiratet hatten, genau gesagt: jeder eine, am 8. Tage vor den Kalenden des Oktober im Konsulatsjahr des M. Vitorius Marcellus und des C. Caecilius Strabo. Für den ehem. Fußsoldaten der 2. Kohorte der Ituräer, die von L. Aquillius Oculatius befehligt wird, M. Spedius, Sohn des Marcus, Corbulo aus Hippos (*Kleinasien, oder* Hippo Regius, *h. Algerien*), abgeschrieben und beglaubigt von der Bronzetafel, die in Rom an der Mauer hinter dem Tempel des vergöttlichten Augustus beim Minervatempel befestigt ist.

Tiberius Julius Urbanus, Q. Pompeius Homerus, P. Caulus Restitutus, P. Atinius Amerimnus, M. Julius Clemens, Tiberius Julius Euphemus, P. Caulius Vitalis (= *Namen der Urkundenzeugen*).

[1] „... die nach Judäa verlegt wurden": die Verlegung dieses Truppenteiles diente vermutlich der Vorbereitung der Annexion Arabias, die 106 n.Chr. erfolgte.

ooo

Nummer 7

Militärdiplom aus Moesia, 13. Dezember 215 n.Chr. (unter Kaiser Caracalla), RGZM Inv. O. 41805, AE 1998, 1618, Bronze.

Caius Iulius Quintillianus legatus Augusti pro praetore Claudio Marciano equiti alae I Flaviae Gaetul{l}orum ex singularibus turma Stephani emerito stipendiorum XXVII honestam missionem dedi Idibus Decembribus Laeto II et Ceriale consulibus.

„Ich, Gaius Iulius Quintillianus, Provinzstatthalter des Kaisers im Range eines Propraetors, habe Claudius Marcianus, dem Reiter der Ala der I. Kohorte Flavia der Gaetuler aus dem Rang der Singulares in der Abteilung des Stephanus, der 27 Dienstjahre abgeleistet hat, die ehrenhafte Entlassung verliehen an den Iden des Dezember im Konsulatsjahr des Laetus zum zweiten Male und des Cerialis.“

ooo

Nummer 8

Militärdiplom aus Arrabona (Pannonia superior), 3. Januar 240 (unter Kaiser Gordian III), RGZM Inv. O. 41853, AE 1998, 1619), Bronze.

Marcius Maximillianus legatus Augusti pro praetore Aurelio Bitho equiti alae I Ulpiae Contariorum Gordianae emerito honestam missionem dedi III Nonas Ianuarias ex III Nonas Ianuari{i}as Sabino II et Venusto consulibus.

„Ich, Marcius Maximillianus, Statthalter des Kaisers im Range eines Prorätors, habe Aurelius Bithus, Reiter der I. Ala Ulpia der Pikenträger Gordiana nach Ableistung des Wehrdienstes die ehrenhafte Entlasssung verliehen am dritten Tag vor den Nonen des Januar im Konsulatsjahr des Sabinus zum zweiten Male und des Venustus.“

Nicht weniger als drei Personen des gleichen Namens erhielten die Entlassungsurkunde in den Jahren 222, 230 und 240 – eine gute Warnung vor voreiligen Identifikationen.

Rathaus, Rheinstraße

(Eingang zum Foyer, linke Seite)

Ehreninschrift der Stadt Mainz für die Vier Kaiser (Tetrarchen), nach 293 (CIL 13, 6727).

Aus der Zeit der Konsolidierung des Imperium Romanum stammt diese Inschrift. Erinnert sei an die Darstellung der Tetrarchen, die an der Ecke des Dogenpalastes in Venedig angebracht ist.

In honorem [domus divinae Iovi Optimo Maximo] Iunoni R[eginae] Minervae [dis dea]busque imm[ortalibus pro] salute et in[columitate] dominorum nostro[rum Diocletiani et] Maximian[i Invictorum] Augustoru[m et Constanti] et Maximia[ni nobilissimorum Caesarum] civitas Mog[ontiacensis dedicante] [A]urelio Lav[...] viro clarissimo consulari Germaniae superioris Kalendis [...

„Zu Ehren des Kaiserhauses, für Juppiter, den Besten, den Größten, für Juno, die Königin, für Minerva und die unsterblichen Götter, für das Heil und die Unversehrtheit unserer Herren Diocletian und Maximian, der unbesiegbaren Kaiser, und Constantius und Maximian, der sehr edlen Caesaren (stiftet dies) die Bürgerschaft von Mainz dank der Weihung des Aurelius Lav[....], des Senators und Konsulars von Obergermanien an den Kalenden [...“

ooo

Ehreninschrift für Leucadius, 2./Anfang 3. Jh. (AE 1990, 745)

Leucadius ist der älteste bekannte Mainzer Ratsherr (vgl. Landesmuseum Mainz, Nr. 22). Die Inschrift wurde bei der Ausgrabung der römischen Schiffe in der Nähe des antiken Rheinufers gefunden.

Caius Valerius Leucadius decurio civium Romanorum Mogontiaci collegis dono dedit.

„Gaius Valerius Leucadius, Ratsherr der römischen Bürger von Mainz, schenkte (dies) seinen Amtskollegen.“

Aus der Amtsterminologie ergibt sich, dass Mainz zur Zeit der Abfassung dieser Inschrift kein Stadtrecht als Colonia oder Municipium hatte, sondern von einer quasi-städtischen Behörde verwaltet wurde.

Dativius-Victor-Bogen (Nr. 23)

IV. Landesmuseum Mainz

(Auswahl, nach der bis 2002 bestehenden Aufstellung, die nach Sachgruppen und nicht grundsätzlich chronologisch geordnet war. Die Wiedereröffnung in einem neuen Museum in der Nähe des Römerschiffmuseums ist etwa im Jahre 2012 geplant)

In der Antikenabteilung des Landesmuseums sind die Funde aus Mainz und Umgebung ausgestellt. Die Inschriften sind Zeugnisse des römischen Militärs, der kultischen Verehrung der Götter und Kaiser und des sozialen und kulturellen Lebens der kurz vor der Zeitenwende neugegründeten Stadt in der Nähe des römischen Limes, in der Menschen aus allen Teilen des Imperium Romanum zusammenlebten. Nicht wenige zeigen die schnelle Romanisierung der Fremden, auch der hier einheimischen Kelten.

Römische Inschriften

Vorhalle:

1 Reitergrabmal des Gaius Romanius Capito, 1. Jh. (CIL 13, 7029; Selzer 87)

Caius Romanius eques alae Noricorum Claudia tribu Capito Celeia annorum XL stipendiorum XIX hic situs est. Heres ex testamento faciendum curavit.

„Gaius Romanius Capito, Reiter der Abteilung der Noriker, aus der Tribus Claudia, aus Celeia (Celje / Slowenien), 40 Jahre alt, 19 Dienstjahre, ist hier beigesetzt. Der Erbe ließ es nach dem Testament machen.“

Raum 1

2 Militärdiplom, 27. Oktober 90 n.Chr., Bronze (Tafel 1 in Worms, Tafel 2 in Mainz) (ILS Dessau 1998); zu den Militärdiplomen vgl. Römisch-Germanisches Zentralmuseum, Raum 5, Nr. 6, 7 und 8).

(Vorderseite) Imperator Caesar, Divi Vespasi[ani filius Dom]itianus Augustus Germanicus, pontifex maximus, tribunicia potestate X, imperator XXI, ce[nso]r perpetuus, consul XV, pater patriae, equitibus qui militant in alis quattuor, I Flavia Gemina, I Cannenefatium, I Singularium, Scubulorum, et peditibus [e]t equitibus, qui in cohortibus decem et quattuor: I Flavia Damascenorum milliaria, I Biturigum, I Thracum, I Aquitanorum vet[e]rana, I Asturum, II Aquitanorum, II Cyrenaica, II Raetorum, III D[e]lmatarum, III et IV Aquitanorum, IV Vindelicorum, V D[e]lm[atarum], VII Raetorum,

Reitergrabmal des C. Romanius Capito (Nr. 1)

quae sunt in Germania superiore sub [Lucio] Iavoleno Prisco, item dimissis honesta missione quinis et vicenis pluribusve stipendiis emeritis,

(*Rückseite*) quorum nomina subscripta sunt, ipsis, liberis posterisque eorum civitatem dedit et conubium cum uxoribus, quas tunc habuissent, cum est civitas iis data, aut si qui caelibes essent, cum iis, quas postea duxissent, dumtaxat singuli singulas. - Ante diem VI kalendas novembres Albio Pullaieno Pollione Cn. Pompeio Longino consulibus - Cohortis I Aquitanorum veteranae, cui praeest Marcus Arrecinus Gemellus equiti Mucapori Eptacentis filio Thraci. Descriptum et recognitum ex tabula aenea, quae fixa est Romae in muro post templum Divi Augusti ad Minervam. *(es folgen 7 Namen)*

(Vorderseite) „Kaiser Domitian, Sohn Vespasians, Augustus Germanicus, Pontifex Maximus, in tribunizischer Amtsgewalt 10 mal, Imperator 21 mal, Censor auf Lebenszeit, Konsul 15 mal, Vater des Vaterlandes, hat den Reitern, die in vier Schwadronen dienen: der I. Flavia Gemina, der I. Cannenefaten, der I Singulares, der Scubuli, und den Fußsoldaten und Reitern, die in 14 Kohorten (dienen): der I. Flavischen Tausenderkohorte der Damaszener, der I. der Biturigen, der I. der Thraker, der I. Veteranenkohorte der Aquitaner, I der Asturer, der II. der Aquitaner, der II. Cyrenaischen, der II. der Räter, der III. der Dalmatiner, der III. und IV. der Aquitaner, der IV. der Vindeliker, der V. der Dalmatiner, der VII. der Raeter, die in Obergermanien unter Lucius Iavolenus Priscus stehen, sowie denen, die nach 25 und mehr Dienstjahren ehrenhaft entlassen wurden,

(Rückseite) deren Namen unten aufgeschrieben sind, ihnen selbst, ihren Kindern und deren Nachfahren das (römische) Bürgerrecht und das Recht zur Ehe mit den Frauen gegeben, die sie damals hatten, als ihnen das Bürgerrecht gegeben wurde, oder wenn sie ledig waren, mit denen, die sie später geheiratet hatten, genau gesagt: jeder eine. Vor dem sechsten Tag der Kalenden des November unter dem Konsulat des Albius Pullaienus Pollio und des Gnaeus Pompeius Longinus. Aus der I. Veteranenkohorte der Aquitaner, der Marcus Arrecinus Gemellus vorsteht, für den Thrakischen Reiter Mucapor, Sohn des Eptacens. Abgeschrieben und beglaubigt von der Bronzetafel, die in Rom an der Mauer hinter dem Tempel des vergöttlichten Augustus beim Nerva-Tempel befestigt ist. ...“

ooo

3 Weihaltar der Mainzer Bürger, 1./2.Jh. (CIL 13, 6722; Selzer 158)

Iovi Optimo Maximo et Iunoni Reginae vicani Mogontiacenses vici novi de suo posuerunt.

„Für Juppiter, den Besten, den Größten, und Juno, die Königin, haben die Mainzer Stadtbewohner des neuen Stadtteils (dies) auf eigene Kosten gesetzt."

STEINHALLE

4 Gefälschter Gedenkstein für Drusus Germanicus, 3. Jh. (CIL 13, 1272; Selzer 143, Arens 1598)

Für die Inschrift wurde ein antiker Viergötterstein, der noch eine Minerva zeigt, zu einer Platte zugerichtet. Die Inschrift selbst wurde jedoch schon 1546 von dem italienischen Epigraphiker Accursius (1489-1546) als unecht erkannt. Nach Selzer wurde sie im 9. Jh. hinzugefügt; nach Arens sind die Buchstabenformen die des beginnenden 16. Jhs.

In memoriam Drusi Germanici.

„Zum Gedächtnis an Drusus Germanicus."

ooo

5 Grabstein des Militärtribunen Cn. Petronius Asellio, 1. Jh. (CIL 13, 6816; Selzer 70)

Cnaeus Petronius Cnaei filius Pomptina tribu Asellio tribunus militum praefectus equitum praefectus fabrum[1] Tiberii Caesaris.

„Gnaeus Petronius Asellio, Sohn des Gnaeus, aus der Tribus Pomptina, Militärtribun, Reiterpräfekt, Präfekt der Handwerker des Kaisers Tiberius."

[1] *Der* praefectus fabrum *ist der Befehlshaber der Heereshandwerker in hoher militärischer und administrativer Funktion.*

ooo

6 Grabmal des Ituräers Monimus, frühes 1. Jh. (CIL 13, 7041; Selzer 80)

Die Ituräer waren ein arabischer Volksstamm, der sich im Gebiet des heutigen Libanon festgesetzt hatte. Einige Kohorten von Ituräern waren zeitweise in Mainz stationiert. Der Name des Verstorbenen ist griechisch („der Standhafte"), der seines Vaters semitisch.

Monimus Ierombali filius miles cohortis I Ituraeorum annorum L stipendiorum XVI hic situs est.

„Monimus, Sohn des Hierombalus, Soldat der 1. Ituräerkohorte, 50 Jahre, 16 Dienstjahre, ist hier beigesetzt."

ooo

7 Juppiter-Säule, ca. 58 n.Chr. dem Kaiser Nero gewidmet, Tilgung des Namens 68 n.Chr., teilw. ergänztes Original (CIL 13, 11806; Selzer, S. 90 f. und Nr. 275; Übersetzung und Erklärungen s. o. Deutschhausplatz)

Iovi Optimo Maximo. Pro [sa]l[ute Neronis] Clau[d]i Caesaris Au[g]usti imperatoris canaba[rii] pu[bl]ice Publio Sulpicio Scribonio Proculo legato Augusti p[ro p]raetore, cura et impensa Quinti Iuli Prisci et Quinti Iuli Aucti.

(*auf der Gesimsplatte rechts*:)

Samus et Severus Venicari filii sculpserunt.

Davor ein Weihaltar:

I O M

Quintus Iulius Priscus et Quintus Iulius Auctus.

ooo

8 Grabstein mit Relief: Familie des Kapitäns Blussus, 1. Jh. (Text aus den Inschriften der Vorder- und Rückseite kombiniert) (CIL 13, 7067; Selzer, S. 95, 98 und Nr. 110)

Blussus Atusiri filius nauta an(norum) LXXV h(ic) s(itus) e(st) .... Menimane Brigionis filia annorum .... uxsor viva sibi fecit. Satto verna annorum .... h(ic) s(itus) e(st). Primus f(ilius) parentibus pro pietate posit.[1]

„Blussus, Sohn des Atusirus, Kapitän, 75 Jahre, ist hier beigesetzt. [...] Menimane, Tochter des Brigio, [...] Jahre alt, seine Frau, machte es für sich zu Lebzeiten. Satto, Haussklave, [...] Jahre alt, ist hier beigesetzt. Primus, ihr Sohn, setzte es den Eltern aus Pietät.“

Vater und Ehefrau des Blussus tragen noch typisch keltische Namen, der Sohn einen römischen Vornamen – Zeichen schneller Romanisierung. Die zwei fehlenden Lebensdaten zeigen an, dass Menimane und Satto noch lebten.

[1] *vulgärlateinisch für* posuit.

ooo

9 Grabstein des Freigelassenen C. Seccius Lesbius, 1. Jh. aus Mainz-Zahlbach (CIL 13, 7105; Selzer 94)

C. Seccius C. libertus Lesbius annorum XX hic situs est.

Cum mihi prima novos spargebat flore(s) iuventus,
heu miser aetatis praemia nulla tuli.
Bis denis mihi mors annis accessit iniqua.
Ingemit et damno Seccius ille gravi.
Di meliora precor, pro nostro munera casu

sentiat et plures possit habere suos.
Hic tumulum titulumque mihi donavit honori
et proprium nomen distinat in lacrumas.
Bene merenti.

„Gaius Seccius Lesbius, Freigelassener des Gaius, 20 Jahre, ist hier beigesetzt.

Als mir die frühe Jugend neue Blüten streute, trug ich Armer - ach! - keinen Lohn meines Lebensalters davon. Mit zweimal zehn Jahren kam mir der ungerechte Tod. Es stöhnt auch jener Seccius (*sein Herr*) über den schweren Verlust. Ihr Götter, ich bitte, dass er für unser schweres Schicksal bessere Geschenke genießen und mehr Angehörige haben kann. – Dieser stiftete mir zu Ehren das Grabmal und die Inschrift und bestimmt den eigenen Namen zu Tränen. – Für den Wohlverdienten.

Der Ausdruck ist unbeholfen und der erste Vers metrisch fehlerhaft. – Eine so ausschließliche Klage um ein unglückliches Leben ist selten, vgl. Nr. 31.

ooo

10 Grabstein der Kinder Respectus, Veranius und **Samocna** (CIL 13, 11888; Selzer 101)

*Dieser aus Trier zugezogene Bürger trägt einen rein römischen Namen, allerdings in vulgärlateinischer Schreibung (*Presens *statt* Praesens*), seinen Söhnen gab er ebenfalls schon römische Namen, jedoch seiner Tochter noch einen keltischen.*

Respectus natione Trevir annorum VIII, Veranius natione Trevir annorum III filii, Samocna natione Trevira annorum II filia. Presens pater filiis suis posuit ob pietatem. Hic siti sunt.

„Respectus, ein Treverer, 8 Jahre, Veranius, ein Treverer, 3 Jahre, die Söhne, Samocna, eine Treverin, 2 Jahre, die Tochter. Pr(a)esens, ihr Vater, setzte seinen Kindern aus Pietät diesen Grabstein. Hier sind sie beigesetzt.“

ooo

11 Grabstein der kleinen Tochter der Telesphoris, 2./3. Jh. (CIL 13, 7113; Selzer 127)

Die Mutter Telesphoris trägt einen griechischen Namen, was in dieser Zeit nicht mehr auf griechische Herkunft verweisen muss. Der Reichtum und die literarische Kultur sind bei einer Freigelassenen oder von solchen abstammenden Frau nicht ungewöhnlich. – Das dargestellte Kind hält in der einen Hand eine Rassel und streckt die andere nach einem Blumenstrauß aus.

Dis Manibus
Telesphoris et maritus eius parentes filiae dulcissimae.
Queri necesse est de puellula dulci.
Ne tu fuisses, si futura tam grata,
brevi reverti, unde nobis edita,
nativom esset et parentibus luctu(i).
Semissem anni vixit et dies octo:
rosa simul florivit et statim periit.

„Für die Totengötter.
Telesphoris und ihr Mann, die Eltern, für ihre süße Tochter.

Klagen muss man um ein süßes Mädelchen. Ach, wenn du doch nie gewesen wärest, wenn du so lieb werden solltest und es dir von Geburt an bestimmt war, so bald dahin zurückzukehren, woher du uns gegeben warst, und deinen Eltern zum Schmerz zu bereiten. Die Hälfte eines Jahres lebte sie und acht Tage. Gleichzeitig blühte die Rose und verging so bald."

Die Voranstellung des Namens der Mutter und die Anonymität des Vaters sind ungewöhnlich. Die Verse 1 f. und 4 f. sind sog. Hinkjamben, v. 3 ein jambischer Senar; aber der letzte Vers ist fehlerhaft. Die übliche Elision wird nicht angewandt, z.B. nativom | esset – *Zeichen geringer Verskunst!*

ooo

12 Grabstein der Paulla, 1. Jh. n. (CIL 13, 113; Selzer 96)

Paulla Tiberi Iuli Selvani ex cohorte Surorum annorum XXIIX hic sita est.

Hospes, si vacuum est tumuli cognoscere cassus,
perlege. Nam mortis caussa dolenda fu{u}it.
Dic, rogo, nunc iuvenis: Sit tibi terra levis.

„Paulla, Frau des Tiberius Iulius Selvanus aus der Syrerkohorte, 28 Jahre, ruht hier.

Gastfreund, wenn du Zeit hast, das Schicksal dieses Grabmals kennenzulernen, lies es durch. Denn der Grund des Todes war schmerzlich. Sag nun, bitte, Jüngling: Sei die Erde dir leicht."

Dem Hexameter dieses Epigramms folgen ungewöhnlicherweise zwei Pentameter; umgekehrt Nr. 44.

ooo

13 Grabstein des ermordeten Freigelassenen Iucundus, 1. Jh. (CIL 13, 7070; Selzer 116)

Der berühmteste Kriminalfall des römischen Mainz! – Dies ist einer der nicht seltenen Grabsteine, die Patrone für ihre Freigelassenen setzten (s. Nr. 14).

Iucundus Marci Terenti libertus pecuarius.

Praeteriens quicumque legis, consiste viator,
et vide, quam indigne raptus inane querar.
Vivere non potui plures triginta per annos.
Nam erupuit[1] servos mihi vitam et
ipse praecipitem sesse deiecit in amnem.
Apstulit huic Moenus, quod domino eripuit.

Patronus de suo posuit.

„Iucundus, Freigelassener des Marcus Terentius, Viehhirt.

Wer auch immer im Vorbeigehen dies liest, Wanderer, bleib stehen und sieh, wie nutzlos ich klage, dass ich unverdient entrissen wurde. Ich konnte nicht mehr als 30 Jahre hindurch leben. Denn ein Sklave entriss mir das Leben, und er selbst warf sich kopfüber in den Fluss. Der Main raubte ihm, was er dem Herrn entriss.

Der Patron setzte (das Grabmal) auf eigene Kosten.“

Die – in der Inschrift nicht abgesetzten – Verse sind teilweise (v. 4 und 5) metrisch fehlerhaft gebildet.

[1] erupuit *altertümlich statt* eripuit.

○○○

14 Grabstein dreier Patrone für ihren Freigelassenen Servandus, (CIL 13, 7119; Selzer 104)

Luci et Gai et Sexti Valeriorum libertus Servandus annorum XX hic situs est. - Patroni pro meritis posuerunt. Servitus, mihi numquam[1] invida fuisti, libertatem misero mors abstulit iniqua.

„Servandus, Freigelassener des Lucius, des Gaius und des Secundus Valerius, 20 Jahre alt, ruht hier. Die Patrone setzten (den Grabstein) für seine Verdienste. - Sklaverei, du warst mir niemals unvorteilhaft. Ein ungerechter Tod raubte dem Unglücklichen die Freiheit.“

[1] Nuqua*: nach vulgärlateinischer Aussprache statt* numquam.

○○○

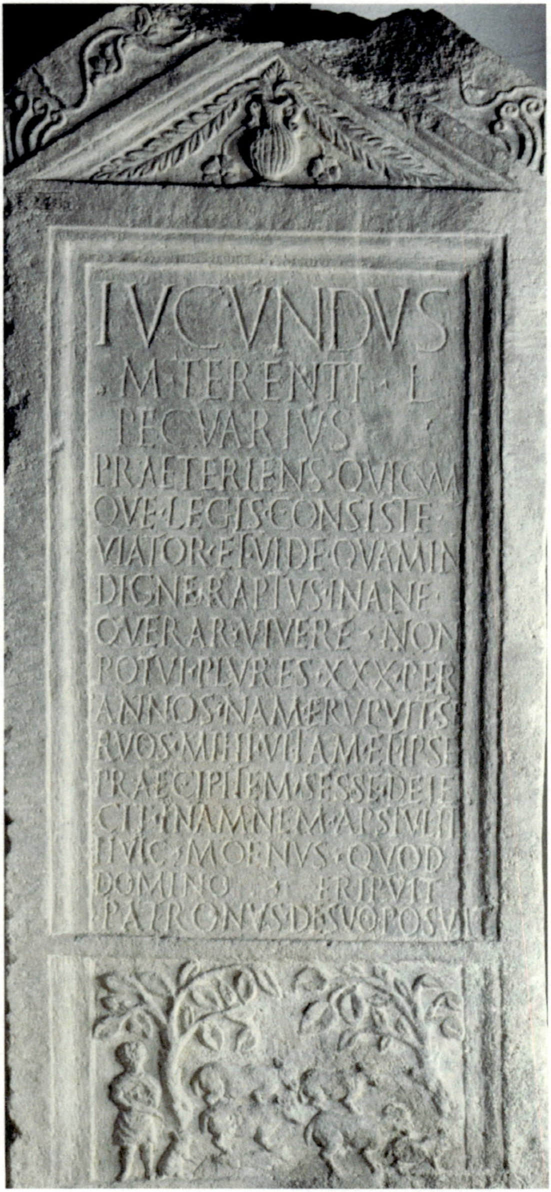

Grabstein des ermordeten Freigelassenen Jucundus (Nr. 13)

15 Grabstein der Secundinia Paula, 2.-3. Jh. (CIL 13, 7004; Selzer 122)

In zahlreichen Grabinschriften wird die Treue und Freundlichkeit der Ehefrau gepriesen.

[Dis Manibus] Secundiniae Paulae coniugi incomparabili et pientissimae marito obsequentissimae Quietius Secundus beneficiarius legati.

„Für die Totengeister der Secundinia Paula, der unvergleichlichen und sehr frommen, ihrem Mann sehr gehorsamen Ehefrau (stiftete dies) Quietius Secundus, Gefreiter des Legaten.“

ooo

16 Grabstein des Sklavenkindes Lycnis, 1. Jh. (CIL 13, 7089; Selzer 99)

Die Pietät gebot es, auch sehr kleinen Kindern ansehnliche Grabsteine zu setzen. Der Wortlaut lässt vermuten, dass Quintus Epidius der Vater des Kindes einer Sklavin war. Typisch für eine Sklavin ist der griechische Name.

Lycnis, Quinti Epidi ancilla annucla et menses IIII hic sita est. Felixs posit.

„Lycnis, Sklavin des Quintus Epidius, ein Jahr und vier Monate alt, ruht hier. Felix{s} setzte (den Grabstein).“

ooo

17 Grabstein der Sklavin Rodine, 1. Jh.; halbmetrische Inschrift (CIL 13, 11889; Selzer 95)

Der römische Bürger, der hier für das Andenken seiner Sklavin und vermutlich ihrer beider Kinder sorgte, scheiterte an dem Versuch, eine poetische Gedenkinschrift zu verfassen.

Rodine Pollentina tribu annorum XX quum[1] natis II hic sita est. Gaius Rulius Gai filius Polia tribu Pollentia Rodinae ancillae suae et natis II posuit.

Sit grata requies, quem pia qura[1] tegit.
Hospes, qui casus legisti nostros,
et precor ut dicas, sit tibi, Rodine, terra levis.

„Rodine aus der Tribus Pollentina (Ligurien), 20 Jahre, ist hier mit zwei Kindern beigesetzt. Gaius Rulius, Sohn des Gaius aus der Tribus Pollia, aus Pollentia setzte (dieses Denkmal) für seine Sklavin und ihre zwei Kinder. - Willkommen sei die Ruhe dem, den fromme Fürsorge beschützt. Fremdling, der du unser Unglück gelesen hast, ich bitte dich zu sagen: Dir, Rodine, sei die Erde leicht.“

[1] quum *und* qura *statt* cum *und* cura *sind pseudo-gelehrte Archaismen.*

Die Verse 1-2 sind aus Versbruchstücken fehlerhaft gebildete Pentameter, v. 3 wäre ohne den Namen Rodine *ein korrekter Vers.*

ooo

18 Grabstein des Tiberius Claudius Zosimus, des Vorgesetzten der kaiserlichen Vorkoster, 2. H. 1. Jh., vermutlich 83 n.Chr. (AE 1976, 504 = AE 1989, 564; Selzer, S. 93 und Nr. 130)

Diese Inschrift bezeugt den Aufenthalt des Kaisers Domitian in Mainz. Aus der Titulatur Germanicus, *die der Kaiser im August 83 annahm, ergibt sich das ungefähre Todesdatum des Zosimus. Aus Rom (heute in Florenz) stammt die gleichlautende, nur um den Zusatz* Uxor et filia monumentum posuerunt *erweiterte Inschrift, die für einen Kenotaph bestimmt war, an dem die Anverwandten die Totenopfer für den in der Fremde Verstorbenen darbringen konnten.*

Dis Manibus. Tiberio Claudio Augusti liberto Zosimo procuratori praegustatorum imperatoris Domitiani Caesaris Augusti Germanici. Hoc monumentum heredem non sequetur.

„Den Totengeistern. Für Tiberius Claudius Zosimus, Freigelassenen des Kaisers, Vorsteher der Vorkoster des Kaisers Domitianus Caesar Augustus Germanicus. Dieses Denkmal wird nicht in den Besitz des Erben übergehen."

Die Vorkoster, deren Vorgesetzter durch diese Grabschrift geehrt wird, sollten den Kaiser vor Vergiftung schützen. Die Existenz einer ganzen Abteilung solcher Sicherheitsbeamter verrät viel über die Regierung Domitians.

ooo

19 Weihaltar des Mainzer Ratsherrn Marcellinius Placidinus für die Mondgöttin, 1. Januar 276 n.Chr. (CIL 13, 6733; Selzer 173)

Die Mondgöttin Luna wurde in Rom seit früher Zeit in einem Tempel auf dem Palatin verehrt. Sie galt als Beschützerin der Frauen. Hier könnte die Mutter des Ratsherrn die Urheberin des Gelübdes sein.

In honorem domus divinae deae Lunae Marcellinius Placidinus, decurio civium Romanorum Moguntiaci et Martinia Martina mater eius ex voto posuerunt laeti lubentes Tacito et Aemiliano consulibus kalendis Ianuariis.

„Zu Ehren des Kaiserhauses für die Mondgöttin stifteten Marcellinius Placidinus, Ratsherr der römischen Bürger von Mainz, und Martinia Martina, seine Mutter, (diesen Altar) aufgrund eines Gelübdes fromm und gern unter den Konsuln Tacitus und Aemilianus an den Kalenden des Januar."

ooo

20 Weihaltar des Centurionen Domitius Asclepiades für Dolichenus, 1. H. 3. Jh. (CIL 13, 11811; Selzer 166)

Der Kult des Gottes Baal aus Doliche in Kommagene (Nordsyrien) wurde von syrischen Kaufleuten im ganzen Imperium Romanum verbreitet und besonders von den Soldaten unter dem Namen Juppiter Dolichenus *ausgeübt.*

In honorem domus divinae Iovi optimo maximo Dolicheno Domitius Asclepiades domo Arethusa Syriae centurio legionis XXII Primigeniae Antoninianae votum solvit.

„Zu Ehren des Kaiserhauses für Juppiter Dolichenus, den Besten, den Größten, erfüllte Domitius Asclepiades aus Arethusa in Syrien, Centurio der 22. Legio Primigenia Antoniniana, das Gelübde."

ooo

21 Weihaltar für die Deae Aufaniae und den Schutzgeist des Ortes, 15. Juli 211 (CIL 13, 6665; Selzer 170)

Keltische Muttergottheiten, oft als Dreiheit dargestellt, wurden v.a. am Mittelrhein verehrt.

Deabus Aufaniabus et Tutelae loci pro salute et incolumitate sua suorumque omnium Lucius Maiorius Cogitatus beneficiarius consularis votum solvit laetus libens merito idibus iulis Gentiano et Basso consulibus.

„Für die Aufania-Göttinnen und den Schutzgeist des Ortes, für sein Heil und die Unversehrtheit aller der Seinen erfüllte Lucius Maiorius Cogitatus, Benefiziarier des Konsuls, sein Gelübde froh, gern, nach Verdienst an den Iden des Juli unter den Konsuln Gentianus und Bassus."

ooo

22 Weihaltar des Mainzer Bürgermeisters und Kaufmanns Lucius Senilius Decmanus für Merkur, 198 n.Chr. (CIL 13, 7222; Selzer 171)

L. Senilius Placidinus ist der älteste bekannte Bürgermeister von Mainz (vgl. Inschrift für den Ratsherrn Leucadius im Mainzer Rathaus).

In honorem domus divinae deo Mercurio Lucius Senilius Decmanus, quaestor, curator civium Romanorum Mogontiaci, negotiator Mogontiacensis, civis Taunensis, votum solvit laetus libens merito Saturnino et Gallo consulibus.

„Zu Ehren des Kaiserhauses für den Gott Merkur (erfüllte) Lucius Senilius Decmanus, Quästor, Vorsteher der römischen Bürger von Mainz, Mainzer Kaufmann, Bürger von Nida (am Taunus), sein Gelöbnis gern nach Verdienst, unter den Konsuln Saturninus und Gallus."

ooo

23 Dativius-Victor-Bogen, 3. Jh. (CIL 13, 6705 und 11810; Selzer 270; Übersetzung und Erklärung s. o. Deutschhausplatz)

In honorem domus divinae Iovi Optimo Maximo Conservatori arcum et porticus, quos Dativius Victor decurio civitatis Taunensium sacerdotalis Mogontiacensibus [p]romisit, Victorii Ursus frumentarius et Lupus filii et heredes consummaverunt.

ooo

24 Ehreninschrift für Kaiser Claudius, 43 n.Chr. (CIL 13, 6797; Selzer 280)

Mit einer Ehreninschrift war die Absicht verbunden, den Kaiser seiner Loyalität zu versichern. Diese genau zu datierende Inschrift gehört zu den frühesten Dokumenten des römischen Mainz als Bürgersiedlung.

Tiberio Claudio Caesari Augusto Germanico pontifici maximo tribunicia potestate III imperatori IIII, patri patriae consuli III cives Romani manticulari negotiatores Gaio Vibio Rufino legato pro praetore.

„Dem Tiberius Claudius Caesar Germanicus, Pontifex Maximus, mit tribunizischer Gewalt zum dritten Male, Imperator zum vierten Mal, Vater des Vaterlandes, Konsul zum dritten Mal, haben die römischen Kleinhändler und Kaufleute unter dem Statthalter Gaius Vibius Rufinus (dieses Denkmal errichtet)."

ooo

25 Ehreninschrift für Kaiser Septimius Severus, Caracalla und die 22. Legion, 197 n.Chr. (CIL 13, 6800; Selzer 284)

In honorem Luci Septimi Severi Pii Pertinacis Augusti Invicti Imperatoris et Marci Aureli Antonini Caesaris legioni XXII Primigeniae Piae Fideli honoris virtutisque causa civitas Treverorum in obsidione ab ea defensa.

„Zu Ehren des Lucius Septimius Severus Pius Pertinax Augustus Invictus Imperator und des Marcus Aurelius Antoninus Caesar (= Caracalla)[1] für die 22. Legio Primigenia Pia Fidelis zu Ehren und wegen ihrer Tapferkeit (stiftete dies) die Bürgerschaft der Treverer (die Stadt Trier), die von ihr gegen eine Belagerung verteidigt wurde."

[1] Caracalla erhielt im Jahre 197 den Titel Imperator, war Konsul zum dritten Mal 208 und wurde 211 zum Kaiser erhoben.

ooo

Ehreninschrift für Kaiser Claudius (Nr. 24)

26 Grabaltar des Kindes Hipponicus, um 157-159 (CIL 13, 6808; Selzer 133)

Die Eltern des kleinen Hipponicus waren zwar Sklaven – mit den für ihre Stellung typischen griechischen Namen, aber als Angehörige des Hauses des Legionskommandanten verfügten sie über Vermögen und Einfluss. –Die geflügelte Gestalt oberhalb der Inschrift ist ein Eros bzw. Cupido und als Hinweis auf die Schönheit des Kindes zu verstehen.

Aram Dis Manibus et innocentiae Hipponici servi Dignillae Iunii Pastoris[1] legati legionis XXII Primigeniae Piae Fidelis Hedyepes et Genesia parentes.

Ut primum adolevit pollens viribus decora facie *Cupidinis os habitumque gerens* nec metuam dicere Apollineus, huic expletis ter centum ter denisque diebus invisae[2] Parcae *sollemnem celebrare diem* iamque *ut esset gratus amicis invidia superum cessavit amari.*

„Den Altar für die Totengeister und die Unschuld des Hipponicus, Sklaven der Dignilla, der Gattin des Iunius Pastor, des Legaten der 22. Legio Primigenia Pia Fidelis, setzten die Eltern Hedyepes und Genesia.

Sobald er heranwuchs, mächtig an Kräften, von schönem Antlitz, und Gesicht und Aussehen des Liebesgottes trug und – ich scheue mich nicht es zu sagen – wie Apollo war, missgönnten ihm, als er 330 Tage vollendet hatte, die Parzen, den festlichen Tag (= den ersten Geburtstag) zu feiern, und wie willkommen er auch den Freunden war, hörte er durch den Neid der Himmlischen auf, geliebt zu werden."

[1] *Iunius Pastor war Konsul im Jahre 163, als Legat war er um 157-159 in Mainz.*
[2] invisae *statt* inviderunt.

Diese Prosa-Inschrift enthält wegen der Verwendung von Formulierungen aus einer hexametrischen Grabinschrift (metrische Teile sind kursiv gesetzt) einige grammatische Fehler. Auch die Zerlegung der Zahl in Faktoren stammt aus poetischem Gebrauch.

ooo

27 Grabstein des Sklaven Romanus, 1. Jh. n.Chr. (CIL 13, 6954; Selzer 113)

Romanus Titi Avidi Cordi equitis legionis XXII Primigeniae servus annorum XXVII. meritis eius positum. Hic intus situs est. Sit tibi terra levis.

„Romanus, Sklave des Titus Avidius Cordus, des Reiters der 22. Legio Primigenia. 27 Jahre alt; das Grabmal (wurde) für seine Verdienste gesetzt. Hierin ist er beigesetzt. Möge die Erde dir leicht sein."

Der Schlusssatz, das Ende eines Pentameters, ist eine häufige poetische Formel.

28 Grabstein des Gaius Iulius Niger, frühes 1. Jh. (CIL 13, 7234; Selzer 5)

Trotz der Unbeholfenheit des Ausdrucks (Wiederholungen, besonders ipse*) und der metrischen Fehler ein rührendes Zeugnis des unglücklichen Lebens eines früh verstorbenen Soldaten.*

Gaius Iulius Gai filius Voltinia tribu Carcasone Niger miles legionis II annorum XXXXV, aerorum XVII hic situs est.

Hospes, ades paucis et perlege versibus acta.
Aeternum patriae hic erit ipsa domus.
Hic erit inclusus tumulo hic Iulius ipse,
hic{s} cinis et[1] caro corpore factus erit.
Cum mea iucunde aetas florebat ab annis,
advenit fatis terminus ips[e m]eis.
Ultimus ipse fuit XXXXV[2] annus,
cum mihi fatalis venit acerba dies.
Hic ego nunc cogor Stygias transire paludes,
sedibus aeternis me mea fati[3] tenent.
Me memini Caelia natum caroque parente
et miles collo fortiter arma tuli.
Gaudia crudelis tribuit mihi nu[lla iuventus].
Incultos artus terra cinisque tenent.

Caius Iulius cognatus miles legionis II [...

„Gaius Iulius Niger, Sohn des Gaius, aus der Tribus Voltinia, aus Carcassonne, Soldat der zweiten Legion, 45 Jahre, 17 Dienstjahre, ist hier beigesetzt.

Gastfreund, tritt herbei und lies das Geschehene in wenigen Versen. Auf ewig wird hier das Haus der Heimat sein. Hier wird dieser Iulius selbst in das Grab eingeschlossen sein. Hier wird die Asche sein, aus dem teuren Leib gemacht. Als mein Leben angenehm erblühte, kam das Ende für mein Schicksal. Das letzte Jahr war das 45., als mir der schicksalhafte bittere Tag kam. Hier bin ich nun gezwungen, über die Sümpfe des Styx hinüberzugehen. An ewiger Wohnstatt hält mich mein Schicksal. Ich erinnere mich, dass ich Sohn der Caelia und eines lieben Vaters bin. Als Soldat trug ich am Hals tapfer die Waffen. Keine Freuden schenkte mir die grausame Kindheit. Erde und Asche halten die Glieder, die nicht (mehr) gepflegt werden.

Gaius Iulius, ein Verwandter, Soldat der zweiten Legion (setzte das Grabmal)."

Die Verse sind im Original wie in fast allen Versinschriften nicht abgeteilt! – In den Versen 2, 3 und 5 wird die Elision nicht angewandt (vgl. Nr. 11)

[1] et *statt* ex.

[2] *Die auf dem Stein angegebene Zahl muss* quintus quadragesimus *ausgesprochen werden, um einen vollen Vers zu bilden.*

[3] fati *irrtümlich statt* fata.

ooo

29 Grabstein der Freigelassenen Tiberia Iulia Smertuca, 1. H. 1. Jh. (CIL 13, F. 216; Selzer 119)

Das Cognomen der Mutter Smertuca verrät ihre keltische Herkunft, aber ihr Sohn hat bereits einen lateinischen, wenn auch nicht traditionell römischen Namen.

Tiberiae Iuliae Tiberii Iulii Diviciaci libertae Smertucae annorum XXVII de ala Sebosiana et Sperato filio eius patronus posuit.

„Für Tiberia Iulia Smertuca, 27 Jahre alt, die Freigelassene des Tiberius Iulius Diviciacus von der Ala Sebosiana, und ihren Sohn Speratus setzte ihr Patron (diesen Stein)."

ooo

30 Votivinschrift des Veteranen Titus Florius Saturninus, 1./2. Jh. (CIL 13, 6769)

Diese Inschrift ist typisch für den Lebenslauf eines römischen Legionärs, der aus der Ferne nach Mainz versetzt war, bei seiner ehrenhaften Entlassung das römische Bürgerrecht erhielt und sich als Veteran in der Nähe des Lagers ansiedelte. Gewöhnlich übten die Veteranen ein Handwerk aus oder betrieben einen Bauernhof.

Titus Florius Saturninus veteranus ex signifero legionis XXII Primigeniae Piae Fidelis Alexandrianae, missus honesta missione, allectus in ordi[n]em civium Romanorum II Moguntiaci ex voto po[suit].

„Titus Florius Saturninus, Veteran, ehemaliger Fähnrich der 22. Legio Primigenia Pia Fidelis aus Alexandria, ehrenhaft entlassen, zugewählt in den Stand der römischen Bürger von Mainz, setzte das [Grabmal] wegen eines Gelübdes."

ooo

31 Grabstein des Soldaten Titus Caecilius Ausonius (CIL 13, 6858 = ERBeturi 53c)

Diese Inschrift ähnelt der vorigen, ist aber noch durch ein Gedicht mit Gemeinplätzen über Leben und Tod geschmückt (vgl. Nr. 9). Die Verse sind teilweise fehlerhaft gebildet.

Titus Caecilius Titi filius Galeria Ausonius miles legionis IIII Macedonicae centuria Munati annorum XXXVII, aerorum XVII, hic situs est. Lucius Sempronius Auso, centuria Iuli Martialis, ex{s} testame[nto].

Vivite felices, [q]uibus est data vita fruen[d]i:
nam m[i]h[i] non fato datum est felice[m] morari.
Hic ego nunc iac[eo] fatis compostus [i]niqu[is]:
crudeles superi ni[mis et] fortuna iniqu[a].
......mea iam....... ad M ....

„Titus Caecilius Ausonius, Sohn des Titus, aus der Tribus Galeria, Soldat der IV. Legio Macedonica, aus der Centurie des Munatius, 37 Jahre, 17 Dienstjahre, ruht hier. Lucius Sempronius Auso, aus der Centurie des Iulius Martialis, (bezahlte es) aus dem Testament.

Lebt ihr glücklich, denen das Leben zum Genießen gegeben ist. Denn mir wurde es vom Schicksal nicht gegeben, glücklich zu sterben. Hier liege ich jetzt, bestattet durch ungerechtes Geschick. Zu grausam sind die Himmlischen, und das Glück ungerecht. [...]“

ooo

32 Grabstein des Patrons Publius Cassius für seinen Sklaven Priscus, (CIL 13, 6888)

Priscus, servus Publi Cassi aquiliferi legionis XIIII Geminae, annorum XVI. Dominus pro beneficiis posuit. Hic situs est.

„Priscus, Sklave des Publius Cassius, des Adlerträgers der 14. Legio Gemina, 16 Jahre. Der Herr setzte (den Grabstein) für die Wohltaten. Hier ist er beigesetzt.“

Mittelalterliche und neuzeitliche Inschriften

(sie verbleiben vorraussichtlich im Landesmuseum)

33 Grabstein des Presbyters Badegiselus, 7. Jh., aus St. Alban

† In hunc titulum requiiscit benemorius Badegiselus presbiter, qui vixit in pace annus XXXXX feliciter.

„In diesem Grabe ruht der fromme Presbyter Badegiselus, der in Frieden 50 Jahre glücklich lebte."

*Die Sprache (*in hunc titulum *statt* in hoc tumulo*) und die Schreibung (*requiiscit *statt* requiescit, annus *statt* annos*) sind typisch frühmittelalterlich und vor die karolingische Reform zu datieren.*

ooo

33 Weihwasserbecken, 9.-10. Jh. (Arens 651)

Clero et populo Christiano aquam benedictam

„Für den Klerus und das christliche Volk das geweihte Wasser."

ooo

34 Sockel einer Plastik des Hincvardus (?), um 1000 (Arens 653)

…]es poteris cognoscere lector.
Hincvardus (?) qui me formaverat auctor
Si patroni iussu perfecta manebo
Sioceno … n .. s rebus ubique peregi
Virque meas ceu cerans sponte figuras
Hos ambos pariter dominus conservet in aevum.
Sifridus scriptor scripsit sculpsitque lapillo.

„… wirst du, Leser erkennen können. Hinkwart, der Urheber, der mich gebildet hatte. Wenn ich, auf Geheiß des Patrons vollendet, bleiben werde, wenn ich [...] durch die Dinge überall vollbracht habe und ein Mann wie von selbst meine Figuren mit Wachs machend (?) [...], möge diese beiden in gleicher Weise der Herr in Ewigkeit bewahren. Siegfried der Schreiber schrieb es und meißelte es in Stein."

ooo

35 Zinnenstein der Stadtmauer, um 1200 (Arens 668)

Nach der schon im 10. oder 11. Jahrhundert entstandenen, aber erst im 15. Jahrhundert urkundlich belegten Mainzer Bauordnung waren die 35 Orte der Umgebung, die berechtigt waren, ihre Produkte ohne Marktzoll in Mainz zu verkaufen und sich bei Gefahr in die Stadt zu flüchten, dazu verpflichtet, Abschnitte der Stadtmauer und des Stadtgrabens instandzuhalten und zu verteidigen. Die zugewiesene Mauerlänge wurde nach der Zahl der Zinnen berechnet.

Cives de Eltevile habent IIII cinnas.

„Die Bürger von Eltville haben vier Zinnen."

ooo

36 Grabstein des Propstes Johannes gen. zu Straßburg, gest. 1363 (Arens 748)

Anno domini MCCCLXIII idibus augusti obiit Joannes dictus zu Strazborg, de Moguntia praepositus, pridem tamen canonicus et custos huius ecclesiae, cuius anima requiescat in sancta pace.

„Im Jahre des Herrn 1363 an den Iden des August (13. August) starb Johannes genannt zu Straßburg, Propst von Mainz, doch einst Domherr und Küster dieser Kirche. Seine Seele ruhe in heiligem Frieden."

ooo

37 Gedenkstein der Katharina von Köln, gest. 1403 (aus dem Weißfrauenkloster, Arens 816)

Anno domini MCCCCo tercio IIII nonas februarii obiit Katherina de Colonia dicta zu Laderam.[1] Structrix chori huius cenobii in eodem sepulta. Cuius anima requiescat in pace. Amen.

„Im Jahre des Herrn 1403, am vierten Tag vor den Nonen des Februar (2. Februar), starb Katharina von Köln, gen. zu(m) Laderam.[1] Sie, die Erbauerin des Chores dieses Klosters, ist in selbigem beigesetzt. Ihre Seele ruhe in Frieden. Amen."

[1] Laderam = *Haus zum Lateran, heute Haus zum Römischen König, Grebengasse.*

ooo

38 Grabstein des Magisters Adam Wyman, gest. 1470 (Arens 925)

Anno domini MCCCCLXX die IX mensis augusti obiit reverendus dominus magister Adam Wyman, quondam sacerdos ad sanctam Katherinam in Oppenheym, cuius anima requiescat in sancta pace.

„Im Jahre des Herrn 1470, am 9. Tag des Monats August starb der ehrwürdige Herr, Magister Adam Wyman, einst Priester zu St. Katharina in Oppenheim. Seine Seele ruhe in heiligem Frieden."

ooo

39 Grabstein des Komturs Johannes Schilling, gest. 1482 (aus der Kirche der Johanniter-Kommende Hl. Grab, Arens 944)

Anno domini MCCCCLXXXII die decima mensis februarii obiit venerabilis frater Johannes Schilling, commendator huius domus, cuius anima requiescat in pace. Amen.

„Im Jahre des Herrn 1482, am 10. Tage des Monats Februar starb der ehrwürdige Frater Johannes Schilling, Komtur dieses Hauses. Seine Seele ruhe in Frieden. Amen."

ooo

40 Grabstein des Studenten Peter Kern, gest. 1514 (vermutlich aus St. Johannis, Arens 1105)

Optimo adolescenti Petro Kern ex Lorch, in quo futurae virtutis indoles apparuit. Nempe dum optimis artibus mox prima aetate genium mancipasset, reliquam vitam mors immatura praeripuit. Quod reliquum erat, amici superstites sub hoc saxo posuerunt. Vixit annos viginti, moritur anno (1514) die solis XV octobris.

„Für den besten Jüngling, Peter Kern aus Lorch, in dem die Anlage künftiger Tüchtigkeit zu erkennen war. Denn als er bald schon, in früher Jugend, seine Begabung für die besten Künste (= die Wissenschaft) ergriffen hatte, entriss ihm ein vorzeitiger Tod das restliche Leben. Was von ihm übrig blieb (seinen Leichnam), legten die hinterbliebenen Freunde unter diesen Stein. Er lebte 20 Jahre, er stirbt im Jahre 1514, am Sonntag, dem 15. Oktober."

ooo

41 Straßenbauinschrift des Erzbischofs Albrecht von Brandenburg, vom „Haus zur Landkutsche", 1527 (Arens 1148)

Zu Erzbischof Albrecht von Brandenburg vgl. Dom Nr. 11

Archi[episcopus Albertus ...] administrator Halberstatensis Marh[... via]m publicam lo[n]ga vetustate dilapsam ad usum rei publicae e fundo extrui curavit anno MDXXVII.

„Erzbischof Albrecht, Verwalter von Halberstadt, Mark[graf ...], ließ die öffentliche Straße, die durch langes Alter verfallen war, zum Nutzen des Staates von Grund auf bauen, im Jahre 1527."

ooo

42 Sturmglocke von St. Stephan, 1615 (Arens 1441)

Anno Domini 1615 Iohan Klapperbach gos mich

Iohannes Suicardus D G A–E M P E (= Dei gratia archi-episcopus Moguntinus princeps elector).

„Im Jahre des Herrn 1615 Johann Klapperbach goss mich. Johannes Schweikard von Gottes Gnaden Mainzer Erzbischof, Kurfürst."

ooo

43 Inschrift vom Tor der Zitadelle, 1660 (Arens 1806)

Kurfürst Johannes Philipp von Schönborn ließ 1655 die gesamte Stadt Mainz mit einer Wallanlage umgeben und die Zitadelle ausbauen. Das Datum 1660 bezeichnet die Fertigstellung.

Iohannes Philippus archiepiscopus Moguntinus, episcopus Herbipolensis, Franciae orientalis dux.

„Johannes Philipp, Mainzer Erzbischof, Würzburger Bischof, Herzog von Ostfranken."

ooo

44 Hausfigur: Madonna, 1679 (Arens 1894)

Cvstos Virgo DoMVs. FrVstra est VigILantIa nostra.
Bermannus[1] Cramer coniunx Catharinaque Schwindin
hanc statuam et praesens surgere fecit opus.

„Wächter(in) des Hauses ist die Jungfrau. Vergeblich ist unsere Wachsamkeit.[2] – Hermann Kramer und seine Gattin Katharina Schwindin ließ(en) diese Statue und das gegenwärtige Werk entstehen."

Hier folgen auf zwei Hexameter nur ein Pentameter (umgekehrt Nr. 12).

Das Chronogramm des ersten Verses ergibt 1679.

[1] Bermannus*: bei der Restaurierung verschrieben aus* Hermannus.

[2] *Anspielung auf Ps. 126, 1.*

ooo

45 Grabstein des Johann Agricola, gest. 1692, **und seiner Familie**, aus St. Emmeran (Arens 1946)

Uno sub hoc tumulo unionem mors defodit: maritum, uxorem, parentes, filias: adeo quae separat, etiam unit amantes. Caput in sepulchrali hac familia eminet praenobilis, clarissimus ac consultissimus dominus, dominus Ioannes Agricola, quondam eminentissimorum principum electorum Moguntinorum Ioannis Philippi, Lotharii Friderici, Damiani Hartardi, Caroli Henrici, Anselmi Francisci consiliarius et camerae director, mundo defunctus XI. Xbris (= decembris) anno MDCLXXXXII. Virum tantum praecessit chara coniux, Maria Agnes, nata Meckin, defuncta XXXI may, anno MDCLXXXIII. Nova in sepulchro coniux et mater maritum stringens et filias. Beati et amati manes, quorum corpora hic iacent, ipsi vero stant In aeternVM In ConspeCtV DeI. – Ps. 60, v. 8.

„Unter diesem einen Grabstein begrub der Tod eine Einheit[1]: Ehemann, Gattin, Eltern, Töchter. So vereinigt er die Liebenden auch, wie er sie trennt. Als Haupt in dieser Grabes-Familie ragt hervor der sehr edle, sehr berühmte und kluge Herr, Herr Johannes Agricola, einst Geheimer Rat und Kammerdirektor der erlauchtesten Mainzer Kurfürsten Johann Philipp (von Schönborn), Lothar Friedrich (von Metternich-Burscheid), Damian Hartard (von der Leyen), Karl Heinrich (von Metternich-Winneburg), Anselm Franz (von Ingelheim); er schied aus der Welt am 11. Dezember im Jahre 1692. Dem so großen Manne ging die liebe Ehefrau voraus, Maria Agnes, geb. Meck(in), gestorben am 31. Mai im Jahr 1683. Etwas Neues ist in einem Grabe eine Ehefrau und Mutter, die den Ehemann und die Töchter umarmt. Selige und geliebte Totengeister, deren Leiber hier ruhen, sie selbst aber stehen in Ewigkeit im Angesicht Gottes. – Ps. 60, 8."

Das Chronogramm ergibt 1713 als Datum der letzten Beisetzung.

[1] *Doppelsinn von* unio = *‚Einheit' und ‚kostbare Einzelperle.'*

ooo

46 Grabstein des Pfarrers Placidus Kölling, gest. 1729 (Arens 2162)

Anno Domini 1729 die 14 mensis octobris obiit admodum reverendus et religiosus pater ac dominus Pater Placidus Kölling, qui postquam variis in locis annis circiter 20, et ultimo in hoc fortalitio parochum egit vigilantissimum, tandem hydrope tympanitica suffocatus est anno aetatis suae 54, professionis 34, sacerdotii 27. cuius anima requiescat in pace. Amen.

„Im Jahre des Herrn 1729, am 14. Oktober starb der hochwürdige und fromme Vater und Herr, Pater Placidus Kölling, der, nachdem er an verschiedenen Orten ungefähr 20 Jahre und zuletzt in dieser Festung als sehr wachsamer Pfarrer gewirkt hatte, schließlich von einer Bauchfellwassersucht erstickt wurde im 54. Lebensjahr, im 34. Jahr seiner Profess, im 27. seines Priesteramtes. Seine Seele ruhe in Frieden. Amen."

ooo

47 Gedenkstein für Margareta Bosch, gest. 1763 (vom Rochushospital; Arens 2373)

Vestra pVpILLI DILeCta Mater Margareta BosChIn Datae natVrae LegI Larga soLVIt.

„Ihr Waisen, eure geliebte Mutter Margareta Bosch zahlte dem gegebenem Gesetz der Natur reichlichen Zoll."

Das Chronogramm ergibt zweimal 1763.

ooo

Arkaden, am Torbogen der Nordostseite

Gedenkinschrift für Prof. Dr. Fritz Arens und Karl-Heinz Esser, 1950.

Fritz Arens (1912-1986), 1948 habilitiert für Kunstgeschichte, war von 1949 bis 1952 städtischer Denkmalpfleger, von 1957 bis 1977 Professor der Kunstgeschichte an der Johannes Gutenberg-Universität Mainz. Ihm verdankt die Stadt Mainz die Erhaltung zahlreicher Kunstdenkmäler und die Neugründung der Mainzer Museen nach dem Kriege, die Wissenschaft die kunsthistorische Bearbeitung der Mainzer Kirchen, Kunstschätze und Inschriften.

Post flammas belli anno iubilaei MCML favore R. Schmittlein restitutum cura conservatorum F. Arens et C. H. Esser.

„Nach den Flammen des Krieges im Heiligen Jahr dank der Förderung von R. Schmittlein wiederhergestellt durch die Bemühungen der Konservatoren F. Arens und K. H. Esser.“

Große Bleiche: Neubrunnen

V. Vom Neubrunnenplatz zur Römerpassage und zum Ballplatz (Rundgang II)

Inschrift des Neubrunnens

Rundgang II

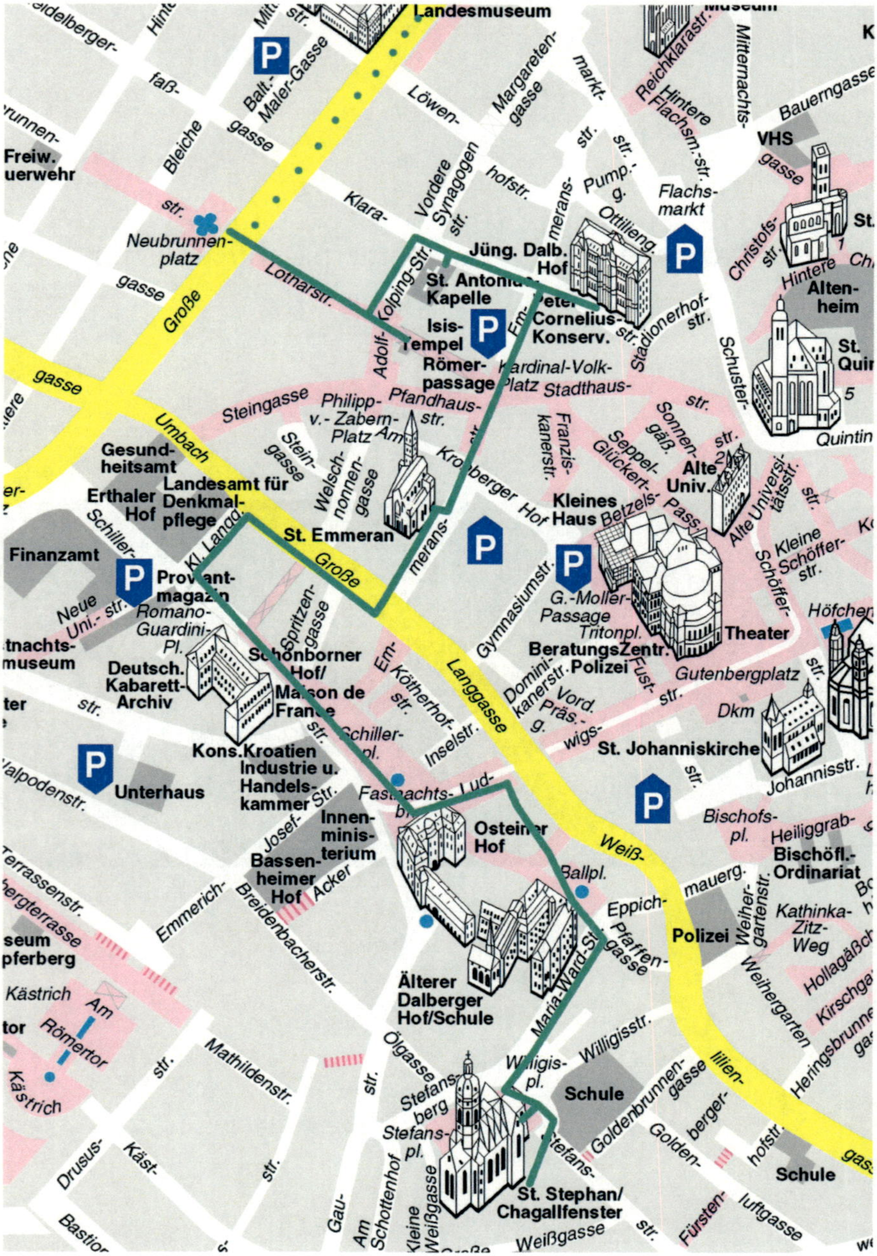
Landesmuseum
Balt.-Maler-Gasse
Löwen-hofstr.
Margareten-gasse
Reichklarastr.
Mitternachts-gasse
Bauerngasse
Hintere Flachsm.-str.
VHS
Freiw. Feuerwehr
Bleiche
Klara-str.
Vordere Synagogen-str.
Pump.-g.
Flachs-markt
Neubrunnen-platz
Lotharstr.
Jüng. Dalb. Hof
Ottilieng.
Christofs-str.
Hintere Chr.
Alten-heim
St. Antonius Kapelle
Peter Cornelius-Konserv.
Stadionerhof-str.
Isis-Tempel
Römer-passage
Kardinal-Volk-Platz
Stadthaus-str.
Schuster-gasse
Große Bleiche
Adolf-Kolping-Str.
Steingasse
Philipp-v.-Zabern-Platz
Pfandhaus-str.
Franzis-kanerstr.
Sonnen-gäß.
Seppel-Glückert-Pass.
Alte Univ.
Alte Universitätsstr.
Quintin
Umbach
Gesund-heitsamt
Erthaler Hof
Landesamt für Denkmal-pflege
Stein-gasse
Welsch-nonnen-gasse
Kronberger Hof
Kleines Haus
Betzels-Pass.
Kleine Schöffer-str.
Schöffer-str.
Finanzamt
Schiller-str.
Kl. Langgasse
St. Emmeran
Große Emmerans-str.
Provant-magazin
Neue Uni.-str.
Romano-Guardini-Pl.
Spritzen-gasse
Gymnasiumstr.
G.-Moller-Passage
Tritonpl.
Theater
Höfchen
Fastnachts-museum
Schönborner Hof/ Maison de France
Deutsch. Kabarett-Archiv
Beratungs-Zentr. Polizei
Langgasse
Köther-hof-str.
Dominikanerstr.
Vord. Präs.-g.
Gutenbergplatz
Dkm
Schiller-pl.
Inselstr.
Ludwigs-str.
Fust-str.
St. Johanniskirche
Johannisstr.
Kons. Kroatien
Industrie u. Handels-kammer
Unterhaus
Walpodenstr.
Fastnachts-brunnen
Osteiner Hof
Bischofs-pl.
Heiliggrab-
Bischöfl.-Ordinariat
Josef-Str.
Innen-minis-terium
Bassen-heimer Hof
Acker
Weiß-liliengasse
Ballpl.
Eppich-mauerg.
Pfaffen-gasse
Polizei
Weiher-gartenstr.
Kathinka-Zitz-Weg
Terrassenstr.
Kupferbergterrasse
Museum Kupferberg
Emmerich-Josef-Str.
Breidenbacherstr.
Maria-Ward-Str.
Weihergarten
Hollagäßchen
Kirschgarten
Heringsbrunnengasse
Älterer Dalberger Hof/Schule
Kästrich
Am Römertor
Mathildenstr.
Willigisstr.
Willigis-pl.
Schule
Goldenbrunnengasse
Ölgasse
Stefans-berg
Stefans-pl.
Stefansstr.
Golden-bergerhofstr.
luftgasse
Drusus-str.
Käst-rich
Gaustr.
Am Schottenhof
Kleine Weißgasse
Weißgasse
Fürsten-str.
St. Stephan/ Chagallfenster

Neubrunnenplatz

Neuer Brunnen, 1726 (Arens 2132)

Mit dem „Neuen Brunnen" des Erzbischofs Lothar Franz von Schönborn (1695-1729, vgl. Dom Nr. 42) wurde das Bleichenviertel versorgt. Diese auf der Südostseite des Obelisken angebrachte Inschrift, die als typologisches Muster von Gedenkinschriften verstanden werden kann, verbindet die rühmende Nennung des Stifters, das Datum, den Anlass, den Zweck und eine religiöse Deutung. Die Reliefs des Obelisken stellen die Wissenschaften und die Technik dar.

D(eo) O(ptimo) M(aximo). Urbi ornamento, incolis omnibus, praesertim vicinis saluti et subsidio, postquam salubri hucusque caruere aqua, uberem et divitem venam hanc a se repertam bono publico scaturire fecit – eminentissimus ac reverendissimus princeps ac dominus – Dominus Lotharius Franciscus – sanctissimae sedis Moguntinae archiepiscopus Sacri Romani Imperii per Germaniam archicancellarius, princeps elector et episcopus Bambergensis &cetera, anno a Christo nato MDCCXXVI. – Omnes sitientes venite nunc ad aquam, haurietis in gaudio benedicentes deum, qui aperuit vobis thesaurum aquae vivae in terris, ut fiat post hanc vitam fons aquae vivae saliens in vitam aeternam.

„Dem Herrn, dem Besten, dem Größten. Der Stadt zum Schmuck, allen Einwohnern, besonders den Nachbarn zu Heil und Hilfe, hat, nachdem sie bisher gesundes Wasser entbehrt hatten, diese von ihm gefundene üppige und reiche (Wasser-)Ader zum öffentlichen Wohl sprudeln lassen: der erhabenste und hochwürdigste Fürst und Herr, Herr Lothar Franz, Erzbischof des allerheiligsten Stuhles von Mainz, Erzkanzler des Heiligen Römischen Reiches in Deutschland, Kurfürst und Bamberger Bischof usw., im Jahr seit Christi Geburt 1726. Alle, die ihr dürstet, kommt nun zum Wasser, ihr werdet in Freude schöpfen und dabei Gott lobpreisen, der euch den Schatz des lebendigen Wassers auf Erden offenbart hat, damit er nach diesem Leben eine Quelle lebendigen Wassers sei, die entspringt zum ewigen Leben (Joh. 4, 14)."

Römerpassage: Isis- und Mater Magna-Heiligtum

Bauinschrift des Isis-Tempels, 60er Jahre n.Chr.

Die ägyptisch-hellenistische Gottheit Isis wurde in Rom schon im 1. Jahrhundert v.Chr. verehrt. Die Erlösungsreligion, die anders als bei den traditionellen Götterkulten mit einem

Die Bauinschriften des Heiligtums für Mater Magna
und Isis Pánthea

regelrechten Gemeindeleben verbunden war, verbreitete sich in der Kaiserzeit in weiten Teilen des Imperium Romanum. Diese Inschrift ist der erste Nachweis in Mainz.

Pro salute Augustorum et SPQR et exercitus Isidi Pantheae Claudia Augusti liberta Icmas et Vitulus Caesaris <servus> sacerdote Claudio Attico liberto.

„Für das Heil der Kaiser und des römischen Senats und Volkes und des Heeres (stiftete dies) für Isis Panthea (die Allgöttin Isis) Claudia Icmas, Freigelassene des Kaisers, und Vitulus, Sklave des Kaisers, unter dem Priester Claudius Atticus, einem Freigelassenen."

Der griechische Name Icmas *ist auch sonst inschriftlich belegt.*

ooo

Bauinschrift des Mater-Magna-Tempels, 60er Jahre n.Chr.

Der Mysterienkult der kleinasiatischen Gottheit Kybele oder Mater Magna *wurde im Jahr 204 v.Chr. in Rom eingeführt. Trotz strenger Kontrollen durch den Senat verbreitete sich der Kult weiter.*

Pro salute Augustorum SPQR et exercitus Matri Magnae Claudia Augusti liberta Icmas et Vitulus Caesaris <servus> sacerdote Claudio Attico liberto.

„Für das Heil der Kaiser und des römischen Senats und Volkes und des Heeres (stiftete dies) für Magna Mater (die Große Göttermutter) Claudia Icmas, Freigelassene des Kaisers, und Vitulus, Sklave des Kaisers, unter dem Priester Claudius Atticus, einem Freigelassenen."

ooo

Weihinschrift des Mater-Magna-Tempels, zwischen 69 und 79 n.Chr.

[Primi]genius [*gelöschte Buchstaben*] [Imperatoris Caesaris Ve]spasiani Augusti [procur]atoris a[r]carius [Matri] deum ex im[p]erio [libens] posuit.

„[Primi]genius, der Schatzmeister des Statthalters des Kaisers Vespasian stiftete (dies) der Großen Göttermutter gern auf ihr Geheiß."

Die Formulierung „auf Geheiß" ist in vielen Inschriften mit dem Namen einer Gottheit verbunden.

ooo

Weihaltar für Isis

Insidi Linus votum solvit libens laetus merito.

„Für Isis löste Linus gern, froh und nach Verdienst sein Gelübde ein."

Insidi *statt* Isidi, *weil langes* -i- *wie nasaliertes* -in- *klang. Die Form findet sich mehrfach auf Inschriften. Diese Inschrift gab Anlaß zu einem Kinderbuch über das römische Mainz (s. Literaturliste: M. Klee)*

ooo

Weihaltar für Isis Regina

Isidi R[e]ginae Grania Quartilla Hastae legati Augusti voto succepto sua pecunia libens merito.

„Für Isis Regina stiftete Grania Quartilla, Frau des Hasta, des kaiserlichen Statthalters, aufgrund eines Gelübdes dies aus eigenem Vermögen gern und nach Verdienst."

ooo

Weihaltar für den Genius der pausarii

Die Pausarier sind eine spezielle Priesterschaft, die die Stationen der Prozession der Mater Magna ausrichtete.

Ge[nio pausa]riorum vexsillationis veteranorum Primus Andami servus dono dedit libens laetus.[1]

„Für den Schutzgeist der Pausarier der Abteilung der Veteranen stiftete dies Primus, Sklave des Andamus, gern und froh."

[1] libens laetus: *die in Abkürzung geschriebene Formel* LL *ist in kleineren Buchstaben über der Linienhöhe ausgeführt. Offenbar war der Stein an dieser Stelle schon vor der Beschriftung beschädigt.*

ooo

Ehreninschrift für die pausarii

In honorem domus divinae decuriae I pausario[rum ...] Valerius Liberalis ob imaginem sibi ab eis concessam de suo dono dedit.

„Zu Ehren des Kaiserhauses machte wegen des ihm von ihnen gewährten Standbildes Valerius Liberalis der I. Dekurie der Pausarier dies aus eigenem Besitz zum Geschenk."

ooo

Sockel einer Statue des Genius der pausarii

In honorem domus divinae signum genii Lucius Vettonius Secundus decuriae III pausarior[um] de suo laetus <libens dedit>.

„Zu Ehren des Kaiserhauses schenkte Lucius Vettonius Secundus der III. Dekurie der Pausarier ein Standbild des Genius aus eigenem Vermögen gern und froh."

DTM 15: Verfluchung der Prima Aemilia

ooo

Die Verfluchungstäfelchen des Isis- und Mater Magna-Heiligtums, in den Vitrinen (v. l. n. r.):

DTM 15, Inv.-Nr. 182, 16: Prima Aemilia: Verfluchung einer Nebenbuhlerin?

Besonderheit: einzige Tafel mit magischem Layout.

Rahmen (der Text beginnt rechts oben und verläuft entgegen dem Uhrzeigersinn):

Prima Aemilia Narcissi agat, quidquid conabitur, quidquid aget, omnia illi inuersum sit.

Mittelfeld (der Schreiber begann in der Mitte und trug dann den Rest am oberen Rand des Mittelfeldes nach): sic illa nuncquam quicquam florescat. Amentita surgat, amentita suas res agat. Quidquid surget, omnia interuersum surgat. Prima Narcissi aga(t), como (= quomodo) haec carta nuncquam florescet,

"Der Prima Aemilia, der Geliebten des Narcissus, soll es (so) ergehen: was auch immer sie versuchen wird, was auch immer sie tun wird, alles soll ihr verkehrt sein. Von Sinnen soll sie sich erheben, von Sinnen soll sie ihre Sachen tun. Was auch immer sich erheben wird, alles soll sich verkehrt erheben. Prima, der Geliebten des Narcissus, soll es so gehen: wie dieser Brief niemals erblühen wird, so soll jene niemals erblühen."

ooo

DTM 16, Inv.-Nr. 109, 5: Lähmung eines Übeltäters durch Verfluchung

Vor dem Zusammenrollen der Tafel wurde ein jetzt korrodierter eiserner Nagel von der Innenseite zur Außenseite durchgeschlagen, so dass auf beiden Seiten einige Buchstaben verlorengingen.

Die Außenseite (= S. 1, hier die Rückseite) ist wegen der Oxydation der Oberfläche bis auf "Fortunam" "quottidie" und "spoliavit" ("die Glücksgöttin", "täglich", "hat geraubt") nicht mehr zu entziffern.

Innenseite (hier ausgestellt):

... mentem memoriam cor cogitatum. Id quisquis patrem meum con[s]p(exit) illi Titius (*oder linksläufig*: sui Titilli)

"... Verstand, Gedächtnis, Herz, Gedanken: wer auch immer dies ... meinen Vater (angeschaut hat) .... ihm Titius (?) (*oder:*) seines Titillius (?)"

ooo

DTM 8, Inv.-Nr. 411, 4: Verfluchung der Stiefmutter Avita

Linksläufige Schrift als Mittel der Verfluchung

Auita(m) nouerca(m) dono tibi et Gratum [do]no tibi [...] E ME SMANT[..

"Avita, die Stiefmutter, schenke ich dir, und Gratus schenke ich dir. [...] "

ooo

DTM 2, Inv.-Nr. 182, 18: Arglistige Täuschung

Die Tafel wurde durch Zusammenrollen und -falten und durch die Hitze des Opferfeuers am rechten Rande schwer beschädigt. Die verlorenen Teile des Textes sind für eine sinngemäße Ergänzung zu umfangreich.

Quisquis dolum malum adm[isit--], hac pecun[.]d[---nec ille melior et nos det[eri]ores sumus [-------] Mater deum, tu persequeris per terras, per [maria, per locos ar(i)dos et umidos, per benedictum tuum et o[-----] pecunia dolum malum adhibet, ut tu perse[quaris .... Quomodo] galli se secant et praecidunt uir[i]lia sua, sic il[le ---] R S Q intercidat MELORE pec[... | ..]BISIDIS...que se admisisse nec[...] hostiis si[n]atis nequis t[...] neque SUT .TIS neque auro neque argento neque ille solui [re]fici redimi possit. Quomodo galli, bellonari, magal[i] sibi sanguin[em] feruentem fundunt, frigid[us] ad terram uenit, sic et [...]CIA, copia, cogitatum, mentes [quem-]admodum de eis gallo[r]u[m, ma] galorum, bellon[ariorum ---] spectat, qui de ea pecunia dolum malum [exhibet ----] exitum spectent, et a[d qu]em modum sal in [aqua liques]cet, sic et illi membra m[ed]ullae extabescant. cr[ucietur] et dicat se admisisse ne[fa]s. D[e] mando tibi rel[igione,] ut me uotis condamnes et ut laetus libens uoce referam, si de eo exitum malum feceris.

"Wer auch immer arglistige Täuschung begangen hat, mit diesem Geld [..., ist] jener der bessere und wir sind die schlechteren (= die unterlegenen) [.... .] Mutter der Götter, du verfolgst durch Länder, durch [Meere, durch] trockene und feuchte Orte, durch deinen Gepriesenen (= Attis) und [alle .....]. Ich bitte, wenn er mit Geld arglistige Täuschung anwendet, dass du ihn verfolgst [...]. Wie die Galloi sich schneiden und ihre Geschlechtsteile abhauen, so soll jener [...] dazwischen abschneiden ... durch Geld [.....] und dass er begangen hat, und ihr sollt nicht zulassen, dass jener weder durch Opfertiere noch durch [...] noch mit Gold noch mit Silber gelöst, vom Fluch befreit, freigekauft werden kann. So wie die Galloi, die Bellonapriester und die *magali* sich heißes Blut vergießen (und) es kalt zur Erde kommt, so auch die ganze [. .] Fähigkeit und Denken, Verstand [....]. So wie er darüber [das Blut *oder* die Riten] der Galloi, der MAGALI (?) und der Bello[napriester ...] anschaut der, der über dieses

Geld arglistige Täuschung [begeht, ... so] sie sollen seinen Tod anschauen. Und [.....] wie Salz in (Wasser) [flüssig werden wird, so sollen ihm die Glieder und [das Mark] dahinsiechen. Morgen [soll er kommen] und soll sagen, dass er den Frevel begangen hat. Ich gebe dir in kultischer Form den Auftrag, dass du meine Wünsche erfüllst und dass ich froh und gern dir dies erwidern werde, wenn du über ihn den schlimmen Tod gemacht hast."

ooo

DTM 18, Inv.-Nr. 70, 2: Adiutor Classici

Sic Arrus – Adiutor Clas(s)ici C[l]a{l}s[si]ci aes (*oder:* Attis)

Der Schreiber, der hier wie nur noch auf einer anderen Tafel seinen eigenen Namen Arrus *nennt, hat zweimal versucht, den Namen Classicus zu schreiben, doch beim ersten Male das zweite –s– vergessen, beim zweiten Male das -l- erst nach -a- geschrieben und nach dem -ss- das -i- vergessen. Das letzte Wort ist unklar; vielleicht forderte er Geld, oder er rief den Gott Attis um Hilfe an.*

"So (schreibt) Arrus" - "Adiutor (Sklave oder Freigelassener) des Cla(s)sicus des C[l]assicus. Geld (*oder:*) Attis."

ooo

Statt dieses Täfelchens wird auch das folgende ausgestellt:

DTM 3, Inv.-Nr. 1, 29: Ulattius Severus, Veruntreuung von Vermögen

Vorderseite (hier ausgestellt): Rogo te, domina Mater Magna, ut tu me uindices de bonis Flori coniugis mei. qui me fraudauit Ulattius Seuerus, quemadmod[um] hoc ego auerse scribo, sic illi (*Rückseite*): omnia, quidquid agit, quidquid aginat, omnia illi auersa fiant. ut sal et aqua illi eueniat. quidquid mi abstulit de bonis Flori coniugis mei, rogo te, domina Mater Magna, ut tu de eo me uindices.

"Ich bitte dich, Herrin Mater Magna, dass du mich rächst wegen des Vermögens meines Gatten Florus. Der mich betrogen hat, Ulattius Severus: wie ich dieses verkehrt schreibe, so soll ihm (*Rückseite:*) alles, was er tut, alles, was er treibt, alles soll ihm verkehrt geschehen. Wie Salz und Wasser soll es ihm ausgehen. Alles, was er mir weggenommen hat von dem Vermögen meines Gatten Florus, bitte ich dich, Herrin Mater Magna, dass du mich deswegen rächst."

ooo

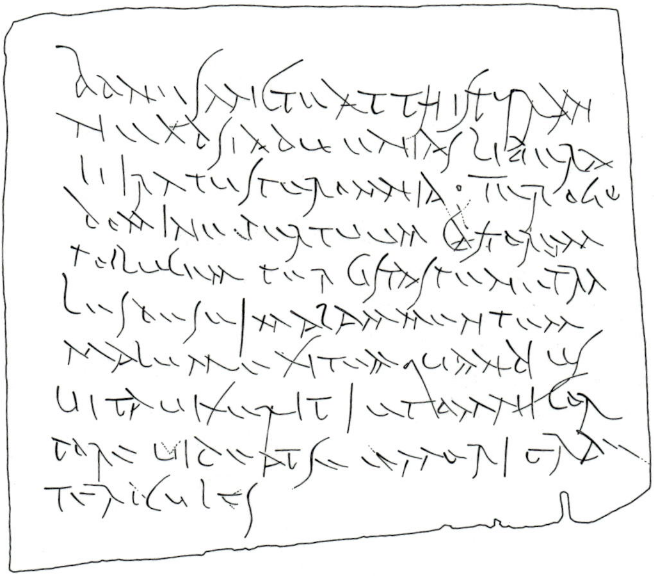

DTM 5: Verfluchung des Liberalis als Gebet an Att(h)is - Vorder- und Rückseite

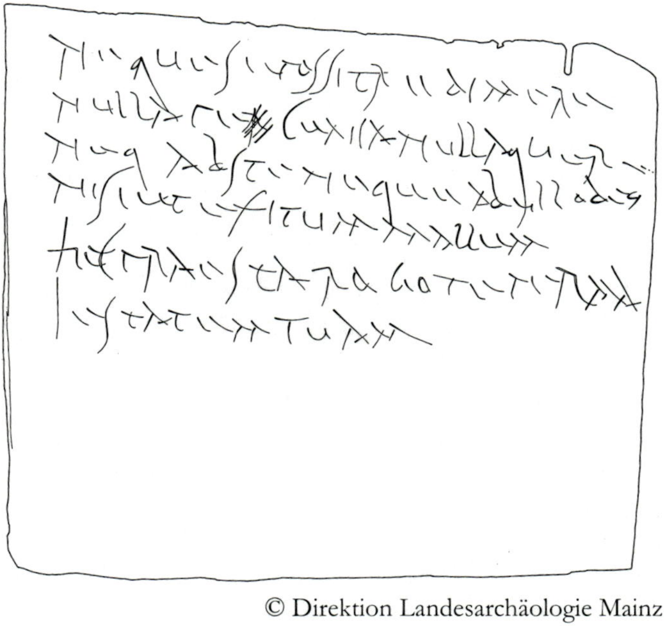

DTM 5 (Inv.-Nr. 201, B 36): Verfluchung des Liberalis als ein Gebet an Att(h)is.

Dieses ist der bisher einzige inschriftliche und literarische Beleg eines Gebetes an Attis, den Kultgenossen der Mater Magna.

Innenseite (hier ausgestellt):

Bone sancte Atthis tyranne, adsi(s), aduenias Liberali iratus. Per omnia te rogo, domine, per tuum Castorem, Pollucem, per cistas penetrales, des ei malam mentem, malum exitum, quandius uita uixerit, ut omni corpore uideat se emori praeter oculos, (*Außenseite*:) neque se possit redimere nulla pecunia nullaque re neq(ue) abs te neque ab ullo deo, nisi ut exitum malum. Hoc praesta, rogo te per maiestatem tuam.

"Guter, heiliger Att(h)is, Herr, hilf, komme zu Liberalis erzürnt. Bei allem bitte ich dich, Herr, bei deinem Castor (und) Pollux, bei den Kästchen des Heiligtums, gib ihm bösen Sinn, bösen Tod, solange er sein Leben leben wird, damit er sieht, dass er mit dem ganzen Leib stirbt, außer den Augen," (*Außenseite*:) "und dass er sich nicht freikaufen kann mit keinem Geld und mit keiner Sache, weder von dir noch von irgendeinem Gott, außer (dass er) ein böses Ende (findet). Dies gewähre, bitte ich dich bei deiner Majestät."

ooo

DTM 1, Inv.-Nr. 72, 3: a) Gemella, Diebstahl von Schmuckstücken; b) Verecunda und Paterna: Betrug

Diese Bleitafel wurde von zwei Frauen beschrieben, enthält jedoch einen fortlaufenden Text. Die Schrift ist besonders auf der hier ausgestellten Rückseite extravagant. Die Striche sind im unteren Teil so schwach, dass sie nicht mehr sicher zu entziffern sind. Ungedeuteter Text in Großbuchstaben.

Innenseite (hier auf der Rückseite): Mater Magna, te rogo p[e]r [t]ua sacra et numen tuum: Gemella fiblas meas qualis sustulit, sic et illam [rogo] adsecet, ut nusquam sana si[t]. Quomodo galli se secarunt, sic ea [velit] nec se secet sic, uti planctum hab[e]at. Quomodo et sacrorum deposierunt in sancto, sic et tuam uitam ualetudinem, Gemella, neque hosti(i)s neque auro neque argento redimere possis a matre deum, nisi ut exitum tuum populus spectet. Verecundam et Paternam: sic illam tibi commendo, Mater deum magna, rem illorum in AECRUMO DEO UIS, quale rogo co(n)summent[...], quomodo et res meas uiresque fraudarunt, nec se possint redimere nec hosteis lanatis *(Außenseite, hier ausgestellt:)* nec plum{i}bis nec auro nec argento redimere a numine tuo, nisi ut illas vorent canes, uermes adque alia portenta. exitum quarum populus spectet tamquam quae {C} FORRO LQVASBE res [communes] duas TAMAQVANIVCAVERSSO scriptis istas FO …RIS . ADRICIS . S . LON a . illas, si illas cistas caecas, aureas FECRA E[. .] I [.]LO[. .]AS O {OV}[.]EIS mancas A

Innenseite (hier auf der Rückseite:) "Mater Magna, ich bitte dich, bei deinen Heiligtümern und deiner göttlichen Macht: Gemella, welche meine Gewandspangen gestohlen hat, so bitte ich, dass auch jene schneidet, so dass sie nirgendwo gesund sein soll. So wie die Galloi sich geschnitten haben, so soll auch sie wollen und soll sich nicht so schneiden, dass sie ein Klagegeschrei erheben kann. Wie sie die Heiligtümer deponiert haben im Tempel, so sollst auch du dein Leben, deine Gesundheit, Gemella, weder mit Opfertieren noch mit Gold noch mit Silber freikaufen können von der Mutter der Götter, außer dass deinen Tod das Volk schaut. Die Verecunda und Paterna: ich überliefere jene (Frau) dir so, große Mutter der Götter, ihren Besitz . . . . wie ich bitte, dass sie ... vollstrecken. Wie sie mein Vermögen und meine Kräfte betrogen haben, sollen sie sich nicht freikaufen können weder durch wolletragende Opfertiere" *Außenseite (hier ausgestellt:)* "noch durch Bleistücke (Fluchtäfelchen?) oder durch Gold oder Silber freikaufen (können) von deiner göttlichen Macht, außer dass Hunde, Würmer und andere Ungeheuer jene verschlingen. Ihren Tod soll das Volk anschauen. So wie die, welche ... . zwei gemeinsame Dinge (?), als wenn das Recht ... durch das Geschriebene jene .... jene, wenn sie jene (heiligen) Kästen, die verborgenen, goldenen ... ... bedürftigen ..."

ooo

DTM 21, Inv.-Nr. 103, 2: Trutmo Florus

Das Täfelchen wurde zusammen mit der ehemals von acht Nadeln durchbohrten und absichtlich zerbrochenen Zauberpuppe aus Lehm deponiert. Der Text und die Zerstörung der Zauberpuppe bedeuten eine Verfluchung mit dem Wunsch der Tötung des Opfers durch die Göttin. Die Namen Trutmo und Clitmo sind keltischer oder germanischer Herkunft. Trutmos zweiter Name Florus signalisiert, dass er bereits romanisiert ist.

Trutmo Florus Clitmonis filius.

"Trutmo Florus, Sohn des Clitmo."

Klarastraße

Jüngerer Dalberger Hof: Schlussstein des Hauptportals, 1717 (1829-30 beseitigt):

Der Dalberger Hof wurde von vier Brüdern aus der Familie der Kämmerer von Worms gen. von Dalberg erbaut. Die Inschrift sollte wegen ihres Inhalts und des genial einfachen Chronogramms, das die Erbauungszeit 1717 ergibt, wieder angebracht werden.

ConCorDIa fratrVM ereXIt.

„Die Eintracht der Brüder hat (dieses Haus) erbaut."

ooo

Statuen im 1. Stock, links und rechts gleichlautende Inschrift:

Lex divina lex naturae.

„Das Gesetz Gottes (ist) das Gesetz der Natur."

Antoniuskapelle

Adolf-Kolpingstraße 6 (geöffnet nur während der Gottesdienste).

Grabstein der Maria Eva von Friesenhausen, gest. 1719 (Arens 2091)

Hoc epitaphium charissimae matri et aviae Mariae Evae de Friesenhausen natae Sturmfederin de Oppenweiler posuere filia Maria Magdalena de Ketschau nata de Friesenhausen et nepotes de Esch. Nata autem [e] stemmate praenobili [defuncto] Oppenheimii anno 16[..], obiit hic Moguntiae anno 1719, 17. novembris. Cuius anima requiescat in pace.

„Dieses Grabmal für die liebe Mutter und Großmutter Maria Eva von Friesenhausen, geb. Sturmfederin von Oppenweiler, errichteten ihre Tochter Maria Magdalena von Ketschau, geb. von Friesenhausen, und die Enkel von Esch. Geboren [...] aus sehr adligem ausgestorbenen Geschlecht in Oppenheim im Jahre 16[...], starb sie hier in Mainz im Jahre 1719, 17. November. Ihre Seele ruhe in Frieden."

ooo

Grabmal der Maximiliana Augusta von Berlepsch, gest. 1744 (Arens 2254)

Deo Optimo Maximo. Cum cineribus superstitis filiae hoc in coenobio Deo dicatae spe commiscendorum aliquando cinerum marito, filia et utroque filio prius orbata moerens mater et vidua hunc elegit tumulum, excellentissima domina Maximiliana Augusta, excellentissimi domini Sittigi Herboldi

Sacri Romani Imperii comitis de Berlebsch olim coniux, nata Sacri Romani Imperii comitissa de Stadion, infelix, quod extincto supervixerit avito Berlebschianorum nomini, felix, quod praemortuae filiae connubio cum excellentissimo domino Henrico Carolo Sacri Romani Imperii comite de Ostein, consilii imperialis aulici praeside, ad Anglos Ruthenosque legato, Berlebschiani sanguinis illustres reliquias in nepotem et neptim transfuderit. Quae cum vixisset, ad desiderium familiae parum, ad res gestas satis, ad memoriam operum semper virtutum et dierum plena suaviter in domino obdormivit die XXIV februarii, anno Christi MDCCXLIV, aetatis LXIV. Quam promereri studuit aeternam, viator, apprecare coronam.

„Für Gott, den Besten, den Größten. In der Hoffnung, einst die Asche mit der Asche der hinterbliebenen, in diesem Kloster Gott geweihten Tochter zu vermischen, wählte die trauernde Mutter und Witwe – ihres Gatten, ihrer Tochter und beider Söhne früher beraubt – dieses Grab aus, die erlauchteste Frau Maximiliana Augusta, einst Gattin des erlauchtesten Herrn Reichsgrafen Sittich Herbold von Berlebsch, (sie) geb. Reichsgräfin von Stadion, unglücklich, weil sie den erloschenen alten Namen der Berlebsche überlebt hat, glücklich, weil sie durch die Ehe der vorzeitig gestorbenen Tochter mit dem erlauchtesten Herrn Reichsgrafen Heinrich Karl von Ostein, Präsident des kaiserlichen Hofrats, Gesandten bei den Engländern und Ruthenen, die Reste des Blutes der Berlebsch auf den Enkel und die Enkelin übertragen hat. Als sie – für die Sehnsucht der Familie zu wenig, für ihre Taten genug, zum Gedächtnis an ihre Werke ewig – gelebt hatte, entschlief, reich an Tugenden und Tagen, sanft im Herrn am 24. Februar, im Jahr Christi 1744, im Alter von 64 Jahren. Wanderer, bete um die ewige Krone, die sie zu verdienen sich bemüht hat.“ *(vgl. Apk. 2, 10)*

Erthaler Hof: Statue der Bilhildis

St. Emmeran

Emmeransstraße

Ostwand des Chorschlusses:

Epitaph der Barbara Faber, gest. 1582 (Arens 1318, Kautzsch-Neeb II 2, 121)

In deo salutare meum et gloria mea. deus auxilii mei, et spes mea in deo est. Sperate in eo omnis congregatio populi, effundite coram illo corda vestra. Deus adiutor noster in eternum, psal. 61.

Lectissimae feminae Barbarae inclyta gente Burrussana, 6. die a partu filii invida morte sublatae Christoph Faber dominus cancellarius Moguntinus amore coniugali, monumentum posuit 10. maii anno 1582.

„In Gott ist mein Heil und mein Ruhm. Gott ist mein Gehilfe, und meine Hoffnung ist in Gott. Hofft auf ihn, alle Versammlung des Volkes, gießt vor ihm eure Herzen aus. Gott ist unser Helfer in Ewigkeit. Ps. 61, 8 f. - Für die sehr edle Frau Barbara aus dem berühmten Geschlecht Preuß, die am sechsten Tag nach der Geburt eines Sohnes durch den neidischen Tod entrissen wurde, stellte Herr Christoph Faber, Mainzer Kanzler, aus ehelicher Liebe das Denkmal auf am 10. Mai im Jahre 1582."

Erthaler Hof

Statue der Bilhildis, Ecke Erthaler Hof (1734-43), Schillerstraße 44.

Die heilige Bilhildis gründete unter Bischof Rigibert von Mainz, ihrem Oheim, zwischen 691 und 694 ein Kloster an der Stelle der älteren Altmünsterkirche. Kirche und Kloster wurden 1656 in die befestigte Stadt, an den Platz der heutigen Altmünsterkirche, verlegt.

Sancta Bilhildis monasterii Altenminster Moguntiae fund(atrix).

„St. Bilhildis, Gründerin des Klosters Altenmünster zu Mainz."

Ballplatz 1

Hausmadonna über dem Portal des Dalberger Hofes, Maria-Ward-Gymnasium): Siegel der Mainzer Universität, 1677, (anlässlich des 200-J.-Jubiläums der Universität, Arens 1884, Kopie).

Die Statue samt der Inschrift auf dem Statuensockel war ehemals über dem Portal der Universitäts-Burse zum Schenkenberg (ehem. Rindsfußgasse) angebracht, wo auch der De-

kan wohnte, und wurde 1846 von den "Englischen Fräulein" zu ihrem neuen Schulgebäude im Dalberger Hof mitgenommen.

Das Original befindet sich im Gebäude des Maria-Ward-Gymnasiums. Auf der Kopie sind infolge der Übermalung nur schwache Buchstabenreste zu erkennen.

Sigillum Universitatis Moguntinae 1677 huius collegii collector Michael Voss Medicinae Dr., professor et decanus.

„Das Siegel der Mainzer Universität (stiftete) 1677 der Vorsteher dieses Kollegiums Michael Voss, Doktor der Medizin, Professor und Dekan."

Ballplatz, Hausdurchgang

Mithras-Altar, 1. H. 3. Jh. (AE 1979, 425; Selzer 186; Kopie)

Der ursprünglich aus Persien stammende Mysterienkult des Mithras wurde besonders durch die Soldaten verbreitet und stand wegen seiner Jenseitsverheißungen lange in Konkurrenz zum Christentum.

Deo Invicto Mithrae et Marti Secundinius Amantius cornicularius praefecti legionis XXII permittente Primulo patre ex voto posuit libens laetus merito.

„Dem unbesieglichen Gott Mithras und dem Mars hat Secundinius Amantius, Adjutant des Präfekten der 22. Legion, mit Erlaubnis des Vaters (= Gemeindevorstehers) Primulus nach einem Gelübde dies gern, froh und nach Verdienst aufgestellt."

Mithras-Altar am Ballplatz

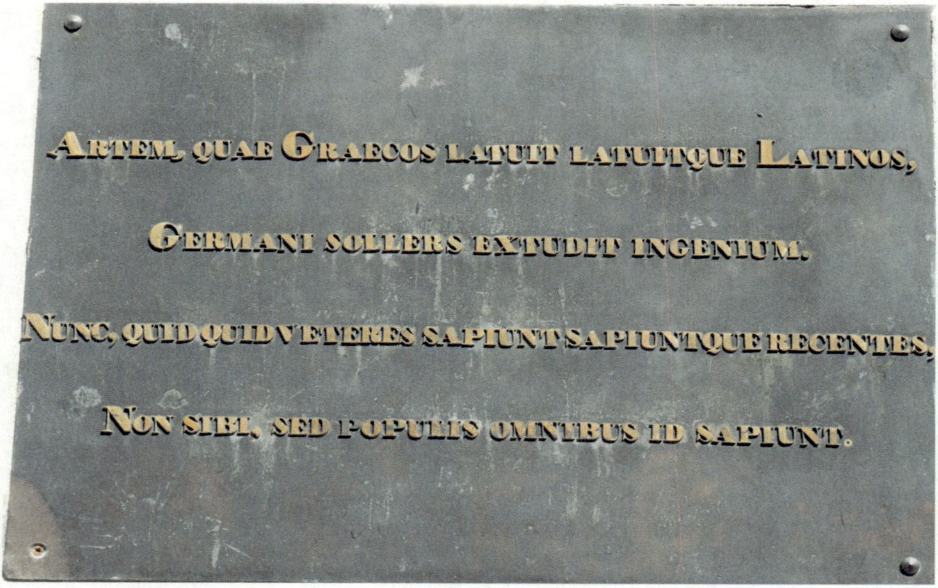

Gutenberg-Denkmal

Die kleinste Inschrift - wo ist sie?

VI. Die Altstadt vom Gutenbergplatz zur Zitadelle (Rundgang III)

Rundgang III

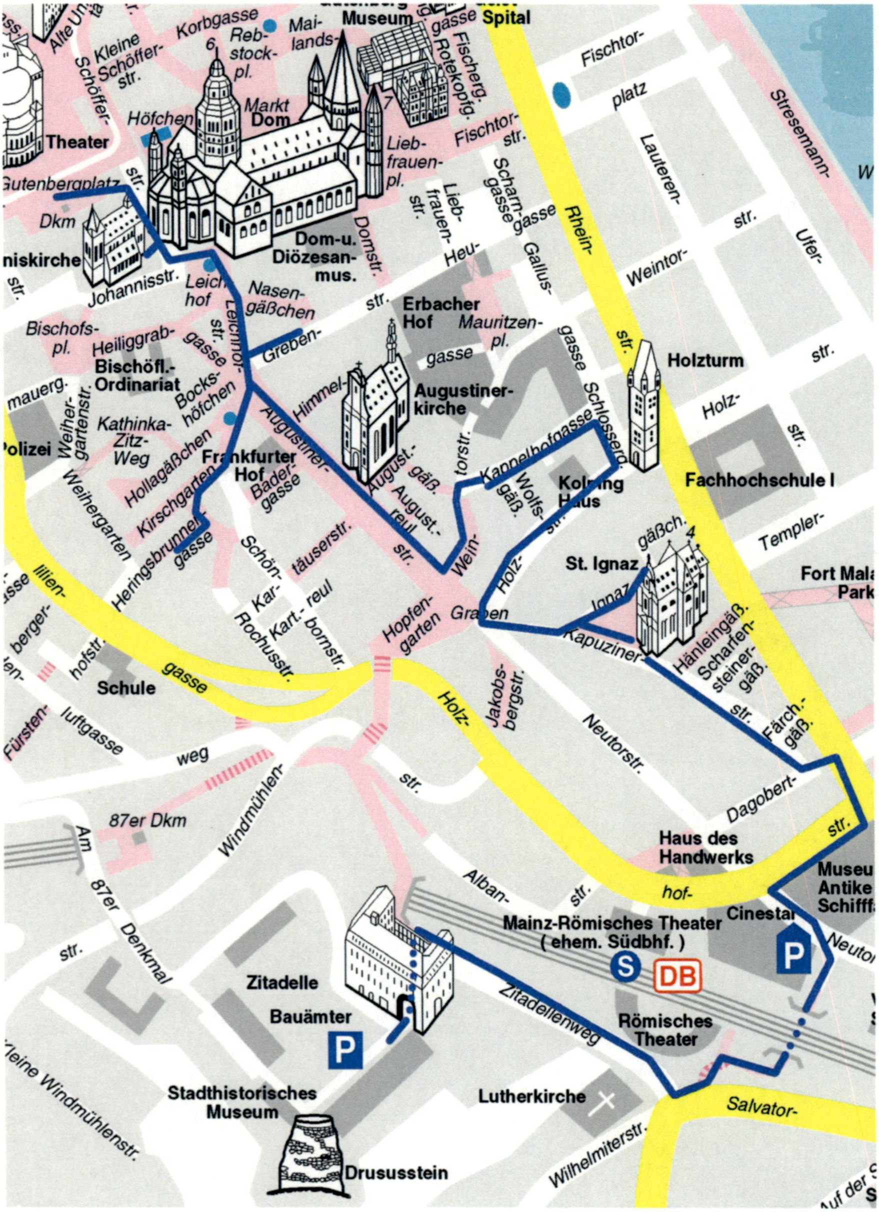

Ludwigstraße – Gutenbergplatz

Gutenberg-Denkmal, 1837

Johann Gensfleisch (1393/1400-1468), seit 1420 nach dem Wohnort der Familie, einem Hof an der Ecke der Schustergasse, "zum Gutenberg" genannt, stellte 1454 die 42-zeilige Bibel vor und begründete damit die neue Drucktechnik. Für das Gutenbergdenkmal, das der dänische Bildhauer Bertil Thorvaldsen in Rom entwarf, wurde in ganz Deutschland Geld gesammelt. Die älteste Gutenbergstatue steht im Durchgang des Hauses zum Römischen Kaiser, s. Kap. III - Rundgang I.

a) Thorwaldsen sculpsit Romae MDCCCXXXV – Proprietas Moguntiae – Crozatier fudit Parisis MDCCCXXXV.

b) Joannem Gensfleisch de Gutenberg patricium Moguntinum aere per totam Europam collato posuerunt cives MDCCCXXXVII.

c) Artem, quae Graecos latuit latuitque Latinos,
Germani sollers extudit ingenium.
Nunc, quidquid veteres sapiunt sapiuntque recentes,
non sibi sed populis omnibus id sapiunt.

a) (Sockel der Statue:) „Thorwaldsen schuf die Statue in Rom 1835 – Eigentum von Mainz – Crozatier goss sie in Paris 1837.

b) (Die Statue des) Johannes Gensfleisch von Gutenberg, des Mainzer Patriziers, haben die Bürger mit dem in ganz Europa gesammelten Geld 1837 aufgestellt.

c) Die Kunst, die den Griechen verborgen blieb und verborgen den Latinern (= Römern): das geschickte Genie eines Deutschen erfand sie. Alles, was die Alten wissen und die Heutigen, das wissen sie jetzt nicht für sich, sondern für alle Völker."

In der Franziskanerkirche befand sich folgende Inschrift (Arens 921):

d) In foelicem artis impressori(a)e inventorem

D(eo) O(ptimo) M(aximo) S(acrum).

Joanni Genßfleisch artis impressoriae repertori de omni natione et lingua optime merito in nominis sui memoriam immortalem Adam Gelthus posuit.

e) Ossa eius in ecclesia diui Francisci Maguntina foeliciter cubant.

d) „Für den glücklichen Erfinder der Druckkunst. Gott dem Allmächtigen gewidmet.

Für Johannes Gensfleisch, den Erfinder der Druckkunst, der sich um jede Nation und Sprache verdient gemacht hat, setzte zum unsterblichen Gedächtnis seines Namens Adam Gelthus (diese Inschrift).

e) Seine Gebeine ruhen selig in der Mainzer Kirche des Hl. Franziskus."

Kirche St. Johannis

Am Leichhof. Im 8. Jahrhundert wurde der Leichnam des Bonifatius hier aufgebahrt und mit einem Reliquiengrab geehrt; eine Tumbenplatte wurde in den Dom gebracht (s. Dom Nr. 24). In der heutigen Kirche sind noch die Mauern des von Bischof Hatto um 900 errichteten Baues erhalten.

Infolge der Kriegsschäden sind alle Inschriften aus St. Johannis entfernt worden; einige von ihnen befinden sich im Rheinischen Landesmuseum. Nur der Schlussstein des Triumphbogens trägt die lateinische Inschrift:

Renovatum MCMLII.

„Erneuert 1952"

Dennoch soll hier auf die früheste Erwähnung einer Mainzer Kirche überhaupt hingewiesen werden, das Bindeglied von der Spätantike zum Mittelalter.

Der fränkische Dichter **Venantius Fortunatus** *berichtete um 565 von der im Jahre 533 erfolgten Erbauung eines Baptisteriums durch Bischof Sidonius auf Kosten von Berthoara, der Tochter des Königs Theudebert I von Austrasien:*

De baptisterio Magantiae

Ardua sacrati baptismatis aula coruscat 1
Hanc tamen antistes Sidonius extulit arcem, 7
qui domini cultum templa novando fovet.
Struxit Berthoarae voto complente sacerdos,
quae decus ecclesiae cordis amore placet. ... 10
Filia digna patri te, Theudebercthe, reformans
rexisti patriam qui pietate patris ...

"Über das Baptisterium von Mainz.

Die erhabene Aula der geheiligten Taufe erglänzt ... Doch diese Burg errichtete der Bischof Sidonius, der die Verehrung des Herrn durch Erneuerung der Tempel fördert. In Erfüllung des Gelübdes der Berthoara, die als Zierde der Kirche durch die Liebe des Herzens gefällt, erbaute der Priester (die Burg = die Kirche) ... Die Tochter, des Vaters würdig, läßt dich, Theudebert, der du das Vaterland mit der Frömmigkeit eines Vaters gelenkt hast, wiedererstehen."

Grebenstraße

Hausinschrift Grebenstraße 9, 1831

Deo, virtuti et litteris
AD 1831
„Für Gott, die Tugend und die Wissenschaften.
Im Jahre des Herrn 1831."

ooo

Martinusbibliothek, Grebenstraße 8

Weihaltar des Konsular-Beneficiarius Gaius Iulius Super, 13. Juli 205 (in der Eingangshalle als Basis der Statue des Hl. Bonifatius):

In honorem domus divinae deo Silvano et genio loci et Deanae Gaius Iulius Super miles legionis XXII Primigeniae beneficiarius consularis votum solvit libens laetus merito imperatore Antonino Augusto I (= Caracalla) [et Geta Caesare] consulibus idibus Iuliis.

„Zu Ehren des Kaiserhauses für den Gott Silvanus und den Genius Loci und Diana erfüllte Gaius Iulius Super, Soldat der XXII. Legion Primigenia, Konsularbeneficiarier, sein Gelübde gern, froh, nach Verdienst unter dem ersten Konsulat des Imperators Antoninus Augustus (= Caracalla)[1] und des Geta Caesar an den Iden des Juli."

[1] Caracalla erhielt im Jahre 197 den Titel Imperator, war Konsul zum dritten Mal 208 und wurde 211 zum Kaiser erhoben:

Schönbornstraße

Braurecht, 1677 (Arens 1885, Schönbornstraße 13; die Inschrift befindet sich zwischen den Eckfenstern des 1. und 2. Stocks)

Damian Hartard von der Leyen, 1624-1678, Erzbischof und Kurfürst in Mainz 1675-1678 (Grabmal im Dom Nr. 58; Arens 1649). Dem administrativ sehr aktiven Landesherrn unterstand auch das Gewerberecht.

Damian Hartard princeps. ILLVstrI eLeCtorIs MagnIfIcI benefICIo CereVIsIae IVs teCta Ista habent.

Schönbornstraße: Braurecht, von Erzbischof Damian Hartard von der Leyen 1677 verliehen

„Damian Hartard, Fürst. Durch die erlauchte Gunst des großzügigen Kurfürsten besitzt dieses Haus das Bier-Recht."

Das Chronogramm ergibt 1677. Das übliche Wort für Haus DoMVs, das bereits einen Jahreszahlenwert *1505 ergeben hätte, wurde durch das poetisch klingende* teCta (= 100) ersetzt.

Hollagässchen

Wappenrelief mit Stifterinschrift, Datierung nach Arens zwischen 1738 und 1758, gefunden 1978 im Hof des Katharinenstifts Weihergarten (Arens 2541), Kopie:

Johannes Franciscus liber baro ab Hoheneck Decanus Metropolitanae Maguntinensis posteritatis interponendae tran[---]ti hoc [...]um d[ormit]orium (*oder*: deversorium ?) posuit anno 17[...].

„Johann Franz Freiherr von Hoheneck, Dekan der Mainzer Metropolitankirche, setzte dieses <...> D<ormit>orium (? *oder:* Herberge) im Jahr 17[...], um <das Gedächtnis> der Nachwelt zu gewährleisten (?).

Der Text ist nicht sicher wiederherzustellen; die in dem Abguß vorgenommene Ergänzung tranqu *überzeugt nicht. Der ungewöhnliche Ausdruck* posteritatem interponere *könnte in Anlehnung an* fidem interponere *„Treue gewährleisten" gebildet sein.*

Heringsbrunnengasse

Türsturz, Heringsbrunnengasse 6, 1719 (Arens 2089).

Das Haus „Zum Fisch" stand ursprünglich neben dem Heringsbrunnen. Die Inschrift ist absichtlich rätselhaft formuliert.

En. ope sVb trIaDIs sto fLorIDa,
DICor et haLeX.

„Siehe, unter der Hilfe der Dreieinigkeit stehe ich in Blüte und werde Hering genannt."

Darunter als Relief ein Fisch. Beide Verse zusammen ergeben einen daktylischen Hexameter. Das Chronogramm ergibt 1719. Wegen des Chronogramms heißt es halex = *Hering (Zahlwert 60) statt* piscis = *Fisch (Zahlwert 102).*

Hollagäßchen: Stifterinschrift

Heringsbrunnengasse: Haus zum Fisch

Augustinerkirche

Unter der Orgelempore

Non est hic aliud nisi domus Dei et porta coeli, Gen. 28,17.

Tulit lapidem …. Et erexit in titulum, Gen. 28, 18.

Libans super eum libamina, Gen. 35, 14.

„Hier ist nichts anderes als das Haus Gottes und die Pforte zum Himmel, Gen. 28, 17.

Er trug den Stein ... und stellte ihn als Steinmal auf, Gen. 28,18.

Darüber schüttete er ein Trankopfer, Gen. 35, 14.“

ooo

Stifterinschrift, 1772: Langhaus, vor dem Triumphbogen, über dem Wappen des Stifters:

HVgonI FranCIsCo CaroLo CoMItIqVe qVaternae eCCLesIae pIo praesVLI.

„Für Hugo Franz Karl, den Grafen und frommen Prälaten von vier Kirchen.“[1]

Das Chronogramm ergibt 1772

[1] Graf Hugo Franz Karl von Eltz war Dompropst in Mainz und Minden, Propst in Erfurt und Pecsvarad.

ooo

Wappen des Stifters, 1772 im Langhaus, vor dem Triumphbogen, darunter die Inschrift:

EX ore LeonIs proCeDet faVVs MeLLIs.

„Aus dem Maul des Löwen wird die Honigwabe kommen *(vgl. Richter 14, 8.14).*“

Das Chronogramm ergibt 1772

ooo

Deckengemälde, 1772 (Arens 2409)

Über dem Hochaltar:

sanCtIssIMae trIaDI aVgVstInI soboLes saCraVIt.

Deckengewölbe des Chores (Taufe des Augustinus):

Ego te Baptizo in Nomine Patris et Filii et Spiritus Sancti.

„Der allerheiligsten Dreieinigkeit weihte der Nachwuchs des Augustinus (diese Kirche).

Ich taufe dich im Namen des Vaters und des Sohnes und des heiligen Geistes.“

Chronogramm der ersten Zeile: 1772

ooo

Deckengemälde mit Darstellungen des Augustinus:

Doctor ecclesiae, Discipulus veritatis, Malleus haereticorum, Patriarcha religiosorum.

In dem aufgeschlagenen Buch des Augustinus stehen die ersten Worte seiner Mönchsregel:

Ante omnia, fratres carissimi, diligatur deus, deinde proximus.

„Lehrer der Kirche, Schüler der Wahrheit, Hammer der Ketzer, Patriarch der Frommen.

Vor allem, ihr lieben Brüder, soll Gott geliebt werden, dann der Nächste.“

ooo

Spruchbänder, an den Rändern des Deckengewölbes:

Poenitentiam agite, Math. 3 – Sapere ad sobrietatem, Rom. 12 – Iustitia ante eum ambulabit, psal. 84 – Religio tua sancta, Iac. 1 – Viriliter agite et confortamini, 1.Cor. C. 16 – Esto vigilans, confirma cetera, apoc. 3 – Esto mansuetus ad audiendum, Eccl. C. 5 – Discerne causam meam de gente non sancta, Psal. 42 – Dirigatur oratio mea sicut incensum, Psal. 140 – Hilarem datorem diligit Deus, 2.Cor. c. 9 – Qui perseveravit, salvus erit, Math. 24 – Patientia vobis neces(s)aria, Heb. 10 – Deus humilibus dat gratiam, Jak. 4,6 – In simplicitate cordis quaerite illum, Sap. c. 1 – Mortificate membra vestra, ad Colos. C. 3. – In bonitate tua doce me, Psal. 118 – Zelus domus tuae comedit me, Psal. 68 – Fortitudo simplicis via Domini, Prov. 10 – Prudentia spirit(us) vita et pax, Rom. 8 – Initium sapientiae timor Domini, Psal. 111.

“Tut Buße, Matth. 3, 2 – Strebt danach, besonnen zu sein, Röm. 12, 3 – Gerechtigkeit wird vor ihm hergehen, Ps. 85, 14 – Dein Glaube sei heilig, Jak. 2, 27 (orig.: *Religio munda*) – Seid mutig und stark, 1. Kor. 16, 13 – Werde wach und stärke, was noch übrig ist, Apk. 3, 2 – Sei sanftmütig zum Hören, Pred. Sal. 5, 1 – Führe meine Sache gegen ein unheiliges Volk, Ps. 43, 1 – Mein Gebet steige auf wie ein Rauchopfer, Ps. 141, 2 – Gott liebt einen fröhlichen Geber, 2. Kor. 9, 7 – Wer standhaft geblieben ist, wird gerettet sein, Matth. 24, 13 – Geduld ist euch notwendig, Hebr. 10, 36 – Gott gibt den Demütigen Gnade, Jak. 4, 6 – Sucht ihn mit reinem Herzen, Weisheit 1, 1 – Tötet, was irdisch an euch ist, Kol. 3, 5. – Belehre mich durch deine Güte, Ps. 119, 68 –

Der Eifer für dein Haus verzehrte mich, Ps. 69, 10 – Der Weg des Herrn ist des Frommen Stärke, Spr. 10, 29 – Die Klugheit des Geistes ist Leben und Frieden, Röm. 8, 6 – Der Anfang der Weisheit ist die Furcht vor dem Herrn, Ps. 111, 10."

ooo

Hauptaltar

Consummatum est.

„Es ist vollbracht" (Joh. 19, 30)

Putto mit einem Zettel:

Delens chirographum decreti. ad col 2.

„Er tilgte die Schuldurkunde des Gesetzes" (col. 2, 14)

(*Voller Text:* delens quod adversus nos erat chirographum decreti: „er tilgte die Schuldurkunde des Gesetzes, die gegen uns war")

ooo

Altar der Sancta Maria de Consolatione, Nordecke des Chores:

Consolatio tua laetificavit animam meam.

„Dein Trost erfreute meine Seele."

ooo

Altar der Sancta Maria de Consilio, Südecke des Chores:

Ecce agnus Dei. Mater de Consilio. Audi fili etca.

„Siehe das Lamm Gottes. Die Mutter vom (guten) Rat. Höre, mein Sohn, usw."

ooo

Über der Orgel:

Renovatum et novis coloribus inductis instauratum AD MCMLXXXVII XC.

„Renoviert und durch neue Ausmalung wiederhergestellt im Jahre des Herrn 1987-90."

ooo

Portal des Augustinerklosters, 1753 (Augustinerstraße 34; Arens 2306)

HonorI sanCtae MarIae De ConsoLatIone

„Zu Ehren der heiligen Maria von der Tröstung."

Das Chronogramm ergibt 1753.

ooo

Augustinerstraße: Portal des Augustinerklosters

Portal des Sommerrefektoriums, 1739 (Arens 2211)

QVae strVCtVra neo fIerI fVnDaMine CoepIt,
AVgVstIne, tIbI festa gerente foro,
hIC MeDIo sItVata sVo noVIora bIpertIt
ostIa, qVae VobIs perVIa faCta patent.

„Der Bau, der auf neuem Fundament zu erstehen begann, als dir, Augustinus, ein öffentliches Fest gefeiert wurde, teilt hier den in seiner Mitte liegenden Eingang, der für euch durchgängig gemacht offensteht."

Chronogramme v. 1 f.: 1737; v. 3 f. 1739; die Jahresangaben bezeichnen die Daten des Beginns und der Vollendung des Portalbaues. Die Absicht, im Widmungsepigramm Chronogramme unterzubringen, hat zu gewundenen Formulierungen geführt. Im ersten Vers ist das griechische Wort neo *benutzt, weil das lateinische* noVo *das Chronogramm um die Zahl 5 erhöht hätte!).*

ooo

Bibliothek, 1739: Deckenbilder mit Bibliotheksregeln und eingebauten Chronogrammen (Arens 2210):

DeXtra DeI nobIs faVeat, stet nostraqVe DeXtre
InsIgnIta neo-bIbLIotheCa LIbrIs.

SInt ConeXa VIro LeX, ars pIetasqVe probato.
LeCta pLaCent sVperIs, ast Mage[1] faCta pLaCent.

Bos erIs aVt asInVs, MVsas qVI spernIs et artes.
DoCtIor ex LIbrIs, sI LegIs, esse potes.

HVC Inferre LICet LIbros, aVferre negatVr.
pLVres Vt CVres, LeCtor aMICe, faVe.

„Die Rechte Gottes möge uns gnädig sein, und unsere Neu-Bibliothek möge in rechter Weise geschmückt von Büchern stehen.

Dem bewährten Manne seien verbunden Gesetz, Kunst und Frömmigkeit. Lektüre gefällt den Himmlischen, aber noch mehr gefallen ihnen die Taten.

Ein Ochse oder Esel wirst du sein, wenn du die Musen und Künste verachtest. Gelehrter kannst du aus den Büchern sein, wenn du sie liest.

Bücher hier hereinzubringen ist erlaubt, wegzubringen verboten. Damit du für noch mehr (Bücher) sorgen kannst, freundlicher Leser, sei uns gewogen."

Alle vier Distichen ergeben das gleiche Chronogramm: 1739 !

[1] mage*: altlateinische Nebenform zu* magis.

Kappelhofgasse 3

Schlussstein des Portals, Anfang 18. Jahrhundert (Arens 2523)

Hospitale Beatae Mariae [Virginis et] S. Barbarae

„Hospital der Hl. Jungfrau Maria und der Hl. Barbara."

Rheinstraße 3 5/10 (neben dem Holzturm)

Bau-Inschrift, 1715 (Arens 2054, noch nicht wiedergefunden).

ConsVMtVs DenVo renasCor.

„Zerstört werde ich wiedergeboren."

Das Chronogramm ergibt 1715.

Templergasse 2 (nördlich von St. Ignaz)

Torschlussstein, 1759 (Arens 2352)

aeDIfICo MeIs et CapItVLo

„Ich baue für die Meinen und für das Kapitel."

Das Chronogramm ergibt 1759.

Kirche St. Ignaz (1763-1774)

(Kapuzinerstraße 40)

Fassade, linke Nische auf dem Sockel der **Maria Immaculata** (Nikolaus Binterim 1752)

Beata MarIa sIne Labe ADae ConCepta

„Selig ist Maria, empfangen ohne Adams Sünde."

Das Chronogramm ergibt 1752.

ooo

Sakristei, Fensterlaibung: **Bauherreninschrift**:

Deo Optimo Maximo. Memoriae Ioannis Casparis Haenlein, ecclesiae metropolitanae Moguntinae vicarius, qui structuram novae huius basilicae conlato aere XVI m. fl. (= milium florinorum) et amplius primus promovit. cuius anima deo vivat. MDCCLXXV.

„Für Gott, den Besten, den Größten. Zur Erinnerung an Johannes Kaspar Haenlein, Vikar der Mainzer Metropolitankirche, der den Bau dieser neuen Basilika durch den Beitrag von 16.000 Gulden und mehr als erster förderte. Seine Seele lebe in Gott. 1775."

ooo

Nordseite, im Freien:

Kreuzigungsgruppe von Hans Backoffen, gest. 1519 (Arens 1128)

Anno MDXIX die XXI. septembris obijt Hanns Backoffen von Sultzpach, [……..] xxv. die octobris obijt Catherina [...] amen.

„Im Jahre 1519 am 21. September starb Hanns Backoffen von Sultzbach, [im Jahre ......] am 25. Oktober starb Katherina [......]. Amen."

ooo

Lendentuch des Crucifixus, rechts:

Honor

„Ehre"

Neutorstraße 3

Portalinschrift am Bürgerhof „Zu den drei Mohren", 1710 (Arens 2018):

Moeno haeC RhenoqVe seCVnDo.

„Mit der Gunst von Main und Rhein (steht) dieses (Haus)."

Das Chronogramm ergibt 1710. – Die lateinischen Worte bilden die zweite Hälfte eines daktylischen Hexameters. Ein Zitat ist zu vermuten, aber bisher nicht nachzuweisen.

Museum der antiken Schiffahrt

Weil die lateinischen Inschriften des Museums ausgezeichnet dokumentiert sind und nur selten einen Bezug auf Mainz haben, sind sie hier ausgelassen.

Zitadelle: Portalinschrift des Kommandantenbaues, nach 1945

Zitadelle (1655-1660)

Für den Frieden: Portalinschrift des Kommandantenbaues, Inschrift nach 1945.

Arcem Moguntiacam ad bellum olim addictam praelia ipsa docuerunt mentem plus quam arma valere. Hinc mors tantum, illinc procedit vita. Nunc demum ex belli vulneribus restituta paciferis dicata est operibus litterarum scientiae artium.

„Der Mainzer Burg, die einst dem Krieg gewidmet war, haben gerade die Schlachten die Lehre erteilt, dass der Geist mehr vermag als die Waffen. Von hier geht nur der Tod aus, von dort das Leben. Nun endlich ist sie, von den Wunden des Krieges wiederhergestellt, den friedenbringenden Werken der Literatur, der Wissenschaften und der Künste gewidmet."

ooo

Sonnenuhr, neben dem Portal der Hofseite des Kommandantenbaues

Horas non numero nisi serenas.

„Ich zähle nur die heiteren Stunden."

Die lateinischen Worte bilden einen Elfsilbler-Vers (Hendecasyllabus oder Phalaeceus) nach dem Vorbild des römischen Dichters Catull. Verbreiteter Sonnenuhrspruch, die Quelle ist noch nicht gefunden.

St. Stephan: Kreuzgangsportal, 1747 (Nr. 10)

VII. Kirche St. Stephan

St. Stephan: Kreuzgangsportal, 1747 (Nr. 10)

Der erste Bau von St. Stephan wurde von Erzbischof Willigis um 990 begonnen und 992 geweiht; die jetzige Kirche wurde hauptsächlich in der Zeit vom frühen 13. Jahrhundert bis etwa 1340 erbaut. Die Vollendung erfolgte am Ende des 15. Jahrhunderts.

Langhaus, Westseite

Inschrift des Altars, zwischen 1950 und 1960

Ubicumque fuerit corpus Christi, illic congregabuntur et aquilae.

„Wo immer der Leib Christi sein wird, dort werden sich auch die Adler versammeln."

Die Adlerköpfe an den Ecken des Altars und in der Inschrift bedeuten nach einer spätantiken Auslegung von Matth. 24, 28 (vgl. Luk. 17, 37: ubicumque fuerit corpus, illic congregabuntur et aquilae, *griech.* ἀετοί; *in den gängigen Übersetzungen heißt es unzutreffend: Geier) ein sicheres Zeichen der Wiederkehr Christi. Hieronymus deutet sie als die Heiligen, die sich um Christus versammeln (Hieron. in Matth. 24, 28:* De exemplo naturali, quod cotidie cernimus, Christi instruimur sacramento. Possumus autem corpus ... passionem Christi intellegere, ad quam provocamur ... Aquilae autem appellantur sancti*).*

ooo

Langhaus, Nordseite

Gedenkstein des Heiligen Jahres 1500, 1749 (Arens 2277)

BasILICa S. StephanI. Anno IVbILaeo[1] MD reparata, Instante Vero noVo pIIs VotIs renoVata atqVe eXornata.

„Basilika St. Stephan. Im Heiligen Jahr[1] 1500 wiederhergestellt. Doch als das neue (Heilige Jahr) bevorstand, unter frommen Gebeten erneuert und ausgeschmückt."

[1] Jubeljahr nach Leviticus 25, 10 f.

Das Chronogramm ergibt das Jahr 1749.

ooo

Epitaph der Familie Hummel, 1724-1758 (Arens 2184, an der Wand des nördlichen Seitenschiffs, teilweise verdeckt von einem Beichtstuhl)

Sub uno tumulo clauduntur quatuor zelo dei, amore proximi, integritate et sanguine vere germani:

Plurimum reverendus dominus Nicolaus Ignatius Hummel, ecclesiae collegiatae S. Mauritij scholasticus, ecclesiae collegiatae S. Stephani vicarius senior, jubilarius et sacrista, ecclesiarum benefactor insignis, natus Neoburgi die octava julii 1667, die vero vicesima quarta maji 1733 denatus, fundans 90 sacra per annum in altari S. Annae legenda.

Honestissima vidua Anna Catharina Hummel nata Gutmann, Moguntiae vicesima sexta aprilis 1654 mundo data, virtutibus vero plena et aetate gravis decessit tertia martii 1724.

Honestissima quoque vidua et virtutibus non impar Anna Maria Müller nata Hummel adiit Neoburgi mundum duodecima junij 1664, obiit autem vicesima quarta augusti 1732.

Admodum reverendus dominus Ioannes Schemburg, ecclesiae collegiatae S. Stephani vicarius, camerarius, sacrista et altarista domus S. Sepulchri, in vivis avunculi, aviae et matris memor ex devoto affectu monumentum hoc fieri curavit. Natus Moguntiae secunda septembris 1691, die vero 12. aprilis 1758 denatus, ecclesiae huius benefactor insignis, fundans sacrum quotidianum in altari S. Annae hora sexta, 32 in precibus maioribus, 12 in altari S. Crucis a plebano legenda.

His quatuor, benevole viator, quatuor precare: pacis regionem, refrigerii sedem, quietis beatitudinem et luminis claritatem. Amen.

„In (diesem) einen Grab sind eingeschlossen vier, die durch Eifer für Gott, durch Liebe zum Nächsten, durch Lauterkeit und (Blut =) Abstammung wahrhaft verschwisterte waren:

Nikolaus Ignaz Hummel, Scholaster der Stiftskirche St. Mauritius, Seniorvikar, Jubilar und Sakristan der Stiftskirche S. Stephan, besonderer Wohltäter der Kirchen, geboren in Neuburg am 8. Juli 1667, aber am 24. Mai 1733 verstorben, der 90 jährlich am Altar der Heiligen Anna[1] zu lesende Messen gestiftet hat.

Die sehr ehrenwerte Witwe Anna Catharina Hummel, geb. Gutmann, in Mainz am 26. April 1654 der Welt gegeben, aber an Tugenden reich und vom Alter belastet verstarb sie am 3. März 1724.

Die ebenso sehr ehrenwerte und an Tugenden ganz und gar gleiche Witwe Anna Maria Müller, geb. Hummel, kam am 12. Mai 1664 in Neuburg auf die Welt, starb aber am 24. August 1732.

Der hochwürdige Herr Joannes Schemburg, Vikar von St. Stephan, Kämmerer, Sakristan und Altarist der Kirche Zum Heiligen Grab, ließ zu Lebzeiten in Erinnerung an den Oheim, die Großmutter und die Mutter aus tiefer

Zuneigung dieses Denkmal erbauen. Er wurde geboren in Mainz am 2. September 1691, verstarb aber am 12. April 1758, ein besonderer Wohltäter dieser Kirche, der eine täglich am Altar der Heiligen Anna zur sechsten Stunde, 32 an den großen Bitttagen, 12 am Altar von Heiligkreuz vom Gemeindepfarrer zu lesende Messen stiftete.

Für diese vier, wohlwollender Wanderer, erbitte viererlei: das Reich des Friedens, den Ort der Erquickung, die Seligkeit der Ruhe und die Herrlichkeit des Lichts. Amen.

Das Spiel mit der Vierzahl und die sorgfältige Variation der Worte für Geburt und Tod durchziehen diese Inschrift.

[1] In St. Stephan befand sich ein Altar der Hl. Anna.

Hochaltar

4 Messingkandelaber, 1509 (Arens 1082); die Inschrift läuft vom linken zum rechten vorderen Kandelaber.

Tibi, deus optimus maximus, patri luminum vobisque, divi Stephane Protomartyr et Maria Magdalena, huius sancti templi praesidibus, collegae anno domini MDIX posuerunt.

„Dir, bester, größter Gott, dem Vater der Lichter, und Euch, göttlicher Erzmärtyrer Stephanus und göttliche Maria Magdalena, den Beschützern dieses Heiligen Tempels, setzten die Kollegiaten im Jahre des Herrn 1509 (diese Säulen)."

Querhaus, Südseite

Grabmal des apostolischen Protonotars Dr. theol. Johannes Adam Diell, gest. 1712 (Arens 2037)

Viator, hic siste gradum et pie precare plurimum reverendo et amplissimo domino, domino Joanni Adamo Diell sanctissimae theologiae doctori, protonotario apostolico, eminentissimi electoris Moguntini consiliario ecclesiastico et majestatis sigillifero, ecclesiarum collegiatae ad S. Stephanum et ad gradus Beatae Mariae Virginis[1] canonico capitulario et scholastico requiem aeternam. Qui aetatis annum LX die XX julij mortalem ingressus, die XXVIII eiusdem mensis MDCCXII cum immortali commutavit. Cujus honori et memoriae ejus ultimae voluntatis executores hoc monumentum fieri curaverunt. Cuius anima requiescat in pace.

„Wanderer, halte den Schritt an und bete fromm für den hochwürdigen und bedeutenden Herrn, Herrn Johann Adam Diell, Doktor der allerheiligsten Theologie, apostolischen Protonotar, Kirchenrat des erhabensten Mainzer Kurfürsten und Siegelbewahrer der Majestät, Stiftsherrn und Scholaster zu St. Stephan und der Kirche der seligen Jungfrau Maria zu den Stufen[1] um ewigen Frieden. Er hatte das sterbliche 60. Lebensjahr am 20. Tag des Juli begonnen und vertauschte es am 28. Tag desselben Monats 1712 mit dem ewigen. Zu seiner Ehre und Erinnerung ließen die Vollstrecker seines letzten Willens dieses Denkmal machen. Seine Seele ruhe in ewigem Frieden."

Ein zweiter Grabstein Adam Diells befindet sich in St. Gereon, Nackenheim.

[1]*St. Maria ad gradus, die Mariagredenkirche, ist die ehemals vor dem Ostchor des Domes gelegene Liebfrauenkirche (heute durch Sockelmauern angedeutet).*

ooo

Wandtabernakel, 1500 (Arens 1037; die schmiedeeiserne Tür stammt aus der Mitte des 18. Jhdts.)

Anno iubilei MCCCCC

Renovatum anno domini MDCIII

„Im Jubeljahr 1500. - Erneuert im Jahr des Herrn 1603."

Kreuzgang

1 Grabstein, links neben dem Eingang

Vigilate, quia nescitis diem neque horam. Matt. 25.

Vive memor l{a}eti.[1] Fugit hora. Mors ianua vitae.

„Seid wachsam, weil ihr weder Tag noch Stunde kennt (Matth. 25, 13).

Lebe und sei eingedenk des Todes. Es flieht die Stunde. Der Tod ist die Tür zum Leben."

Der Name des Verstorbenen ist verloren.

[1] *LAETI: die Aussprache machte keinen Unterschied zwischen ae und e, aber häufiger steht e statt ae als umgekehrt wie hier. Zur Grabschrift passt natürlich besser* letum *„Tod" als* laetum *„das Frohe".*

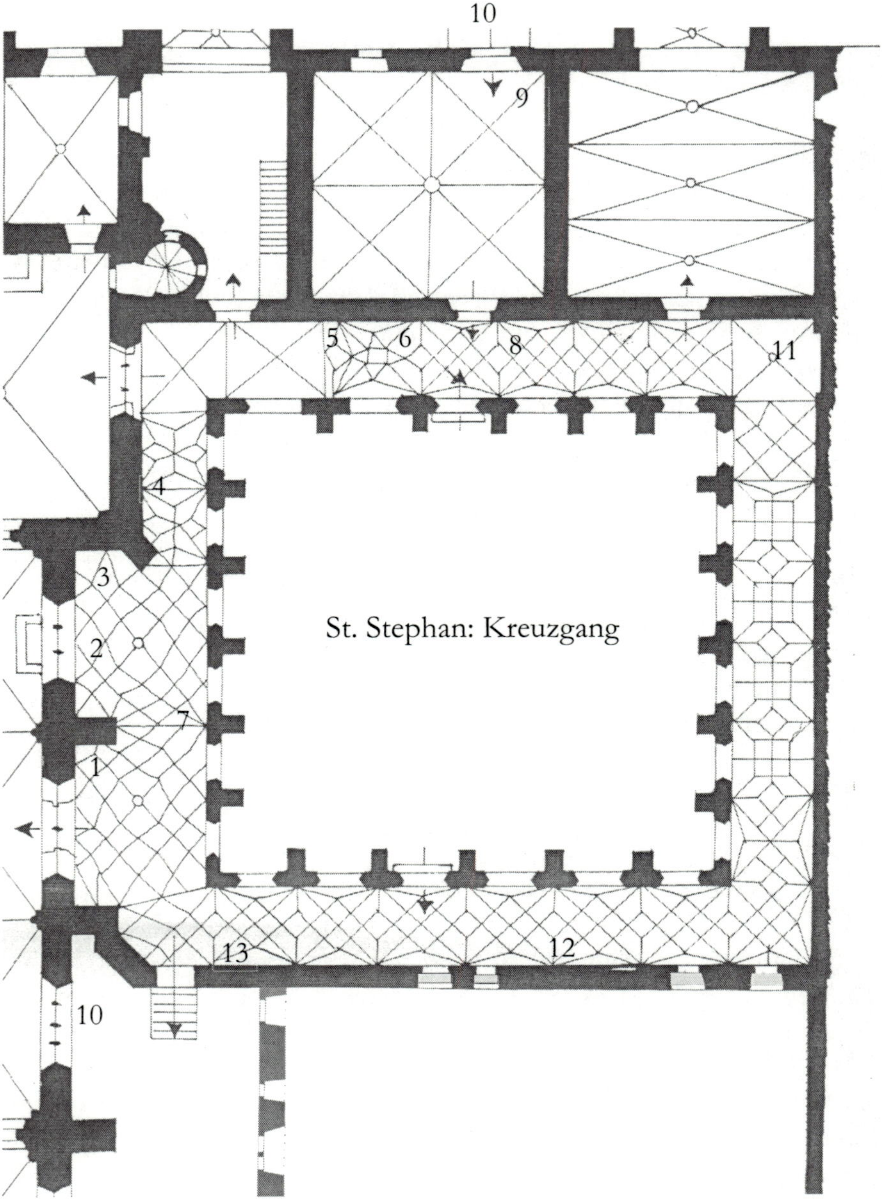
10
9
5
6
8
11
4
3
St. Stephan: Kreuzgang
2
7
1
13
12
10

2 Grabstein des Stiftsherrn Peter Lindenfels, gest. 1514 (Arens 1101)

Anno domini MCCCCCXIIII, die martis penultima mensis maij (*Symbol für*) obiit honorabilis dominus Petrus Lindenfels de Eltvil, canonicus huius ecclesiae, cuius anima requiescat in pace. Amen.

„Im Jahre des Herrn 1514, am Dienstag, dem vorletzten (Tag) des Monats Mai, starb der ehrenwerte Herr Peter Lindenfels aus Eltville, Stiftsherr dieser Kirche. Seine Seele ruhe in Frieden. Amen."

ooo

3 Grabstein der Stiftsherrn Alexander Raw, gest. 1528, und **Mathias Doliator (vermutlich = (Faß-)Bender)**, gest. 1548 (Arens 1155)

Anno Domini millesimo DXXVIII die sexta septembris obiit dominus Alexander Raw huius ecclesiae canonicus pie. requiescat in pace. Amen.

Anno Domini MDXLVIII die vero XV mensis iunii veneris die Matthias Doliator ex Rudesheim huius aedis canonicus c[....]. anima requiescat in pace.

„Im Jahre des Herrn 1528, am 6. September, starb fromm Herr Alexander Raw, Stiftsherr dieser Kirche. Er ruhe in Frieden. Amen.

Im Jahre des Herrn 1548, am Freitag, dem 15. Juni, [starb] Mathias Doliator aus Rüdesheim, Stiftsherr dieser Kirche. [Seine] Seele ruhe in Frieden."

Die Zahl 1607 am oberen Ende bezeugt eine weitere Nachbestattung, die Zahl 41 unter dem Kreis mit dem Kelch stammt von Bourdons Katalogisierung.

ooo

4 Grabstein des Steinmetzen Valentinus, des Erbauers des Kreuzganges, gest. 1502, und seiner Familie (Arens 1048)

Der Steinmetz Valentin ist auch urkundlich und durch Schlusssteine des Kreuzgangsgewölbes als Baumeister bezeugt. Er und sein Sohn, der Vikar Dudo, starben im April 1502.

Anno domini 1494 in die Sancti Bonifatii obiit Ka[....]ia de Maguntia mater ipsius. Anno domini [...] obiit dominus Dudo lapicidae de Maguntia vicarius huius. Anno domini [....] magister Valentinus, lapicida de Freidbergk, pater ipsius, quorum animae requiescant.

„Im Jahre des Herrn 1494, am Tage des Hl. Bonifatius starb Katharina (?) von Mainz, seine Mutter. Im Jahre des Herrn [...] starb Herr Dudo, Sohn des Steinmetzen aus Mainz, Vikar dieser Kirche. Im Jahre des Herrn [... starb]

St. Stephan: Denkmal des Propstes Wignand (Nr. 6)

Meister Valentinus, Steinmetz aus Friedberg, sein Vater. Ihre Seelen mögen [in Frieden] ruhen."

ooo

5 Grabstein des Stiftsherrn Friele Gensfleisch, gest. 1460 (Arens 900, kaum noch lesbare Buchstaben)

Friele Gensfleisch war ein naher Verwandter des Johannes Gutenberg.

Anno domini millesimo CCCCLX, XVI die mensis ...... dominus Frielo Gensfleys canonicus hui[us ecclesiae, cuius] ani[ma requiescat in pace. Amen].

„Im Jahre des Herrn 1460, am 16. [... starb] Herr Frielo Gensfleisch, Stiftsherr die[ser Kirche. Seine Seele ruhe in Frieden. Amen.]"

ooo

6 Gedenkstein des Propstes Wignand, gest. 1048 (Arens 655): die älteste Inschrift der Kirche St. Stephan (durch Kriegseinwirkung beschädigt).

(Randinschrift mit zahlreichen Ligaturen und Abkürzungen z.B. PP = praepositus, *beginnend links unten, die untere = letzte Zeile ist linksläufig geschrieben)*

Anno incarnationis Domini millesimo XLVIII, indictionis XV, IV. idus augusti Wignandus felicis memoriae praepositus migravit ad Christum.

(Tafelmitte, ebenfalls mit zahlreichen Ligaturen und Abkürzungen, z.B. SPS = spiritus; die große Textlücke ist aus früheren Abschriften ergänzt)

Ne transire velis, frater lectorque fidelis,
Quin mea facta legas, haecque precando tegas.
Nos, qui terra sumus, manet omnes exitus unus;
Nullius et meritum hunc necat interitum.
Hinc necis ad metas omnis compellitur aetas.
Ex vetito pomo hoc trahit omnis homo.
Et quia deliqui stimulis serpentis iniqui,
Spiritus atque tremit, hunc quia culpa premit.
Lector amande, preces ad Christum funde fideles,
Spiritus aeterna spiret ut in venia.

„Im Jahre der Fleischwerdung des Herrn 1048, im 15. Jahr der Indiktion[1], am vierten Tage vor den Iden des August (10. August), ging Wignandus, Propst glücklichen Andenkens, zu Christus.

Geh nicht vorüber, treuer Bruder und Leser, ohne meine Taten zu lesen, und dies betend zu beschützen. Uns, die wir Erde sind, erwartet alle ein einziges Ende, und keines Menschen Verdienst tötet (= verhindert) diesen Untergang. Daher wird jedes Alter zum Ziel des Todes getrieben. Von dem verbotenen Apfel zieht sich dies jeder Mensch zu (vgl. Gen. 2, 17). Und weil ich mich wegen der Stacheln der ungerechten Schlange vergangen habe und die Seele zittert, weil die Schuld sie bedrängt, so verströme, geliebter Leser, treue Gebete zu Christus, damit der Geist in ewiger Gnade atmen kann."

Der Binnenreim dieser sog. leoninischen Verse wird von Vers zu Vers ohne jede Wiederholung variiert.

[1] Zu der Rechnung nach Indiktionen vgl. Dom Nr. 1, Anm. 3. Das Jahr 1048 ist mit dem 15. Jahr der 70. Indiktion identisch.

ooo

7 Grabstein des Vikars Jakob Duden, gest. 1504 (Arens 1072; kaum noch lesbar)

Jakob Duden war der erste Dekan der Artistenfakultät der 1478 gegründeten Mainzer Universität.

Anno [Domini 1504 duodeci]ma mensis novembris [obiit] venerabilis dominus magister Jacobus Duden de Wicker, sacrae theologiae licentiatus, vicarius huius ecclesiae. Cuius anima r[equiescat in] pa[ce].

„Im Jahre des Herrn 1504, am 12. November, starb der ehrwürdige Herr Magister Jacob Duden aus Wicker, Licentiat der heiligen Theologie, Vikar dieser Kirche. Seine Seele ruhe in Frieden."

ooo

8 Grabstein des Vikars Conrad Gobe, gest. 1524 (Arens 1143)

Anno domini MCCCCCXXIIII, die vero XIII mensis julii (*Symbol für*) obiit honorabilis dominus Conradus Gobe, vicarius huius ecclesiae. Cuius anima requiescat in sancta pace. Amen.

„Im Jahre des Herrn 1524, am 13. Juli, starb der ehrenwerte Herr Conrad Gobe, Vikar dieser Kirche. Seine Seele ruhe in heiligem Frieden."

ooo

9 Grabstein eines Unbekannten, Ende 12. Jahrhundert (Arens 664)

Durchgangsraum Südwand (ehem. Kapitelsaal; rechts neben dem Ausgang)

† frater, qui transis, humi[l]i[1] sta voce precantis,
ne michi propicius differat esse deus.

„Bruder, der du vorübergehst, halt an durch die demütige Stimme dessen, der bittet, dass Gott nicht zögere, mir gnädig zu sein."

Zwei für das Spätmittelalter typische Verse mit Binnenreim (versus leonini).

[1] *Erst R. Fuchs erkannte, dass statt des metrisch fehlerhaften* humi *„des Staubes" zu lesen ist* humili.

ooo

10 Kreuzgangsportal, 1747 (Arens 2267)

Stephanus per charitatem proximi pro lapidantibus intercessit. S. Fulgentius, serm(o) de S. Stephano.

Auf dem Schlussstein des Portals:

EXstrVCta noVa porta DIVo stephano protoMartyrI patronoqVe saCra EXVrgebat.

„Stephanus trat aus Liebe zum Nächsten für die Steinigenden ein. St. Fulgentius, Predigt über St. Stephanus.

Die neue Pforte, errichtet für den Heiligen Erzmärtyrer und Patron St. Stephanus, erhob sich (im Jahre 1747)."

Der Originalstein mit dem inschriftlichen Zitat aus Fulgentius per charitatem proximi pro lapidantibus intercessit *liegt im Vorhof der Westseite des Kreuzganges.*

Zum Gebet des St. Stephanus für seine Mörder – nach dem Vorbild Jesu – vgl. Apg. 7, 60. – Die Inschrift zitiert aber aus der Predigt „Sermo pro S. Stephano et de conversione S. Pauli" (III 3) des Fulgentius von Ruspe, Theologe, 467-532, weil er im Gottesdienst genannt wird.

Das Chronogramm ergibt 1747.

ooo

11 Kreuzigungs-Szene mit der Widmungs-Inschrift der Stiftsherrn Dr. theol. Arnold Strohut und seines Bruders Hermann, 1485 (Arens 955)

Venerabilis dominus Arnoldus Strohut decretorum doctor nec non honorabilis dominus Hermannus germanus eius, huius ecclesie canonici hanc Crucem fieri procuraverunt anno Domini millesimo quadringentesimo octogesimo quinto.

„Der ehrwürdige Herr Arnold Strohut, Doktor des Kirchenrechts, und der ehrenwerte Herr Herrmann, sein Bruder, Stiftsherren dieser Kirche, ließen dieses Kreuz machen im Jahre des Herrn 1485."

Die Inschrift ist in einer besonders schönen Kursive ausgeführt.

ooo

St. Stephan (Nr. 11): Inschrift der Gebrüder Strohut

12 Grabstein des Vikars Jakob Baber, gest. 1501 (Arens 1044)

Anno domini MCCCCC primo, die vero mensis marcii 26, ob[iit Jacob] us Baber de Sauvelnheym vicarius altaris sanctae Mariae Magdalenae huius ecclesiae. Cuius anima requiescat in pace. Amen.

„Im Jahre des Herrn 1501, am 26. März, starb Jakob Baber von Saulheim, Vikar des Altars der Hl. Maria Magdalena dieser Kirche. Seine Seele ruhe in Frieden. Amen."

ooo

13 Grabstein des Hildebrand von Mühlhausen, gest. 1334 (Arens 724)

Ungewöhnliche Kreisform des Grabsteins (Durchmesser 2,13 m), stark zerstörte Inschrift; der Text beginnt oben in der Mitte (Ergänzungen nach früherer Abschrift).

+ An]no domini MCCCXXXIIII in die invencion[is sanctae crucis obiit Hildebrandus de Mulhusen deca]nus huius ecclesiae.

„Im Jahre des Herrn 1334, am Tage der Auffindung des Heiligen Kreuzes (3. Mai), starb Hildebrand von Mühlhausen, Dekan dieser Kirche."

Eingang des Kunsthistorischen Instituts (Bingerstraße 26)

VIII. Stadtbezirke und Umgebung

Binger Straße und Saarstraße

Aus der Asche aufsteigender Phoenix, Relief von Emy Roeder, 1960, Binger Straße 26, Eingang des Kunsthistorischen Instituts.

Sed de suo resurgit rogo

„Doch er erhebt sich von seinem Scheiterhaufen."

Nach Ambrosius, Expos. in Ps. 118, sermo 19, 13 über den Phönix als Symbol von Tod und Auferstehung Christi.

Universität, Saarstraße 18, erster Innenhof (Forum Universitatis)

Gutenbergdenkmal, 1950 vom Hof des Brauhauses in den Hof der Johannes Gutenberg-Universität verbracht.

Ioanni Gutenbergio primo artis typographicae inventori, Ioanni Fustio et Petro Schoeffero primis artis noviter inventae sociis et completoribus, veteribus inquilinis harum aedium quondam Zum Jungen, ubi ars typographica suas natales et incrementa habuit, prima officina condita, perpetuae memoriae causa hoc monumentum erectum est.

„Für Johannes Gutenberg, den ersten Erfinder der Druckkunst, für Johannes Fust und Peter Schöffer, die ersten Genossen und Vollender der neu erfundenen Kunst, die alten Einwohner dieses Hauses, einst "Zum Jungen"[1], wo die Druckkunst ihre Geburtsstätte und ihre Weiterentwicklung hatte (und) die erste Offizin gegründet wurde, ist dieses Denkmal zu ewigem Gedächtnis errichtet worden."

[1] Die Vermutung, dass der Balken, der 1856 im Keller des Hofs "Zum Jungen", des späteren Mainzer Brauhauses "Zum Gutenberg", Franziskanerstraße 3, gefunden wurde, zu einer Druckpresse Gutenbergs gehörte, ist seit langem widerlegt (s. Arens 1603).

Am Fort Gonsenheim 72

Hausmadonna, 1755 (Relief, urspr. Große Bleiche 7; Arens 2252)

Svb tVo regIna saCratIssIMI rosarII fortI praesIDIo sIt nobIs paX, sIt nobIs sanItas, tV tVta proteCtr[IX].

„Unter deinem starken Schutz, Königin des heiligsten Rosenkranzes, sei uns Frieden, sei uns Gesundheit, du sichere Beschützerin."

Das erhaltene Chronogramm ergibt 1744, das mit [IX] ergänzte 1755.

Gonsenheim

St. Stephan ("Rheinhessendom"), Kirchenportal, 1749, jetzt am Portal der Sakristei (Arens 2278)

AVCta gente sVb gratIosIs faVorIbVs pII praeposItI hVgonIs franCIsCI CaroLI CoMItIs ab eLz et ego aVCta fVI.

„Als sich die Gemeinde unter der gnädigen Gunst des frommen Propstes Hugo Franz Karl, Grafen von Eltz, vergrößert hatte, wurde auch ich vergrößert."

Das Chronogramm ergibt 1749.

ooo

NORDSEITE

Grabstein des Andreas Reuß, gest. 1845.

Sub hoc tumulo diem quisquilium expectans et Caeli requiescit plurimum reverendus dominus Andreas Reuß. Natus Moguntiae die 23. septembris 1785, iuvenis per XI annos castra Napoleonis secutus, dein pace reducta Christi redemptoris militiae adscriptus et die prima septembris 1818 sacerdotali dignitate ornatus primum in Undenheim, postremo in Gonsenheim boni pastoris officiis functus est, variis corporis cruciatibus affectus et consumptus pie in domino obiit die 21 septembris 1845. Requiescat in pace.

„Unter diesem Grabhügel ruht in Erwartung des Jüngsten Gerichts (?) und des Himmels der hochwürdige Herr Andreas Reuß, geboren in Mainz am 23. September 1785, der als junger Mann 11 Jahre lang dem Heerlager Napoléons folgte, dann, als der Frieden zurückgekehrt war, in das Heer Christi des Erlösers eingereiht und am 1. September 1818 mit der Priesterwürde geweiht wurde und zuerst in Udenheim, zuletzt in Gonsenheim die Aufgaben eines guten Hirten versah. Von verschiedenen Leiden des Körpers ergriffen und dahingerafft starb er fromm im Herrn am 21. September 1845. Er ruhe in Frieden."

Lesung der nur noch teilweise entzifferbaren Inschrift ergänzt nach H. Schwalbach, Die Pfarrgemeinde St. Stephan, Mainz-Gonsenheim, in Vergangenheit und Gegenwart, Gonsenheim 1975, 51.

ooo

Grabmal des Pfarrers Johann Michael Hassen, gest. 1749 (hinter der früheren Sakristei der Pfarrkirche, von außen nicht zugänglich; Arens 2281)

Siste, viator, ante hunc lapidem. Sepulta contemplare ossa Ioannis Michaelis Hassen, per 38 annos hic parochi zelosi, qui intravit in gaudium domini sui die 15 decembris anno 174[9]. Requiescat in pace.

„Halt an, Wanderer, vor diesem Stein. Denke an die begrabenen Gebeine des Johannes Michael Hassen, der hier 38 Jahre eifriger Pfarrer war, der in die Freude seines Herrn eintrat am 15. Dezember 1749. Er ruhe in Frieden."

Finthen

Bauinschrift des Jungenfeldschen Hauses, 1719 (Ecke Post- und Jungenfeldstraße, Hofeingang; Arens 2090)

Aus dieser Familie stammt der spätere Oberbürgermeister von Mainz, Franz Edmund Freiherr Gedult von Jungenfeld (geb. 1778, Oberbürgermeister 1814-1831). Die Jahreszahl ist in den vier Ecken rings um die Inschrift gruppiert.

Pro familia Edmundus de Iungenfelt episcopus Mallensis suffraganeus Moguntinus, theologiae doctor et S. Petri, Beatae Mariae Virginis ad Gradus et Sanctae Crucis decanus exst(r)ucxit anno 1719.

„Für seine Familie erbaute Edmund von Jungenfeld, Bischof von Mallos (Kilikien), Mainzer Suffraganbischof, Doktor der Theologie und Dekan der Kirchen von St. Peter, der Hl. Jungfrau Maria zu den Stufen (Gredenkirche) und Heiligkreuz im Jahr 1719 (dieses Haus)."

Den Suffragan-(Weih-)bischöfen, die als Titularbischöfe keiner eigenen Diözese vorstehen, werden der Form halber die erloschenen Episkopate der Kreuzritterzeit zugewiesen.

Marienborn

Kirche St. Stephan (1729-1760): Grabmal des Pfarrers Gerhard Mützer, gest. 1726, in der rechten Seite des Kirchenschiffs (Arens 2138)

hIC aD araM beatae VIrgInIs VoVit qVIesCere plurimum reverendus dominus Gerhardus Mützer Francofordiensis, archiepiscopalis seminarii Moguntiae et instituti clericorum saecularium in commune viventium sacerdos et singularis benefactor, olim variis in locis plures per annos parochus, tandem emeritus, Vien(n)a Austriae reversus, demum primus director curae animarum, et ex bonis in Austria partis dotator parochiae, pro cuius impinguatione

Finthen: Bauinschrift des Jungenfeldschen Hauses (1719)

4000 florenses, pro aedificatione vero novae domus parochialis et emeritorum in hoc loco votivo Mariaeborn 2000 raro piae liberalitatis exemplo contribuit. Ubi ab octobri 1723 ad tertiam diem dicti mensis 1726 director fuit, qua tandem post exemplarem vitam fere sexagenarius apoplexia tactus pie obiit sibique hoc monumentum vivus fieri curavit, et institutum appendi fecit. Hic autem ad pedes votivae imaginis Beatae Virginis Mariae, quam diligens coluit, quiescere voluit. Requiescat in pace.

„Hier beim Altar der Hl. Jungfrau wünschte zu ruhen der hochwürdige Herr Gerhard Mützer aus Frankfurt, Priester und einzigartiger Wohltäter des Mainzer erzbischöflichen Seminars und des Instituts der weltlichen, gemeinsam wohnenden Kleriker, einst an verschiedenen Orten für sehr viele Jahre Pfarrer, endlich entpflichtet, von Wien in Österreich heimgekehrt, schließlich erster Direktor der Seelsorge und aus dem in Österreich erworbenen Vermögen Förderer der Pfarrei, für deren Bereicherung er 4000 Gulden, für die Erbauung des neuen Hauses der Pfarrei und der an diesem Wallfahrtsort Marienborn Pensionierten 2000 Gulden in einem einzigartigen Beispiel frommer Großzügigkeit beitrug. Dort war er von Oktober 1723 bis zum 3. Oktober 1726 Direktor, als er schließlich, nach einem vorbildlichen Leben mit fast 60 Jahren vom Schlaganfall getroffen, fromm verstarb und für sich dieses Denkmal noch bei Lebzeiten machen und das verfertigte aufhängen ließ. Hier aber zu Füßen des Votivbildes der Hl. Jungfrau Maria, die er liebend verehrte, wollte er ruhen. Er ruhe in Frieden."

Das Chronogramm der ersten Zeile ergibt 1726.

ooo

Kirchenschiff, rechte Seite: Epitaph des **Pfarrers Wendelin Dorn**, gest. 1742 (Arens 2238)

Pfarrer Dorn ist auch durch andere Dokumente als Erbauer der Marienborner Kirche bezeugt.

Plurimum reverendus dominus Ioannes Wendelinus Dorn sub hoc lapide positus, natus die XXI septembris 1694, capituli Olmensis decanus, hujus ecclesiae parochus, zelans decorem domus Dei, ad cuius exstructionem plures contulit sumptus et labores, omnia sua ad majorem Dei gloriam et Beatae Virginis honorem, corpus vero terrae relinquens animam Deo reddidit die 28 .iunii anno 1742.

„Der hochwürdige Herr Johannes Wendelin Dorn, der unter diesem Stein ruht, geboren am 21. September 1694, Dekan des Kapitels von Olm, Pfarrer dieser Kirche, eifernd für den Schmuck des Hauses Gottes, zu dessen Bau er sehr viele Kosten und Mühen beitrug, sein ganzes Vermögen zum höheren Ruhm Gottes und zur Ehre der Hl. Jungfrau, ließ den Leib hier der Erde und gab seine Seele an Gott zurück am 28. Juni 1742."

Mainz-Weisenau

"Via Sepulchrum Moguntiaci", Wilhelm-Theodor-Römheld-Str., im Glashaus:

Grabstein des Titus Cirrius Deciminus, Mitte des 1. Jhs. (AE 1995, 1167, Kopie)

Dieser Grabstein belegt die Rekrutierung vieler in Mainz stationierter Legionäre aus Südgallien. Die Anlage eines Grabes schon zu Lebzeiten bot einen Schutz gegen zu knauserige Erben.

Titus Cirrius Deciminus veteranus domo Arelate vivos fecit.

„Titus Cirrius Deciminus, Veteran, aus Arelate (Arles), machte (den Grabstein) zu Lebzeiten."

ooo

Kirche Maria Himmelfahrt

Nordwand des Kirchenschiffs: Grabstein des Eberhard Orth, gest. 1540, (Arens 1182).

Hoc saxo tumulatus est XXI mai anno XL Eberhardus Orth, huius aedis rector absolutum virtutis exemplar posteri[s relin]que(n)s placida solutus morte.

„Unter diesem Stein wurde am 21. Mai [15]40 Eberhard Orth, Rektor dieses Hauses, beigesetzt, der ein vollendetes Beispiel der Tugend der Nachwelt hinterließ, erlöst in sanftem Tode."

Die volle Jahreszahl 1540 steht auf dem rechten Wappenschild.

ooo

Epitaph des Johannes und des Hartrad Drutwyn, gest. 1496/ 1516 (Arens 1112)

Anno domini 1496 die XXVII [...] (*Symbol für:* obiit) honorabilis dominus Johannes Drutwyn altarista ... Anno domini MCVI die V mensis aprilis (*Symbol für:* obiit) honorabilis dominus Hartradus Drutwyn huius ecclesiae vicarius, vere g[erm]a[ni].

„Im Jahre des Herrn 1496, am 17. Tage des [...] starb der hochwürdige Herr Johannes Drutwyn, Altarist[1] ... Im Jahre des Herrn 1515, am 5. Tag des Monats April, starb der hochwürdige Herr Hartrad Drutwyn, Vikar dieser Kirche, wahrhafte Brüder."

[1] Ein Altarist ist ein Geistlicher, der, ohne Pfarrer dieser Kirche zu sein, an einem bestimmten Altar die Messe zu lesen hat.

ooo

Südwand: Epitaph des Heinrich Pistoris, gest. 1551 (Arens 1164a, Fotographie S. 716)

Anno legis graciae millesimo mv^c 3.1 (= 1531) die 16. mensis iunii (*Symbol für:*) Heinricus Pistoris de Wonnecken legum doctor, cantor et canonicus huius ecclesiae. cuius anima requiescat in pace.

„Im Jahr des Gesetzes der Gnade 1531 am 16. Tag des Monats Juni starb Heinrich Pastoris von Wonnecken, Rechtslehrer, Kantor und Kanonikus dieser Kirche. Seine Seele ruhe in Frieden."

Die Datierungsformel „Im Jahr des Gesetzes der Gnade" findet sich in Mainz nur auf diesem Grabstein.

ooo

Westwand: Gedenkinschrift für die Erbauung des Turmes, 1912.

Quia factus es spes mea turris fortitudinis a facie inimici. -
Psalm LX, 4
Lapis primarius huius turris positus est anno domini MDCCCCXII.

„Denn du bist meine Hoffnung, ein starker Turm vor dem Angesicht des Feindes. - Psalm 60, 4.

Der Grundstein dieses Turmes wurde im Jahr des Herrn 1912 gesetzt."

ooo

Mainz-Hechtsheim

Katholische Pfarrkirche St. Pankratius, Hochaltar:

O sacrum convivium, in quo Christus sumitur, recolitur memoria passionis eius.

„O heiliges Gastmahl, in dem Christus (als Speise) empfangen und das Gedächtnis seines Leidens gefeiert wird."

ooo

Marienaltar:

Ave, maris stella, Dei mater alma.

„Sei gegrüßt, Stern des Meeres, Gottes gütige Mutter."

Anfangsvers des Marienhymnus, 9. Jh.

ooo

Ewig-Licht-Ampel, zwischen 1694 und 1696 (Arens 1953)

Ex donatione liberali plurimum reverendi domini Sebastiani Lotii iuris utriusque doctoris, ecclesiae St. Stephani Moguntinae decani, consiliarij ecclesiasti<c>i et fiscali(s) maioris anno domini MD[C]L[...][1] ad laudem sanctissim(i) sacramenti laudabili ecclesiae Hechtsheimensi.[2]

„Aus der großzügigen Stiftung des hochwürdigen Herrn Sebastian Loth, des Doktors beider Rechte, des Dekans der Mainzer Kirche St. Stephan, des Geistlichens Rats und Oberfinanzrats, im Jahre des Herrn (... ?), zum Lob des Hl. Sakraments für die lobenswerte Kirche von Hechtsheim.

[1] *Die Jahreszahl ist weitgehend abgerieben. Vor einiger Zeit war die Zahl 1695 noch zu erkennen (Herr Veith, mündlich).*

[2] *Das pfeilähnliche Schlusszeichen nach* Hechtsheimensi *zeigt an, dass kein Genitiv-s zu ergänzen ist.*

ooo

Eckstein des Umbaus, 1901/2 (am Durchgang vom Altarraum zur Marienkapelle).

Angularis lapis. Christus Jesus. Eph II 20. MCMI

„Eckstein. Christus Jesus. Epheserbrief II 20. 1901."

ooo

Grabplatte des Dekans Philipp Laist, 1910, im Boden der Marienkapelle:

In pace Christi reverendus dominus Philippus Laist, parochus Hechtsheimensis, decanus et consiliarius ecclesiasticus. * 7. sept. 1831, † 9. mai 1910

„Im Frieden Christi (ruht hier) Hochwürden Herr Philipp Laist, Pfarrer von Hechtsheim, Dekan und Kirchenrat. * 7. Sept. 1831, † 9. Mai 1910.“

ooo

Friedhof oberhalb der Kirche: Basis der Marienstatue, 1897

Ego sum resurrectio et vita. Qui credit in me, etiam si mortuus fuerit, vivet.

„Ich bin die Auferstehung und das Leben: wer an mich glaubt, wird leben, wenn er auch gestorben ist. [Joh.] 11, 25. Erneuert [18]97.“

Aus der Inschrift ergibt sich, dass auf der Basis ursprünglich eine Christusstatue gestanden haben muss.

Mainz-Laubenheim

Katholische Kirche Mariae Heimsuchung, Kartusche im Scheitel des Triumphbogens:

Dei tabernaculum.
„Das Zelt Gottes“ (Offenbarung 21, 3).

ooo

Grundstein des Erweiterungsbaues, 1907

Lapis angularis. A.D. MCMVII.
„Eckstein. 1907.“

ooo

Auf dem Bogen über der Toreinfahrt, ehem. Liebfrauenstift, 1767, Marienhofstr. 1:

Sancta Maria domus patrona defende nos.
Anno Domini MDCCXLVI. Erneuert von Hans Göhlen MCMXLV.
„Heilige Maria, Patronin des Hauses, schütze uns.
Im Jahre des Herrn 1746.[1] Erneuert von Hans Göhlen 1945.“

[1] *Die falsche Jahreszahl 1746 statt 1767 beruht auf falscher Rekonstruktion des zerbrochenen Schlusssteins.*

ooo

Hausportalinschrift, Marienhofstr. 1, im Innenhof des Restaurants “Marienhof” (Hof des ehem. Mainzer Liebfrauenstiftes), 1767.

SaLVs DoMVI hVIC faCta est. Luc. 19 v. 9
„Heil ist diesem Haus geschehen Luc. 19 v. 9.“
Das Chronogramm ergibt 1767.

ooo

Ober-Olmer Forsthaus

Portalinschrift am Jagdhaus des Kurfürsten Emmerich-Josef von Breidbach-Bürresheim, 1764.

Im Hof, links, über der Tür, unterhalb des Wappens (wenn das Tor geschlossen ist, von der gegenüberliegenden Straßenseite aus gut zu sehen):

PrInCIpIs eX IVsso DIanae haeC eXstrVor aeDes.
sI qVaerIs, [q]VanDo: VersIbVs annVs Inest.

„Auf Geheiß des Fürsten werde ich, dieses Haus, für Diana erbaut. Wenn du fragst, wann: in den Versen ist das Jahr enthalten."

Das Chronogramm, zu dessen Berechnung der Leser im zweiten Vers dieses elegischen Distichons aufgefordert wird, ergibt 1764 (statt des üblichen iussu *ist hier wegen des Chronogramms die Form* iusso *gewählt, die nicht die Zahl 11, sondern nur 6 ergibt). Aus dem Datum ergibt sich auch der Name des (Kur-)Fürsten: Erzbischof Emmerich-Joseph von Breidbach-Bürresheim (1763-1774).*

Hier wohnte Joh. Wolfg. v. Goethe während der französischen Belagerung von Mainz vom 17. bis 27. Juli 1793 (Gedenktafel an der Straßenseite des Hauses).

Essenheim, Rathaus

Sarkophag de Sanctinia Restuta, späte Kaiserzeit (im unteren Treppenhaus)

Auf der Längsseite:

Sanctiniae Restut(a)e matri carissimae Ursinius Restutus optio signiferorum faciendum filius curavit.

auf dem Deckel:

Item, Dis Manibus, Amantio, filiae.

„Für Sanctinia Restuta, die allerliebste Mutter, ließ Ursinius Restutus, Feldwebel der Fahnenträger, ihr Sohn, (diesen Sarkophag) machen.

Ebenso für die Totengeister, für Amantius, für die Tochter."

Die Schreibung Restute *und die Namensform* Restuta, Restutus *statt* Restituta /-us *weisen auf die späte Kaiserzeit.*

Nieder-Olm

Obere Portalinschrift der Kirche St. Georg, 1778

HaeC aeDes a te noMen fert, sanCte Georg<I>.
O sVb tVteLIs tVa stet Vsque tVIs.

„Dieses Haus trägt von dir den Namen, heiliger Georg. O möge dein Haus immerfort unter deinem Schutz stehen."

Das Chronogramm ergibt 1778. Der zweite Vers ist fehlerhaft gebaut.

v. 1 Georg<I>*: das für Sprache, Vers und Chronogramm nötige* I *wurde bei der Renovierung übermalt.*

ooo

Untere Portalinschrift der Kirche St. Georg, 1778, des Kurfürsten Friedrich Karl Joseph von Erthal (1774-1802):

Lapsa sVrreXI Deo sVb FrIDerICo CaroLo Iosepho arChIepIsCopo et prInCIpe eLeCtore

„Gefallen erhob ich mich (wieder) für Gott unter Friedrich Karl Joseph, Erzbischof und Kurfürst."

Das Chronogramm ergibt 1778.

Mainz-Kastel

"Museum Castellum", in der Reduit-Kaserne neben der Theodor-Heuß-Brücke.

Durchgang zum 2. Raum und im 2. Raum:

Weihaltar für Iuno Regina

Die Himmelskönigin Juno, die zur kapitolinischen Götterdreiheit Juppiter, Juno, Minerva gehört, wurde außerordentlich oft allein verehrt.

Iunoni Reginae ..... impori

„Für Juno Regina .... (?)

ooo

Grabstein für das Kind Antullus, (CIL 13, 11874)

Antullus Nigri filius annorum II hic situs est.

„Antullus, Sohn des Niger, zwei Jahre alt, ist hier begraben."

ooo

Weihaltar für die Ollogabiae, (CIL 13, 7280)

Der Name der Gottheiten ist keltisch. Die Mainzer Gegend war wie große Teile Süddeutschlands vor und während der römischen Zeit keltisch besiedelt. Die Ollogabiae *gehören wie die in Mainz verehrten* Matres Aufaniae *zu den keltischen Muttergottheiten.*

Ollogabiabus Atiuvianius Messor

„Für die Ollogabiae(-Gottheiten) Atiuvianius Messor."

ooo

Weihaltar des Veteranen Gaius Iustinius Favor und der Desideratia, (CIL 13, 7269)

Iovi Optimo Maximo Iunoni Reginae Caius Iustin[ius] Favor veteranus et Desiderat[ia] Desiderata stolata femina in suo posuerunt libentes laeti L (?) merito.

„Für Juppiter Optimus Maximus, für Juno Regina haben Gaius Iustinius Favor, Veteran, und Desideratia Desiderata, ehrbare Frau, (diesen Altar) auf ihrem Grundstück gern, froh, nach Verdienst gesetzt."

ooo

Grabstein der Oclatia, 2. Jh. (CIL 13, 7307), 2. Jh.

Die Namen sind lateinisch, doch Masuonius, der Name des Ehemannes, ist keltisch. Der Grabstein zeigt die völlige Romanisierung der Kelten. Die Inschrift kann für die Verbindung aller Bevölkerungsanteile der römischen Siedlung stehen.

Dis Manibus Oclatiae Masuoni matronae pientissime Oclatius Ancario (?) libertus vivus et sibi fecit inpendio suo.

„Für die Totengötter. Für Oclatia, Frau des Masuonus, machte der Freigelassene Oclatius Ancario in frommster Pflichterfüllung zu Lebzeiten und für sich auf eigene Kosten (den Grabstein)."

ooo

Grabstein des Reiters Vonatorix, (CIL 13, 8095, in Fotografie)

Auch Vonatorix und wahrscheinlich sein Vater Duco tragen keltische Namen.

Vonatorix Duconis filius eques ala Longiniana annorum XLV stipendiorum XVII hic situs est.

„Vonatorix, Sohn des Duco, Reiter in der Abteilung des Longinius, 45 Jahre, 17 Dienstjahre, ist hier beigesetzt."

ooo

Weihaltar des Dubitatius Primitivus, (CIL 13, 7267)

Iovi Optimo Maximo Iunoni Reginae Dubitatius Primitivus ex voto [in s]uo posu[it laetus libens] merito.

„Für Juppiter Optimus Maximus, für Juno Regina, setzte Dubitatius Primitivus auf eigenem Grundstück aufgrund eines Gelübdes froh, gern, nach Verdienst (diesen Altar).“

ooo

Ehreninschrift für Kaiser Trajan, 99 n.Chr. (CIL 13, 7285, rechte Hälfte ergänzt)

Imperatori Caesa[ri divi Nervae filio] Nervae Tr[aiano Augusto Germanico] pontifici ma[ximo, tribunicia potestate III consuli II] patri patriae c[onsuli designato III] legio XXII Primigenia Pia Fidelis.

„Für den Kaiser und Caesar, Sohn des vergöttlichten Nerva, Nerva Trajanus Augustus Germanicus, Pontifex Maximus, mit tribunizischer Gewalt zum dritten Mal, Konsul zum zweiten Mal, Vater des Vaterlandes, designierten Konsul zum dritten Mal, (stiftete) die 22. Legio Primigenia Pia Fidelis (diese Inschrift).”

ooo

Weihaltar des Wiesbadener Ratsherrn Aquilinius Paternus, 248 n.Chr. (CIL 13, 7266; linke Seite verstümmelt)

[Iovi Optimo] Maximo [Iu]noni Re[gi]nae Aquilinius Paternus decurio civitatis Mattiacorum ex voto posu[i]t libens laetus merito. dedicata Kalendis Octobribus [...] ter et bis consulibus.

„Für Juppiter Optimus Maximus und Juno, die Königin, stiftete Aquilinius Paternus, Ratsherr der Stadt der Mattiaker, (diesen Altar) wegen eines Gelübdes gern, froh, nach Verdienst. (Der Altar) wurde an den Kalenden des Oktober geweiht, unter dem 3. Konsulat des [...] und dem 2. Konsulat des [...]“

ooo

Eine Bauinschrift der ersten Römerbrücke, gefunden im Bereich der linksrhein. Brückenrampe (am ‚Sautanz’, Mainz) (AE 1953, 113; Selzer 298)

Legio XIIII Gemina Martia Victrix centuria Quinti Fanestris Blandi.

„Die 14. Legio Gemina Martia Victrix, Centurie des Quintus Blandus aus Fanum (Fano, Italien).“

ooo

Unterteil eines Reliefs, (CIL 13, 7284; nur die Füße sind erhalten)

]illa coniunx ei{i}u[s ...] [...] restituer[unt

„...]illa, seine Frau .... stellten wieder her."

ooo

3. Raum

Weihaltar des Präfekten Gaius Carantinius Maternus, (CIL 13, 7279; Selzer 175)

In honorem domus divinae deabus nimphis signa et aram Gaius Carantinius Maternus praefectus aquae. votum solvit libens laetus merito.

„Zu Ehren des Kaiserhauses (stiftete) Gaius Carantinius Maternus, Aufseher der Wasserleitung, für die Nymphengöttinnen eine Statue und einen Altar. Er erfüllte sein Gelübde gern, froh, nach Verdienst."

ooo

Weihaltar des Soldaten Atessas, 182 n.Chr. (CIL 13, 6711).

Iovi Optimo Maximo et Genio bene merenti centuriae [Na]mmi (?) Rufi Aeli[...] Atessas miles posit.[1] votum solvit laetus libens merito, Mame(r)tino et Rufo consulibus.

„Für Juppiter Optimus Maximus und den hochverdienten Genius der Centurie des Nammius Rufus setzte der Soldat Aelius Atessas (diesen Altar). Er löste sein Gelübde froh, gern und nach Verdienst ein, unter dem Konsulat des Mamertinus und Rufus."

[1] posit *vulgärlateinisch für* posuit.

ooo

Viergötteraltar des Soldaten Finitius Fidelis, 225 n.Chr. (auf drehbarer Basis montiert; CIL 13, 7268; Selzer 146)

Iovi Optimo Maximo et Iunoni Reginae Finitius Fidelis miles numeri Caddarensium in suo posuit Fusco et Dextro consulibus.

„Für Juppiter Optimus Maximus und Juno, die Königin, setzte Finitius Fidelis, Soldat der Abteilung der Caddarenser (Cattharenser) auf seinem Grundstück (diesen Altar), unter dem Konsulat des Fuscus und Dexter."

ooo

Grabstein des Sutta, vor der Mitte des 1. Jhs. n.Chr. (AE 1994, 1316.

Auch Sutta und Cantilius sind keltische Eigennamen.

Sutta Cantilii filius annorum LV /[...]I II E A

„Sutta, Sohn des Cantilius, 55 Jahre alt [...."

Anhänge

Einrichtungen und Informationen

Bischöfliches Dom- und Diözesan-Museum, Domstraße 3 (Eingang durch den Kreuzgang des Doms St. Martin).

Isis- und Mater-Magna-Heiligtum im Tiefgeschoss der Taberna Archaeologica, Römerpassage.

Landesmuseum Mainz, Große Bleiche 49-51

Museum für antike Schiffahrt, Neutorstraße 2 b

Rathaus, Jockel-Fuchs-Platz 1 (über Rheinallee)

Römisch-Germanisches Zentralmuseum, Ernst-Ludwig-Platz 2

Stadtarchiv (in der Stadtbibliothek Mainz), Rheinallee 3 b

Touristik-Zentrale im Brückenturm am Rathaus

Literaturverzeichnis

AE L'Année Epigraphique, Paris 1962 ff.

CIL Corpus inscriptionum Latinarum consilio et auctoritate Academiae Litterarum Regiae Borussicae editum, Leipzig u.a. 1862-1943. Ed. altera 1893 ff. Zahlreiche Supplementbände (noch nicht abgeschlossen). CD-ROM-Ausgabe vorhanden.

Fritz Viktor ARENS – Konrad F. BAUER, Mainzer Inschriften, als Einführung in die deutsche Inschriftenkunde, im Auftrag der Deutschen Akademien, Stuttgart 1945.

Fritz Viktor ARENS, Die Inschriften der Stadt Mainz von frühmittelalterlicher Zeit bis 1650, Stuttgart 1958.

Fritz Viktor ARENS, Die Kunstdenkmäler der Stadt Mainz, Teil 1: Kirchen St. Agnes bis Hl. Kreuz, (Die Kunstdenkmäler von Rheinland-Pfalz, hg. v. Werner Bornheim gen. Schilling), Mainz 1961.

Fritz Viktor ARENS, Mainzer Inschriften von 1651 bis 1800: I. Die Inschriften des Domes zu Mainz, Stuttgart 1982.

Fritz Viktor ARENS, Mainzer Inschriften von 1651-1800, II. Kirchen- und Profaninschriften (Beiträge zur Geschichte der Stadt Mainz, Bd. 27), Mainz 1985.

Fritz Viktor ARENS, Der Dom zu Mainz, neu bearb. u. ergänzt v. Günther Binding, Darmstadt 1982, 2. Aufl. 1998.

BAEDEKERS Mainz, München 1994.

Jürgen BLÄNSDORF, Die Defixionum Tabellae des Mainzer Isis- und Mater Magna-Heiligtums (Defixionum Tabellae Mogontiacenses = DTM), Mainzer archäologische Schriften 9, Forschungen zur Lotharpassage I, Mainz 2009.

Jakob Christoph BOURDON, Epitaphia in ecclesia metropolitana Moguntina sive liber mortuorum, Anno 1727 (ungedruckte Handschrift mit mehreren Abschriften, darunter im Mainzer Priesterseminar und im Erzbischöflichen Ordinariat; an vielen Grabsteinen finden sich die Nummern dieser Sammlung).

Luzie BRATNER, Die erzbischöflichen Grabdenkmäler des 17. und 18. Jahrhunderts im Mainzer Dom, Mainz 2005 (erfasst sind auch die Dompröpste u.a.)

Anton Philipp BRÜCK, Geschichte der Stadt Mainz 1462-1648, Bd. V, Düsseldorf 1972.

Franz DUMONT – Ferdinand SCHERF – Fritz SCHÜTZ (Hgg.), Mainz, die Geschichte der Stadt, Mainz 1998, 2. Aufl. 1999.

Ludwig FALCK, Geschichte der Stadt Mainz, Bd. II, Mainz im frühen und hohen Mittelalter, Düsseldorf 1972.

Ludwig FALCK, Geschichte der Stadt Mainz, Bd. III. Mainz in seiner Blütezeit als Freie Stadt, Düsseldorf 1973.

Ulrike und Joachim GLATZ, Der Mainzer Dom. Die Kathedrale der Erzbischöfe. Ein kunsthistorischer Hörführer, Verlag Kunst+Reise 2008.

Peter C. HARTMANN, Kleine Mainzer Stadtgeschichte, Regensburg 2005.

Hans JACOBI, Mogontiacum. Das römische Mainz, Mainz 1996.

Stefanie JUNG, Mainz zu Fuß. Die schönsten Sehenswürdigkeiten zu Fuß entdecken, Frankfurt 2008.

Rudolf KAUTZSCH – Ernst NEEB, Die Kunstdenkmäler der Stadt und des Kreises Mainz, Bd. II: Die kirchlichen Kunstdenkmäler der Stadt Mainz, Teil I: Der Dom zu Mainz, Darmstadt 1919.

Margot KLEE, Linus aus Mainz, mit Zeichnungen von Lydia SCHUCHMANN, Mainz 2005.

Hans-Jürgen KOTZUR (Hg., mit A. König – D. Ecker – B. Schüpke), Dommuseum Mainz. Führer durch die Sammlung, Mainz 2008.

regioNet Rheinhessen: 2000 Jahre Mainz – Geschichte der Stadt digital (veröff. ab etwa 2000).

Karl Anton SCHAAB, Geschichte der Stadt Mainz, 4 Bde., Mainz 1841-1851.

Wolfgang SELZER (unter Mitarbeit von K.-V. Decker und A. Do Paço), Römische Steindenkmäler. Mainz in Römischer Zeit, Landesmuseum Mainz, Katalogreihe zu den Abteilungen und Sammlungen, begr. u. hg. v. B. Roland, Bd. 1, Mainz (Philipp von Zabern Verlag) 1998.

Heinz STEFAN – Barbara ROTHBRUST – Wolfgang SCHNEID, Die Grabdenkmäler der Erzbischöfe von Trier, Köln und Mainz, Trier 2004.

Fundorte der Inschriften

Römerzeit:

Ballplatz
Deutschhausplatz und Ernst-Ludwig-Platz
Dom- und Diözesanmuseum
Essenheim
Grebenstraße
Kurfürstliches Schloss /Römisch-Germanisches Zentralmuseum
Landesmuseum
Mainz-Kastel
(Museum für Antike Schiffahrt)
Rathaus
Römerpassage /Isis- und Mater-Magna-Heiligtum
Ecke Fust- und Betzelsstraße
Weisenau

Mittelalter bis zur Barockzeit:

Dom St. Martin

Kirchen St. Augustinus, St. Emmeran, St. Ignaz, St. Johannis, St. Peter, St. Quintin, St. Stephan, und in Gonsenheim, Marienborn, Laubenheim, Hechtsheim und Nieder-Olm.

Markt
Landesmuseum

Neuzeit:

Dom St. Martin: nördliches Seitenschiff, nördlicher und südlicher Eingang zur Westkrypta, südliche Pfeiler des Hauptschiffs

Gutenbergdenkmal
Grebenstraße
Landesmuseum, Innenhof
Schusterstraße 42
Zitadelle
Binger Straße
Saarstraße / Universität

N.B. Die Personennamen sind stets nach dem letzten Namensbestandteil geordnet, so dass z.B. Erzbischof (Eb.) Albrecht von Brandenburg unter Brandenburg, A. v. (Eb.) eingeordnet ist.

Personen- und Sachindex

A

B

C

D

E

F

G

H

I

J

K

L

M

N

O

P

Q

R

S

T

V

W

Y

Z

Ausführliches Inhaltsverzeichnis